Hässliche Wörter

Joachim Scharloth

Hässliche Wörter

Hatespeech als Prinzip der neuen Rechten

Joachim Scharloth
School of International Liberal
Studies
Waseda University
Tokio, Japan

Website zum Buch: https://www.haessliche-woerter.de

ISBN 978-3-662-63501-8 ISBN 978-3-662-63502-5 (eBook)
https://doi.org/10.1007/978-3-662-63502-5

Die Deutsche Nationalbibliothek verzeichnet diese Publikation in der Deutschen Nationalbibliografie; detaillierte bibliografische Daten sind im Internet über http://dnb.d-nb.de abrufbar.

Planung/Lektorat: Ferdinand Pöhlmann
J.B. Metzler ist ein Imprint der eingetragenen Gesellschaft Springer-Verlag GmbH, DE und ist ein Teil von Springer Nature.
Die Anschrift der Gesellschaft ist: Heidelberger Platz 3, 14197 Berlin, Germany

Inhaltsverzeichnis

Einleitung

„Ihre ‚Analysen‘ zur AfD“ steht im Betreff der E-Mail, die ich nach einer Radiosendung über die Sprache der AfD im ARD Hauptstadtstudio erhalte. Aus der Andeutung einer gewissen Distanz zum Inhalt dieser Analysen, die der Autor durch die Anführungszeichen zum Ausdruck bringt, wird im Mailtext eine schmähende Anklage. Meine Forschung sei eine „linke Verunglimpfung“ all jener Menschen, die „nicht hündisch vor dem Mainstream kuschen“. Der Autor schreibt von „kruden Schlüssen“ und „pseudowissenschaftlicher Hetze“ und fragt anklagend, was ich mit meinen „höchstintelligenten ‚Untersuchungen‘ und höchstwissenschaftlichem Geschwafel eigentlich den Normalbürgern und Steuerzahlern aus den Taschen und Geldbeuteln“ ziehe, sprich, mir „an EUROS aneigne“! Er verabschiedet sich dann noch sarkastisch „Mit sozialistischem Gruß“, nicht ohne vorher klarzustellen, dass er mit einer Antwort nicht rechne, da mir dafür wohl „die EIER“ fehlten.

J. Scharloth, *Hässliche Wörter*,
https://doi.org/10.1007/978-3-662-63502-5_1

Links, käuflich und entmannt, ein Mainstreamler, ein pseudowissenschaftlicher Schwafler, ja ein Hetzer war ich also – darunter machte es dieser Verteidiger der AfD in seinem Furor der Empörung nicht. Die Sprache, die mir aus der Mail entgegenklang, kannte ich freilich nur zu gut. Als Sprachwissenschaftler an der TU Dresden hatte ich die Anfänge von PEGIDA und Querfront-Montagsdemonstrationen hautnah miterlebt, hatte mit Studierenden die Reden gehört und analysiert, war oft zu Diskussionsveranstaltungen eingeladen, hatte aber auch in Vereinen und Kneipen häufiger mit neuen Rechten diskutiert. Die Verachtung, die aus dieser Sprache spricht, prägt auch den Sound vieler Netzdebatten. Noch nie in der Geschichte der Bundesrepublik wurde öffentlich so viel geschmäht, geschimpft, beleidigt und gehetzt wie seit dem Erstarken der neuen Rechten. Und nie war es so einfach, als Chronist an den (digitalen) Stammtischen zu sitzen, dem sprachlichen Kesseltreiben gegen Minderheiten beizuwohnen und Zeuge verbaler Pogrome zu werden.

In rechten Kreisen findet ein regelrechter Überbietungswettbewerb statt, wer kreativer beleidigt. Wie beim Battlerap in den schwarz geprägten Stadtteilen Nordamerikas konkurrieren die Schreiber um die krassere Herabwürdigung. Nennt ein Autor muslimische Zuwanderer ***Vorsintflutler,*** schreibt der nächste von ***Steinzeitlern,*** der nächste überbietet ihn mit der Bezeichnung ***Vorsteinzeitler*** und der vierte Schreiber setzt mit ***Vorzeitler*** oder ***Neandertaler*** den vorläufigen Höhepunkt. Mit ***Gutmensch*** entlockt man Neurechten nicht einmal mehr ein müdes Lächeln. Wer reüssieren will, muss vom ***Superdupergutmensch,*** vom ***super-hyper-extra-positiv-Gutmensch,*** vom ***Herrenbessermensch,*** vom ***Supergutbestmensch*** oder vom ***Supergutbestübermensch*** schreiben. Das Schmähen,

Beleidigen und Herabwürdigen ist in neurechten Kreisen – das zeigen diese Beispiele – mehr als nur ein Ventil für Unzufriedenheit mit den politischen und gesellschaftlichen Verhältnissen. Warum also schimpfen die neuen Rechten?

Warum schimpfen die neuen Rechten?

Zunächst ist die Abwertung von Anderen immer auch eine Aufwertung des Eigenen und so bezieht die neurechte Szene einen Teil ihres Selbstwerts daraus, Andere als minderwertig, korrupt oder schlicht bösartig hinzustellen. Den vermeintlichen Mainstream in Bausch und Bogen zu verwerfen und sich so zum gegen den Strom schwimmenden Querdenker, ja zum Dissidenten zu stilisieren, mag Einigen auch das Gefühl geben, eine Art Avantgarde zu sein. Ebenso entlastet es davon, sich argumentativ mit Andersdenkenden auseinanderzusetzen, denn wer seine politischen Gegner mit Schimpfnamen belegt, der will gar keine Diskussion, sondern nur Ab- und Ausgrenzung.

Im Modus von Empörung, Schmähung und Herabwürdigung zu schreiben, verleiht dem Schreiber zudem eine Art *street credibility*, signalisiert, dass er zu jenen gehört, die sich trauen, Dinge auszusprechen, die vermeintlich unsagbar sind. Durch die Beteiligung an den Schmähorgien in sozialen Netzwerken zeigt der Schreiber, dass er zu jenen gehört, denen der verlogene Anstand und die heuchlerische Moral der Mehrheitsgesellschaft egal sind. Er stellt sich auf die Bühne und verkündet öffentlich, dass er sich nicht mehr darum schert, eine bürgerliche Fassade aufrecht zu erhalten. Er ist Outlaw unter Outlaws, lieber ***Systemabweichler*** als ***Deutungshoheitler***, lieber ***Deutschtümler*** als ***Multikulti-Zeitgeistler***, lieber

Trumpler als ***Atlantikbrückler*** und lieber ***Antimerkler*** als ***Merkeldünnschissgurgler.***

Beleidigungen und kollektive Herabwürdigungen signalisieren auch, dass man an einem echten argumentativen Austausch mit dem Ziel einer Konsensfindung nicht interessiert ist. Sie sind eher Teil eines Resonanzkalküls. Die Empörung, die sie hervorrufen wollen, soll Aufmerksamkeit auf jene Themen lenken, die von den ***Volkserziehungs-Schreibkräftlern*** der ***Regierungserklärungsverlautbarungspresse*** vermeintlich unter den Teppich gekehrt werden. Sie sollen aber auch verschwörungsgesättigte Weltbilder popularisieren, in denen Ausdrücke für Politiker wie ***Volksabwickler, Volkwechsler*** oder ***Genozidler*** einen Sinn haben. Reagiert die Öffentlichkeit mit Empörung, dann reiben sich die Neurechten die Hände. Der Streit, der sich an den Schmähwörtern entzündet, ist nämlich kein Streit um die Sache, sondern um die Form. Und auch wenn man in Sachen Form zurückrudern muss, hat man den Inhalt doch erfolgreich im öffentlichen Diskurs platziert.

In rechten Foren findet man Libertäre, nationale Sozialisten und Wirtschaftsliberale, es tummeln sich Unterstützer Israels und Antisemiten, es kommentieren gemäßigte Reformisten und Nationalrevolutionäre, es schreiben Relativierer deutscher Verbrechen und Holocaustleugner. Sich trotz dieser diversen, sich teilweise diametral widersprechenden politischen Positionen als Teil einer Gemeinschaft und Bewegung zu fühlen, gelingt nur, wenn man sich einig weiß in der umfassenden Ablehnung alles Bestehenden. Und dies ist eine weitere Funktion der Schmähreden: Die Herabwürdigung von allem, was sich nicht als Teil der neurechten Bewegung begreift oder sich ihrem Weltbild einordnet, ist der kleinste gemeinsame

Nenner einer ansonsten ideologisch heterogenen Diskursgemeinschaft. Man könnte sagen: Im Beleidigen formiert sich die neue Rechte überhaupt erst als Gemeinschaft.

Schimpfwörter als Spiegel von Denkweisen

Überblickt man das weite Feld der Schimpfwörter, dann werden darin vier Tendenzen sichtbar, die auf den ersten Blick überraschen.

1. Verachtung für das eigene Land: Während man von echten Patrioten erwarten würde, dass sie stolz auf ihr Land sind und es wertschätzen, findet man in den neurechten Kommentarspalten eine schier unerschöpfliche Menge an Schimpfwörtern, die Deutschland als Ganzes, seine Bundesländer und Städte und die Institutionen des Staates in den Schmutz ziehen.

So wird *Deutschland* als ***Drecksloch-Deutschland, Shitholebuntland, Neu-Kaputtland*** oder gar als ***buntsozialistisch-gender-multikulti-lala-demokratur-Schland*** bezeichnet. Das Bundesland *Nordrhein-Westfalen* verunglimpfen Neurechte als ***MordRhein Westfalistan, Nordrhein-Westjordanland, Nordrhein-Arabien*** oder ***Nicht-Rechtsstaatliches-Wirtschaftsgebiet.*** Statt *Hamburg* schreiben Neurechte gerne ***Haramburg, Freie und Messerstecherstadt Hamburg*** oder seit den Ausschreitungen beim G-20 Gipfel ***Drecks-Zecken-Stadt.*** Sie nennen Städte mit vermeintlich linken Bürgermeistern ***Bessermenschenhausen, Blödenberg, Beklopptenburg*** oder ***Großknallersdorf.*** Ortschaften mit einem hohen Migrantenanteil werden als ***Wellblechhausen, Goldstückenheim*** oder ***Muselhausen*** verunglimpft, in denen Straßen künftig Namen trügen wie

Allahu-Akbar-Straße, Crystal-Meth-Straße, Volkstod-Gasse oder ***Nie-wieder-Deutschland-Ring.***

Auch der Staat und seine Institutionen stehen bei den neuen Rechten nicht hoch im Kurs. Aus Kritik an der *Regierung* wird bei den neuen Rechten ihre Beschimpfung als ***Regierungsverbrecherclique,*** als ***BRRDDR-Junta*** oder als ***BRD-Marionetten-Regierung.*** Der *Bundestag* ist für sie nicht etwa die Herzkammer der Demokratie, sondern eine ***Abnickerabgeordnetenkloake*** und ***Volkskammer-DDR-2.0.*** *Wahlen* sind den Neurechten ***Wahl-Gedöns*** oder ***Wahlurnenkult*** und die gewählten Abgeordneten ***Volkszertreter*** oder gar ***Abgeordneten-Schädlinge.*** Auch am ansonsten in der Bevölkerung hochangesehenen *Bundesverfassungsgericht* lassen die Neurechten kein gutes Haar. Sie verhöhnen es als ***Verfassungsabwicklungsgericht, Bundesvolksverrätergericht*** oder ***Grunzgesetzgericht.*** Die *Justiz* der Bundesrepublik ist in den Augen der neuen Rechten zu wenig streng, was in abwertenden Ausdrücken wie ***Kuscheljustiz, Butterweichjustiz*** oder ***Bärchenwerfjustiz*** zum Ausdruck kommt, *Richter* werden häufig pauschal als parteiisch, etwa als ***Altparteienrichter*** oder ***Antifa-Richter,*** oder als ideologisch, beispielsweise als ***Gesinnungsrichter*** oder ***Gutmenschenrichter,*** verunglimpft.

Statt Heimatverbundenheit nur Abscheu vor Deutschland, seinen Ländern und Städten, statt Verfassungspatriotismus Geringschätzung demokratischer Institutionen, statt Vaterlandsliebe nur Verachtung für das eigene Land – Patrioten sprechen anders.

2. Verachtung für Mitbürger und „Volksgenossen“: Auch das *deutsche Volk,* als dessen aufrechte Vertreter die neuen Rechten sich gerne gerieren, wird in einschlägigen Nachrichtenseiten und Kommentarspalten mit einer beachtlichen Anzahl von Schmähwörtern bedacht. Besonders beliebt sind Bezeichnungen, die

Deutsche als verschlafen-unwissende Staatsbürger charakterisieren: ***Schlafbürger, Schnarchbürger*** oder ***Allesérduldenschlafmichel,*** die es noch zu erwecken gilt. Daneben werden die Deutschen von neuen Rechten gerne als dumm charakterisiert, nämlich als ***BRD-Doofmichel, Stumpfbürger*** oder ***Deppenvolk.*** Oft wird die Bevölkerung der Bundesrepublik auch mit Tiermetaphern beschrieben, etwa als ***Herdenvieh-Bevölkerung, Mitläufer-Schafe*** oder ***Schlachtviehherde.*** Gerne mischen Neurechte auch die genannten Bildbereiche und sprechen dann von ***Dummschlafschafen, Schlafschlachtschafen*** oder dem ***Deutschländer-Michel-Schlafschaf-Volk.*** Dass die Wähler der AfD für die neuen Rechten zu den Erweckten und Einsichtigen gehören, die von den Schmähungen ausgenommen sind, darauf verweist die Bezeichnung ***87 %-Michel.***

3. Nazi-Vergleiche: Überraschend ist auch, dass ausgerechnet diejenigen, deren Wortführer eine erinnerungspolitische Wende um 180 Grad fordern, fixiert sind auf Nazivergleiche und überall Faschismen am Werk sehen. Gerne behaupten Neurechte, die Medien in der Bundesrepublik seien gleichgeschaltet wie in der NS-Zeit. Die *öffentlich-rechtlichen Rundfunkanstalten* sind in den Augen der neuen Rechten deshalb ***Flüchtling-Merkel-Heil-Heil-Heil-Funk*** oder ***GeheimdienstpropagandaGoebbelsmedia.*** Der *Kinderkanal* wird wegen vermeintlich flüchtlingsfreundlicher Propaganda in ***Kinderstürmer*** umbennant oder als ***VolksKinderSSkandalSender*** bezeichnet. Und das Akronym der Gebühreneinzugszentrale *GEZ* wird als ***GoebbelsErziehungsZwangsbeitrag*** ausbuchstabiert und ihre Mitarbeiter als ***GEZStapo*** denunziert. Aber nicht nur die öffentlich-rechtlichen Medien werden durch Referenzen auf die Nazizeit diskreditiert. Die *Süddeutsche Zeitung* wird in neurechten Kommentarspalten beispielsweise als ***Vielvölkischer Beobachter aus München*** oder

als ***Alpen-Stürmer*** bezeichnet und die *Presse* insgesamt als ***Totalkriegs-*** oder ***Naziberichterstatterpresse.***

Auch Politiker werden von Neurechten mit Nationalsozialisten verglichen. Der ehemalige EU-Kommissionspräsident *Jean-Claude Juncker* beispielsweise wurde gerne als ***Brüssel-Hitler*** bezeichnet, *Angela Merkel* ist den Neurechten ***Adolfela Ferkel*** und *Heiko Maas* ist ***SPD-Nachwuchs-Goebbels*** und ***Adolf-Eichmann-Verschnitt*** in einer Person. Mit Vorliebe wird auch der Name der Grünen-Politikerin Katrin Göring-Eckardt als ***Hermann-Göring-Eckardt, Göring-Himmler-Eckhart*** oder ***Nahtzieh-Eckardt*** verballhornt.

Im Rausch der NS-Vergleiche werden den Neurechten *Muslime* zu ***Korannazis,*** *Feministinnen* zu ***Feminazis,*** *Flüchtlingshelfer* zu ***Nazi-Gutmenschen*** und *Schüler,* die für eine aktivere Anti-Klimawandelpolitik demonstrieren, zu ***Klima-Nazis.*** Und das politische System, in dem sie leben, erscheint ihnen als ***Gutmensch-Nazi-Meinungsdiktatur, Linksfaschistendiktatur*** und ***LINKEN-NSDAP-Nazidiktatur.***

Die Beispiele zeigen, wie sehr sich die neuen Rechten selbst immer wieder aus jenem erinnerungspolitischen Fundus bedienen, den sie vorgeben, entrümpeln zu wollen. Auch ihre Kritik an gegenwärtigen Verhältnissen kommt also nicht ohne Bezüge auf den historischen Nationalsozialismus als negative Folie aus. Im Gegenteil: Nazi-Vergleiche und Faschismusmus-Etikettierungen werden nachgerade obsessiv verwendet, um politische Gegner zu diffamieren.

4. Sprachpanschereien: Neben diesen den Inhalt betreffenden Befunden erstaunt an den Schimpfwörtern der neuen Rechten auch ihre sprachliche Form. Die, die sonst gegen Vielfalt und Mischung wettern, variieren fröhlich, mischen und panschen bunt und verflachen kalauernd die ihnen heilige deutsche Sprache, deren

Ordnung, Reinheit und Tiefe ihnen angeblich so am Herzen liegt. *Denglisch* ist in der Schmähsprache der Neurechten allgegenwärtig. Statt von *Flüchtlingen* ist beispielsweise von ***Rapefugees, Fluchtlegenden-Fuckkraft*** oder einem ***Fuckilanten-Tsunami*** die Rede. Überraschend harmonisch wird fremdes Sprachgut ins Deutsche integriert, wenn von ***RAPEfugee-sieren, vershitholen*** oder ***Islampropaganda-gebrainwasht*** geschrieben wird. Gerne werden von Neurechten auch Namen anglisiert. Dann wird *Angela Merkel* zu ***Angela Merkill*** *Maybritt Illner* zu ***Maybrech-Illness*** oder der ehemalige Pop-Beauftragte und spätere SPD-Vorsitzende *Sigmar Gabriel* zu ***Fat-Sügü-Püp-Gabriel.***

Diese wenigen Beispiele geben einen guten Einblick in die oft widersprüchliche Ideologie der Neurechten. Sie belegen, dass man aus der Beschäftigung mit Schimpfwörtern etwas über jene lernen kann, die sie gebrauchen, und diese Beschäftigung durchaus entlarvend sein kann, wenn man die Wörter gegen den Strich liest. Denn im invektiven Wortschatz der neuen Rechten tritt uns ihr ganzes Weltbild entgegen.

Die Neuschöpfung von abwertenden Wörtern in allen Politikbereichen ist ein Frontalangriff auf die herrschende Semantik und mit ihr auf die Werte, die öffentliches Handeln steuern. Denn bestimmte begriffliche Fassungen der Welt machen auch ein bestimmtes Handeln plausibel. *Schutzsuchenden* hilft man, gegen ***Invasoren*** aber setzt man sich zur Wehr, von *Qualitätsmedien* erwartet man investigative Recherche und kritische Berichterstattung, von der ***Meinungsvorgabeindustrie*** nur Manipulation und Lügen. Und wenn man erst einmal pauschal alles, was die Mehrheitsgesellschaft für etwas *Gutes* hält, in dummnaives oder gar schädliches ***Gutmenschentum*** umgedeutet hat, dann ermöglicht und legitimiert dies ein radikal anderes Handeln.

Die Kapitel in diesem Buch orientieren sich an gesellschaftlichen Themen und Politikfeldern, die häufig auf neurechten Plattformen verhandelt werden. Das sind etwa die Medien und ihre vermeintlichen Defizite, die Parlamentarische Demokratie und ihre Protagonisten, aber auch Themen wie Familienpolitik, Wissenschaft und Geographie. Teilweise lassen sich die Kapitel aber auch von einzelnen Wortschatzbereichen und argumentativen Mustern leiten, die von Neurechten beim Kreieren ihrer Schimpfwörter bevorzugt verwendet werden. Das ist etwas bei den Krankheiten der Fall, die rechte Kommentatoren ihren politischen Gegnern attestieren ***(Gutmenschenkrätze, Selbsthass-Syndrom),*** bei den zahlreichen neuen Wirtschaftszweigen, deren Entstehung Neurechte sarkastisch konstatieren ***(Asylschmarotzerindustrie, Steuergeldabzockindustrie)*** oder bei den pseudomathematischen Gleichungen, die sie aufstellen, um die Richtigkeit ihrer Ideologien zu belegen ***(Diversity + Proximity = War).*** Teilweise aber ließen sich sprachliche Form und Inhalt aber nicht trennen, und zwar immer dann, wenn ein heiß diskutiertes Thema zugleich auch als Bild für die gesamte gesellschaftliche, politische und staatliche Ordnung herhalten muss. Das ist etwa bei den Themen Religion und Erziehung der Fall, bei deren Verhandlung Neurechten die Kritik am Islam und dem bundesrepublikanischen Erziehungssystem zu zahlreichen Schimpfwörtern Anlass gibt. Aber Politik, die aufgrund ihrer Irrationalität als Religion praktiziert wird ***(Klimakirche),*** und die Vorstellung von der Bundesrepublik als Erziehungsanstalt ***(Umerziehungsdiktatur)*** machen beide Themen auch zu Bildspendern für eine umfassendere Gesellschaftskritik. Zwei Kapitel zur Frage, mit welchen Techniken Neurechte ihre Schimpfwörter produzieren, geben einen Einblick in den sprachlichen Maschinenraum von Beleidigung und Hassrede.

Wie ist dieses Buch entstanden?

Um dem Schimpfwortschatz der neuen Rechten auf die Spur zu kommen, wurden 29 Nachrichtenseiten und Blogs mitsamt ihrer Kommentare zunächst einmal automatisiert aus dem Netz heruntergeladen. Die Auswahl fiel auf solche Plattformen, die von der Szene selbst als rechts bewertet und als sogenannte *APO-Blogs,* in Anlehnung an die Außerparlamentarische Opposition der 1960er Jahre, kategorisiert wurden. Unter ihnen das islamfeindliche und rechtsextremistische Urgestein *Politically Incorrect,* das hetzerische Portal *Anonymousnews* des *Migrantenschreck*-Betreibers Mario Rönsch oder das Blog *Der kleine Akif* des rechten Schriftstellers und Schmähkünstlers Akif Pirinçci. Daneben professionelle Verbreiter von Verschwörungserzählungen wie die Infoseiten des *Kopp* Verlags oder der Online-Auftritt des *Compact Magazins.* Aber auch Autorenblogs wie die *Achse des Guten* oder *Tichys Einblick,* die sich zwar selbst als liberal-konservativ bezeichnen, aber in neurechten Kreisen als Teil der oppositionellen neurechten Presse wahrgenommen werden.

In einem ersten Schritt wurden die insgesamt 350 Mio. Wörter mit Texten und Kommentarspalten solcher Medien verglichen, die Neurechte nur noch als ***Mainstreammedien*** bezeichnen, die aber gleichwohl ein vielfältigeres Meinungsspektrum abbilden. Das Ergebnis war eine lange Liste mit einigen hunderttausend Ausdrücken, die entweder ausschließlich oder statistisch signifikant häufiger in neurechten Texten vorkamen. Natürlich sind nicht alle Wörter dieser Liste Schimpfwörter. Die für die Neurechten typischen Wörter wurden in einem zweiten Schritt noch einmal mithilfe eines Computerprogramms in ihre Wortbestandteile zerlegt, um leichter nach typischen Wortbildungsmustern suchen zu können.

Danach war Handarbeit gefragt: Durch verfeinerte Suchen auf der Basis von themenspezifischem Wortschatz wurden in einem dritten Schritt Schimpfwortkandidaten identifiziert und nach Überprüfung ihrer Gebrauchskontexte in die Liste der hässlichen Wörter der neuen Rechten aufgenommen.

Gebrauchshinweise für dieses Buch

Ein Buch über die hässlichen Wörter der neuen Rechten zu schreiben wirft natürlich auch Fragen auf. Muss das sein? Ist es wirklich nötig, all dem Schmutz, der in sozialen Netzwerken ausgegossen wird, Dauer zu verleihen und der Hetze auch noch ein Denkmal zu setzen? Verletzt es nicht diejenigen, die Opfer von Beleidigung und hasserfüllter Sprache werden, erneut, wenn die Ausdrücke, die zu ihrer Ausgrenzung und Herabwürdigung gebraucht werden, philologisch erschlossen, sprachwissenschaftlich analysiert und zwischen zwei Buchdeckel gepresst werden? Und besteht nicht die Gefahr, dass neurechte Schreiber von *pi-news* bis *Deutschlandkurier* und *Junge Freiheit* oder Redner von *Pegida* und *AfD* sich der Rezepte dieses Buches bedienen, um ihre Meinungsbeiträge mit ein paar passenden Schimpfwörtern zu würzen?

All diese Fragen sind berechtigt und es ist nötig, differenzierte Antworten auf sie zu finden. Wenden wir uns zunächst der Frage zu, ob ein Buch über die hässlichen Wörter der neuen Rechten nicht selbst Teil dessen ist, was es kritisiert, dass es nämlich ein Buch ist, das diskriminierende Sprache und damit Rassismus verbreitet und normalisiert. Während nämlich beim Kampf gegen soziale Benachteiligung und Ausschließung die Sichtbarmachung von Differenz und Diskriminierung das Mittel der Wahl ist, wird beim Kampf gegen Hassrede häufig das Thematisieren und wörtliche Wiedergeben von rassistischen oder anderweitig diskriminierenden sprachlichen Äußerungen kritisiert. Mit der wörtlichen Wiedergabe, so wird argumentiert, reproduziere man gleichzeitig die Stereotype, die man eigentlich kritisieren wolle. Wer verurteilt, dass *Ausländer* von Neurechten als *kriminell* bezeichnet werden, der hat in seiner Kritik die Wörter *Ausländer* und *kriminell* in einem Atemzug benutzt und trotz seiner Kritik anerkannt, dass *Ausländerkriminalität* ein relevantes Thema ist. Und er hat womöglich dazu beigetragen, dass Wörtern wie *Ausländerkriminalität* schon durch ihre Existenz auch ein Wirklichkeitsgehalt zugeschrieben wird. Und bergen Wörter wie *Ausländerkriminalität* nicht schon deshalb, weil sie vom Individuum (oder notwendigen statistischen Differenzierungen) abstrahieren und jedem Ausländer ein höheres kriminelles Potenzial unterstellen, auch die Gefahr, von *Ausländern* als beleidigend, ausgrenzend oder herabwürdigend empfunden zu werden? Wegen dieses möglichen verletzenden Potenzials von rassistischen und diskriminierenden Ausdrücken fordern einige, dass jeder Gebrauch von bestimmten Wortformen vermieden werden sollte. Der Gebrauch des N-Worts soll beispielsweise auch in Zitaten, in sprachkritischen Texten, in wissenschaftlichen Untersuchungen und sogar im gerichtlichen Kontext als rassistisch gelten und vermieden werden.

Zugleich kann man aber auch argumentieren, dass es immer vom Kontext abhängt, wie ein Wort wahrgenommen und verstanden wird. In einem Buch, das Schimpfwörter sammelt und analysiert, erscheinen die Wörter zunächst einmal losgelöst von ihrem konkreten Kontext. Sie tragen nicht zur Stabilisierung einer Schmähgemeinschaft bei, die sich über Nachrichten, Kommentare und Social-Media-Posts ihrem Hass gegenüber allem, was anders ist als sie, versichert. Im Gegenteil: Ein Buch der hässlichen Wörter macht durch die Loslösung der Wörter von ihrem Kontext und durch ihre Verdichtung in einem Buch diese Gemeinschaft überhaupt erst als *Schmähgemeinschaft* sichtbar. Im Kontrast zu ihrem Selbstbild einer bürgerlichen und patriotischen Bewegung, die zwar mitunter verbal etwas zuspitzt, aber doch nur das Gute für Deutschland will, wird die neue Rechte durch ein solches Schimpfwörterbuch als eine Gemeinschaft der *Hetzer* und *Hater* und als Verächter der bestehenden sozialen und staatlichen Ordnung sichtbar. Das Zitieren und Verdichten diskriminierender Sprache im Rahmen dieses Buchs der hässlichen Wörter soll also eine subversive Lektüre ermöglichen, die die Bedeutung des Originals verändert. Im besten Fall macht das in diesem Buch versammelte Panoptikum der Schimpfwörter die Absurdität jenes Weltbilds und jener Stereotypen offensichtlich, dem sich diese Schimpfwörter verdanken. Die Verwendung rassistischer Schmähwörter und anderer diskriminierender Ausdrücke im Rahmen dieser Sammlung entkontextualisiert sie auch insofern, als die Betroffenen nicht direkt adressiert werden, wie dies in sozialen Netzwerken häufiger geschieht. Das Resonanzkalkül, das die neuen Rechten mit ihrem Sprachgebrauch verbinden, läuft so ins Leere.

Dennoch erscheint dieses Buch in einer Gesellschaft, in der tief verwurzelte und weit verbreitete Vorurteile diese Beschimpfungen überhaupt erst ermöglichen. Jede Wiedergabe von rassistischer Hetze muss sich daher fragen lassen, ob sie wirklich kritisch ist und nicht doch auf Kosten jener geht, die ihre Opfer werden und keine Stimme haben, um sich gegen sie zur Wehr zu setzen. Entsprechend findet sich in diesem Buch der hässlichen Wörter kein Kapitel zu herabwürdigenden Ausdrücken für Minderheiten. Dennoch werden rassistische Stereotype in vielen Kapiteln thematisiert. Sie ganz wegzulassen hätte nämlich bedeutet, einen wesentlichen Teil der Ideologie der neuen Rechten unsichtbar zu machen und sie damit auch zu verharmlosen.

Und wenn nun Neurechte dieses Buch als Vorlage nehmen? Sie brauchen es nicht. Die originalen Quellen liegen nur einen Klick entfernt. Die rhetorische Radikalisierungsschraube dreht sich zudem weiter. Was hier noch als schlimmes Schimpfwort erscheint, wird schon in wenigen Jahren nur noch ein müdes Lächeln hervorrufen, wenn sich unsere Gesellschaft nicht dafür entscheidet, Menschen, die eine solche Sprache benutzen, konsequent jeden Dialog zu verweigern.

Zuletzt stellt sich auch die Frage: Darf man über die Schimpfwörter der Neurechten lachen? Nun, mitunter wird es sich nicht verhindern lassen, denn die Bemühungen der neuen Rechten zur Verunglimpfung von Staat, Gesellschaft, Minderheiten und einzelnen Menschen sind oft unfreiwillig komisch. Und die Absurdität so mancher Verschwörungsideologie, die in den Schimpfwörtern sichtbar wird, hat durchaus Unterhaltungswert. Zugleich kann Lachen ein Weg sein, das Resonanzkalkül der neuen Rechten zu unterlaufen. Dennoch sollten wir nicht vergessen, dass das sprachliche Material, das in diesem Buch der hässlichen Wörter ausgebreitet wird, Teil einer grundrechtsfeindlichen Ideologie ist, die reale Konsequenzen hat. Sprache ist Handeln und für Angehörige von Minderheiten wirken die Schimpfwörter der neuen Rechten ausgrenzend, entwürdigend und einschüchternd.

Für mich als Angehörigem der weißen Mehrheitsgesellschaft sind Schmähungen wie die in der eingangs zitierten E-Mail leichter wegzustecken. Ich schüttle kurz den Kopf, schmunzle vielleicht sogar über eine besonders originelle Formulierung und füge sie dann meiner Sammlung hinzu. Dem Autor, dem meine ‚Analysen' nicht zusagten, antwortete ich: „Das bedaure ich sehr. Ihre Meinung war mir besonders wichtig." Ich habe nie wieder von ihm gehört.

Parlamentarische Demokratie: Wie die BRD-Marionetten-Regierung, die BRD-Volkskammer und das Verfassungsabwicklungsgericht an der Abschaffung Deutschlands arbeiten

Als der AfD-Ehrenvorsitzende Alexander Gauland im Juni 2016 auf dem Marktplatz in Elsterwerda Angela Merkel eine ***Kanzler-Diktatorin*** nannte, war die Aufregung noch groß. Überregionale Zeitungen überschlugen sich angesichts des neuen Tabubruchs und in Talkshows wurde die skandalöse Wortwahl eifrig debattiert. Dabei hatte Gauland womöglich nur einen historischen Vergleich mit dem als *Kanzlerdiktatur* kritisierten Regierungssystem Bismarcks ziehen wollen. Ein Vergleich freilich, der wohl nicht ganz zufällig in der Wortwahl einen Topos neurechter Onlinediskurse aufnahm und damit typisch für die rhetorische Strategie der AfD ist. Denn hier war *Angela Merkel* schon lange ***Rauten-Diktatorin, DDR-Light-Diktatorin*** oder ***Tunix-Kanzler-Diktatorin*** und dies ganz ohne die intellektuellen Feinheiten des Vergleichs mit dem Eisernen Kanzler. Hier wurde die Frage, ob wir überhaupt noch in einer Demokratie leben, nicht nur gestellt, sondern schon lange und leidenschaftlich

J. Scharloth, *Hässliche Wörter*,
https://doi.org/10.1007/978-3-662-63502-5_2

mit einem klaren „Nein“ beantwortet. Auch wenn die AfD sich zu einer radikaldemokratischen Alternative und zur letzten evolutionären Chance für das politische System der Bundesrepublik Deutschland erklärt, zeigt sich in den Schimpfwörtern der neuen Rechten, dass ihre Wählerinnen und Wähler dieses System ablehnen und teilweise auch die Demokratie als solche gering schätzen.

Ein Volk von Schafen

Diese Geringschätzung beginnt beim Souverän, dem Volk, von dem gemäß Artikel 20 des Grundgesetzes alle Staatsgewalt ausgeht. In neurechten Augen ist das deutsche Volk allerdings geistig nicht befähigt, sich solche Normen zu setzen, die einem gedeihlichen Zusammenleben in Deutschland förderlich wären. Das deutsche Volk ist nämlich dumm. Es ist verschlafen. Und es hat den Charakter von Herdentieren. Das zumindest sind die Wortschatzbereiche, aus denen die Neurechten ihre Schimpfnamen für das deutsche Volk entlehnen. Dabei knüpfen sie teilweise an das Bild vom *Deutschen Michel* an, der tumb-verschlafenen Karikatur des spießigen Deutschseins. Dann beschimpfen sie ihre Mitbürger als ***BRD-Doofmichel,*** als ***Bundes-Dumm-Michel, Kirchturmhorizont-Spießbürger*** oder bezeichnen das deutsche Volk schlicht als ***Blödmichelmasse.*** Daneben finden sich aber auch Schmähungen, die sich aus dem allgemeinen Schimpfwortschatz speisen, wie ***Dumpfbackenvolk, Stumpfbürger*** oder ***Trottelarschvolk.*** Und so wie die Schlafmütze zur ikonographischen Ausstattung des Deutschen Michels gehört, so verschlafen und initiativlos erscheinen den Neurechten ihre Mitbürger, die variantenreich als ***Alleserduldenschlafmichel, Pennervolk*** oder als ***Schnarchbürger*** beschimpft werden.

Ihre Geringschätzung gegenüber dem Souverän bringen Neurechte auch mit Tiermetaphern zum Ausdruck, wobei sie den Deutschen bevorzugt die Eigenschaften von Nutz- und Herdentieren zuschreiben. Sie sind in ihren Augen ***Mitläufer-Schafe,*** eine ***Herdenvieh-Bevölkerung*** oder sind zu einer willenlosen ***Schlachtvieh-Population*** degeneriert. Häufig werden Dummheit, Verschlafenheit und tierhafter Charakter der Deutschen auch in Schmähausdrücken zusammengeführt. Dann versteigen sich neurechte Kommentatoren zu klangvollen Kompositionen wie ***Deutschländer-Michel-Schlafschaf-Volk, Durchschnitts-Bohlen-Dschungelcamp-Schafsmichel*** oder ***Ballermann-Bundesliga-Reihenhaus-Schlafschafe,*** um den gegenwärtigen Nationalcharakter der Deutschen zu besingen und sich in jene Zeiten zurückzusehnen, in denen das deutsche Volk noch kein ***Untertanen-*** und ***Pamperswindel-Volk*** und die Deutschen noch keine ***Kuschbürger*** waren. Wann diese Zeit eines souverän handelnden, heroischen deutschen Volkes gewesen sein soll, darüber schweigen Neurechte meist beredt. Die Antworten auf die Frage, wer Schuld an der behaupteten gegenwärtigen Unmündigkeit des deutschen Volkes hat, lassen jedoch vermuten, in welche Zeit sich Neurechte zurücksehnen.

Wer trägt also die Schuld an dieser Entwicklung? Die neurechte Antwort ist so einfach wie grotesk: eine geheime totalitäre Weltregierung globalistischer Eliten, die eine *New World Order* verwirklichen will. Eines ihrer Mittel, so lautet das gängige Verschwörungsnarrativ, ist die Bevölkerungsvermischung, die faktisch zu einer Vernichtung der europäischen Völker führe. In den Augen der neuen Rechten arbeitet daher eine geheime Weltregierung in Deutschland an der Schaffung eines ***NWO-Neuvolks*** aus ***Sorglos-Soros-Bürgern,*** eines ***Retorten-Staatsvolks,*** das sich klaglos in die neue

Ordnung einfügt. Ein solcher Plan lässt sich freilich nicht ohne Vollstreckungsgehilfen in die Tat umsetzen. Diese Komplizen sind in neurechten Augen die Medien, die das deutsche ***Rest„volk"*** zu ***Totalmanipulationsschafen*** umerzogen hätten, und die politische Linke, die Neurechte gerne als ***Ökolettengutmenschvolk*** oder schlicht ***Gut-Volk*** verunglimpfen. Sie machten das deutsche Volk gefügig, indem sie ihm ständig seine historische Schuld als ***Tätervolk*** und ***Nazi-Volk*** vorhielten und es so zu einem ***Schuldkomplexvolk*** umerzögen. In grotesker Verkehrung historischer Tatsachen versteigen sich einige Kommentatoren sogar zur Behauptung, das deutsche Volk sei ein schwaches Volk, „das durch den Holocaust ausgerottet" werde.

Insgesamt herrscht in den Reihen der Neurechten große Einigkeit darüber, dass aus dem Volk der Dichter und Denker ein Volk der Doofen und Deppen geworden ist, wie es ein Forist ausdrückt. Dafür sei nicht in erster Linie Angela Merkel verantwortlich – „das ganze Volk ist das Problem". Und ein anderer kommentiert: „Das eigene Volk ist des deutschen Volkes größter Feind und merkt es nicht". Das ganze deutsche Volk? Nein! Eine Gruppe unbeugsamer Deutscher hört nicht auf, Widerstand zu leisten, nämlich jene wackeren 13 %, die bei der letzten Bundestagswahl der AfD ihre Stimme gegeben haben. Oder in den Worten eines rechten Kommentators: „Aus dem Deutschen Volk ist zu 87 % das größte Drecksvolk der Erde geworden".

Wer so vom Volk denkt, für den ist Demokratie keine geeignete Staatsform. Er strebt die Oligarchie einer völkisch und nationalistisch begründeten Minderheit an, die antritt, als Avantgarde einem vermeintlich wahren Volkswillen Geltung zu verschaffen. Die Verachtung des Souveräns setzt sich fort in der Verachtung der Institutionen des demokratischen Verfassungsstaats. Und so verfügt die neue Rechte über ein umfangreiches Arsenal an Schimpfwörtern für Parlament, Justiz und Regierung.

Exekutive: Von der Volksverräter-Regierung und ihrer Umvolkungspolizei

Die *Exekutive,* also die Regierung und die öffentliche Verwaltung, wird erwartungsgemäß besonders häufig zum Ziel einer sich als Fundamentalopposition begreifenden neuen Rechten. Mit besonders großer Leidenschaft wird sie mit der Regierung der DDR verglichen oder mit der des Nazi-Regimes oder mit beiden gleichzeitig. Dann wird die Regierung beispielsweise als ***DDR 2.0-Einheitsregierung,*** als ***Blockflötenregierung*** oder als ***BRRDDR/Nazi-Junta*** tituliert und ihre Mitglieder als ***Regierungsnazis, Regierungsfaschisten*** oder als ***Reichstags-Regierungs-SozialistIxen*** diskreditiert. Daneben ist es unter Neurechten üblich, die Regierung als Verbrecherbande darzustellen und zwar mit allen in der deutschen Sprache zur Verfügung stehenden Mitteln. Von der ***Gangster-***, ***Gauner-***, ***Ganoven-*** und ***Gesetzesbrecherregierung,*** über die ***Mafia-***, ***Mauschel-***, ***Mordbrenner-*** und ***Mörderregierung,*** bis hin zur ***Halunken-***, ***Schurken-*** und ***Schwindelerregierung*** reicht das Repertoire der Schmähausdrücke für die vermeintlich kriminelle ***Regierungsmischpoke.***

Oft wird auch verschwörerisch geraunt, die Regierung handle gar nicht nach ihren eigenen Vorstellungen und Wünschen, sondern sei in Wahrheit fremdgesteuert. Dann ist etwa von einer ***Statthalterregierung,*** einer ***Filialregierung*** oder einer ***Handlanger-Regierung*** die Rede. Beliebt ist die Metapher des Puppenspiels, mit der das Kabinett Merkel als ***Handpuppenregierung*** und ***BRD-***

Marionetten-Regierung als unfrei und von fremden Mächten gesteuert entlarvt werden soll. Eine solche Regierung, die als ***Vasallenjunta*** oder ***Fremdregierung*** vermeintlich nicht im Interesse des deutschen Volkes handelt, hat für Neurechte natürlich keine Legitimität.

Doch wer sind diese einflussreichen Mächte, wer bildet die ***Hintergrund-*** und ***Geheimregierung,*** die in Deutschland die Strippen zieht? Die Antworten auf diese Frage gleichen der auf die Frage, wer dem deutschen Volk Schaden zufügen will – sie sind nämlich genauso nebulös, bizarr und teilweise selbstwidersprüchlich. So behaupten einige Neurechte beispielsweise, das Kabinett Merkel sei eine ***Islam-Sklavenregierung,*** und machen so eine geheime islamische Weltverschwörung zum Hauptakteur. Andere wiederum sehen eine ***Zionazi-Junta*** am Werk und pflegen damit antisemitische Stereotype. Wieder andere vermuten eine ***CIA-Regierung*** oder behaupten, es gebe eine Art tiefen Staat, der durch eine ***Militärisch-Industrielle-Schattenregierung*** die Geschicke der Bundesrepublik steuere. Natürlich steht auch die Bilderberger-Konferenz unter dem Verdacht, Befehlsgeber der ***Bilderberg-Bundesregierung*** zu sein. Aber ihr Name steht auch nur stellvertretend für eine geheime globale Elite, eine alle Kulturen nivellierende ***One-World-Regierung*** und ***Gutmenschenweltregierung,*** unter deren Einfluss Angela Merkel einer deutschen ***Neue-Weltordnung-Regierung*** oder – etwas weniger vornehm – einer ***Globalisten-Junta*** vorsteht.

Wer die Regierung so sieht, für den ist sie ein Feind des deutschen Volkes. Als ***Feindregierung*** betreibt sie in neurechten Augen die Abschaffung Deutschlands, indem sie sich als ***Islamisierungsregierung, Volksaustausch-Regierung,*** ja ***Völkermordregierung*** betätigt. Und Angela Merkel verletze – da sind sich rechte Autorinnen und Autoren einig – ihren Amtseid, nach dem sie sich verpflichtet habe, ihre Kraft dem Wohle des deutschen Volkes zu widmen, seinen Nutzen zu mehren und Schaden von ihm zu wenden. Die Regierung ist daher in ihren Augen eine ***Volksverräter-und-Verbrecher-Regierungsbande,*** eine ***Vaterlandsverräterregierung*** und eine ***Hochverrats-„Regierung".*** Der Terminus *Hochverrat* ist dabei bewusst im juristischen Sinn als Bezeichnung eines Straftatbestandes gewählt und zeigt, wohin die Reise gehen würde, wenn die Neurechten die Macht in Deutschland übernähmen. Politische Gegner nämlich würden dann nicht als Verfechter eines anderen politischen Programms behandelt, mit dem legitimerweise um die Mehrheit der Stimmberechtigten geworben wird, sondern als Hochverräter, die man wegsperrt oder einer noch drastischeren Strafe zuführt. So ist ein Kommentator der Meinung, ein Hochverrat, wie ihn die Regierung begangen habe, sei in der Geschichte ohne Beispiel. „Und auf einen solchen Hochverrat gibt es eigentlich nur eine Antwort: Die Todesstrafe für jene, die ihn begehen und mittragen."

Neben diesen Blüten der Regierungsbeschimpfung, die für Neurechte zwar in der Wortwahl drastisch, aber eben doch legitime Form der Regierungskritik zu sein scheint, finden sich im Schmähwortschatz noch eher traditionelle Formen der Regierungsbeschimpfung. Hier sind es etwa die Attestierung von Geistesschwächen ***(Idioten-Regierung, Plemplem-Regierung, Uga-Uga-Regierung, Schwachmatenregierung)*** und der Vorwurf mangelnder Wahrhaftigkeit ***(Heuchler-Regierung, Lügen-Regierung, Regierungsschwindler),*** die als nimmer versiegende Ressourcen der Herabwürdigung herangezogen werden. Auch sexistische Beschimpfungen, die auf Vorurteilen gegenüber Sexarbeiterinnen beruhen, wie ***Nutten-Kabinett, Huren-Regierung*** oder ***Regierungsflittchen*** fehlen nicht im regierungskritischen Wortschatz der neuen Rechten und werden dazu benutzt, der vermeintlichen

Käuflichkeit der Regierenden einen sinnhaften Ausdruck zu verleihen. Zu Schmähwörtern geronnen ist außerdem der neurechte Vorwurf, die Regierung bevormunde ihre Bürger moralisch ***(Gesinnungsdiktaturregierung, Gouvernanten-Regierung, Nanny-Regierung).*** An die demokratieverachtende Diktion der Rechten in der Weimarer Republik erinnern Ausdrücke wie ***Regierungs-Lumpen, Regierungs-Pack*** oder ***Regierungs-Gesindel.*** Aber das Repertoire reicht noch weiter bis hin zu ***Regierungs-Abschaum*** und ***Parasitenregierung.***

Schon in der Kritik an der Regierung vermischen sich also die Missbilligung konkreter politischer Maßnahmen mit der Infragestellung der Demokratie der Bundesrepublik Deutschlands. Rechte Kommentatoren sind überzeugt, dass das bestehende politische System dafür ungeeignet ist, im Ausgleich der Interessen das Gemeinwohl zu fördern, sondern vielmehr dazu dient, die Bevölkerung zu manipulieren und die wahren Machtverhältnisse zu verschleiern. Dass eine verbrecherische Regierung dennoch im Amt bleiben kann, verdankt sie nicht nur fortgeschrittenen Techniken der Verschleierung und Manipulation. Sie stützt ihre Macht auch darauf, dass die *Polizei* das Gewaltmonopol durchsetzt. Und obwohl die neuen Rechten Polizistinnen und Polizisten auf ihrer Seite wähnen und Hashtags wie *#gutgemachtPolizei* oder *#DankePolizei* sich bei Rechten großer Beliebtheit erfreuen, wenn mal wieder eine linksextremistische Demonstration eskaliert ist, bleibt auch die Polizei nicht von Schmähungen verschont.

So wird die Polizei als Ganze als ***Systempolizei*** bezeichnet – oder, wenn es derber wird, auch ***BRD-Juntapolizei, BRD-Staatspolizei, Herrscher-Büttel-Polizei*** und ***Regime-Polizei*** genannt. Gerne wird auch behauptet, die Polizei sei der Kanzlerin direkt unterstellt, wenn von ***Merkelpolizisten, Drecksmerkelpolizisten*** oder einer ***Merkel-Polit-Polizei*** die Rede ist. Auch der Polizeileitung wird Parteilichkeit unterstellt, wenn sie als ***SPD/CDU/Grüne-Polizeiführung*** und ***Sozi-Polizeifunktionäre*** diffamiert wird. Schließlich wird der Polizei auch unterstellt, Vollstreckungsgehilfin bei der Abschaffung des deutschen Volkes zu sein. Dann ist in neurechten Foren von ***Buntenpolizei, Buntespolizei*** oder ***BuntlandpolizistInnen*** die Rede oder von einer ***Umvolkungspolizei*** und ***Aufstandsbekämpfungspolizei.***

Neurechten Zorn zieht die Polizei auch dann auf sich, wenn sie sich darum bemüht, in ihrem Mitarbeiterstab einen Querschnitt der Bevölkerung abzubilden. Frauen, Muslime, Transsexuelle und Menschen mit Migrationshintergrund eignen sich in den Augen von Rechten aber nicht für den Polizeidienst. Über Transsexuelle im Polizeidienst spotten Neurechte als ***Kommissar Divers,*** bezeichnen sie als ***hodenlose Menschixx in rosa Uniform*** und phantasieren einen ***Transgender-Polizist*Innenpräsidierende(n)*** herbei. Aber auch Frauen, im Schmähwortschatz der Neurechten ***Girlie-Polizistinnen, Kleinmädchen-PolizistInnen*** oder ***Polizeimiezen,*** seien dem Dienst körperlich einfach nicht gewachsen. Schier unvorstellbar für Neurechte sind (von ihnen so bezeichnete) ***Kopftuchpolizistinnen,*** aber auch muslimische Polizisten allgemein finden als ***Muselpolizisten*** herabgewürdigt keine Gnade. Sie machen die Polizei in den Augen der Neurechten zu einer ***Musel-Integrations-Gedöns-Polizei.*** Ganz ähnlich werden Polizisten mit Migrationshintergrund als ***Polizisten-Mihigrus, Polizei-Nafris, Polizei-Türken, Türkenclan-Polizisten, Ethno-Polizisten, Doppel-Pass-Polizisten*** oder gar ***Ausländer-Polizisten*** verunglimpft und das Zerrbild einer ***MuKu-Polizei*** (Multikulti-Polizei) entworfen.

Angst vor der Polizei haben Neurechte nicht. In ihren Augen sind Ordnungshüter ***Angsthasen-Polizisten,***

Polizei-Luschen und ***Polizistenwaschlappen,*** die vor Migranten und Linksextremen als ***Da-können-wir-leider-nix-machen-Polizei*** devot den Knüppel einpacken. Sie werden entsprechend als ***Bücklings-***, ***Duckmäuser-*** oder ***Dhimmi-Polizisten*** diffamiert oder als ***Deeskalations-lachnummerpolizistINNEN, Teddybär-Polizisten*** und ***Polizei-Pussies*** verspottet.

Von der deutschen Justiz

Hier zeigen sich Ähnlichkeiten zur Bewertung der *Judikative,* der rechtsprechenden Gewalt als zweiter Säule demokratischer Verfassungsstaaten. Ihr wird von Neurechten vorgeworfen eine ***Augenzudrück-Justiz, Blümchenjustiz, Bärchenwerf-Justiz, Eia-popeia-Justiz,*** ja sogar eine ***Eunuchenjustiz*** zu sein. Und zwar insbesondere dann, wenn die Delinquenten nicht-deutscher Herkunft seien. Dann wird sie als ***Kuschel-Migrantenjustiz, MIGRANTENBONUS-Justiz, Moslembonus-Justiz*** oder ***Multikulti-KuscheldenNeubürger-Justiz*** bezeichnet. Die Ursache dafür, dass die strafrechtliche Würdigung ungesetzlichen Handelns von Migranten und Linken hinter den Erwartungen des rechten Publikums fast immer zurückbleibt, sehen Neurechte in der Ideologie der 68er und der mit ihr imprägnierten Linken. Richter sind demnach ***68er-Arschrichter, ANTIFA-Richter*** oder ***Hippie-Richter,*** die eine ***68er-Gesinnungsjustiz,*** ja eine ***68er-Zweikulturenjustiz*** etabliert hätten. Denn wenn rechte Volksverhetzer oder Gewalttäter verurteilt werden, beklagen Neurechte die Härte der Strafe und unterstellen dem Gericht, es sei ein ***Anti-Volks-Gerichtshof,*** besetzt mit ***Gesinnungsrichtern*** und die Gerichtsbarkeit in Deutschland insgesamt eine ***Anti-Deutsche-Justiz.***

Auch das Bundesverfassungsgericht genießt in neurechten Kommentarspalten nicht dasselbe Ansehen wie beim Rest der Bevölkerung. Insbesondere die Entscheide zur Rechtmäßigkeit der Grenzöffnung und der Grundrechtseinschränkungen im Zuge der Corona-Pandemie haben das höchste deutsche Gericht zur Zielscheibe neurechter Angriffe gemacht. Denn auch hier gilt: Wer nicht die gleiche Meinung wie Neurechte hat, wer nicht in ihrem Sinn entscheidet oder handelt, wird zum Feind erklärt. Mit Galligkeit wird das Bundesverfassungsgericht entsprechend als ***Skandal-Verfassungsgericht*** und ***Bundesverarschungsgericht*** beschimpft. Wer unter den Neurechten noch einen Rest von Humor hat, bespöttelt ***Comedy-Oberrichter,*** spricht vom ***Bundes(lach)verfassungsgericht*** oder verfremdend vom ***Grunzgesetzgericht.*** Da einige der rechten Autorinnen und Autoren der Meinung sind, die Bundesrepublik Deutschland habe gar keine Verfassung, stellen sie die Legitimität des höchsten deutschen Gerichts mit Schreibungen wie ***Bundes„Verfassungs"gericht*** und ***„Verfassungs"„richter"*** in Frage. Den Vorwurf, das Bundesverfassungsgericht arbeite Hand in Hand mit der Politik an der Abschaffung Deutschlands, kleiden sie in Schmähausdrücke wie ***Bundesverfallungsgericht, Verfassungsabwicklungsgericht*** oder ***Bundesvolksverrätergericht.***

Legislative: Von Volkszertretern und Wahlurnenkult

Dass die Verachtung der bundesrepublikanischen Demokratie mit einer allgemeinen Verachtung der Institutionen und Prinzipien demokratischer Verfassungsstaaten einhergeht, zeigt sich auch beim Blick auf jene Schmähausdrücke, die die neuen Rechten für die *Legislative,* also die gesetzgebenden Institutionen geprägt haben. In einer repräsentativen Demokratie sind dies die Parlamente, in denen gewählte *Volksvertreter* Gesetze beschließen. Doch in den Augen der neuen Rechten vertreten die Abgeordneten nicht die Interessen des Volkes und werden daher als ***Volkszertreter, Volksver-(arsch) treter*** oder ***Volksverräter*** (bisweilen auch ***Volksver(t) r(ä)ter*** oder ***Volksverrätervertreter***) geschmäht. Den Abgeordneten wird damit Verrat am deutschen Volk und Arbeit an dessen Vernichtung unterstellt. Dabei nivellieren Neurechte die Unterschiede zwischen den Parteien, wenn sie von ***Altparteien-Volksverrätern*** und ***CDUSPDGRÜNELINKE-Volkszertretern*** sprechen und beschwören mit Ausdrücken wie ***BRD-GmbH-Volksverräter-Mafia*** oder ***NWO-Volkszertreter*** geheime Mächte herauf, von denen die Abgeordneten angeblich ihre Anweisungen erhalten. Drastisch werden die Volksvertreter daher als ***Lügenabgeordnete*** und ***Lobby-Abgeordnete*** kritisiert und als ***Abgeordnetenpack, Abgeordnetenhuren, Volksverräter-Abschaum*** und ***Abgeordneten-Schädlinge*** beschimpft.

Auch wenn manche AfD-Politiker sich solche Kritik an demokratisch gewählten Volksvertretern als Ausdruck des Wunsches nach direkter Demokratie schönreden mögen, zeigt sich in diesen Ausdrücken vor allem, dass das Parlament vielen Neurechten nicht als legitime Vertretung des Volkes gilt. Und dies nicht nur wegen vermeintlich korrupter Abgeordneter und Politikerinnen, die nicht ihrem Gewissen, sondern geheimen Mächten verpflichtet sind. Neurechte sprechen auch der Institution der Wahl ihre Legitimität ab. Einerseits behaupten sie wie ihr Vorbild Donald Trump, bei Wahlen werde systematisch betrogen und Wahlen seien daher in Wahrheit ***Wahlbeschiss, Wahl-***

betrugsveranstaltungen und ***Wahl-Schwindel.*** Wahlen werden zudem als eine Art Legitimationstrick diffamiert, wenn sie als ***Wahl-Simulation, Volksveräppelungs-Maschinerie*** und ***Wahl-Märchen*** bezeichnet werden. Und schließlich wird in Ausdrücken wie ***Wahl-Getue, Wahlenbrimborium, Wahl-Gedöns*** und ***Wahlurnenkult*** eine Distanz zur Demokratie als Herrschaft des Volkes offensichtlich. Wahlen nämlich, so legen es diese Schmähbezeichnungen nah, sind nicht nötig, um in strittigen Fragen Entscheidungen zu legitimieren oder Herrschaft zu begründen. Zusammen mit der Vorstellung von einem Volk, das sich seiner Interessen nicht bewusst ist und blind an seiner eigenen Abschaffung arbeitet, fügt sich die Verachtung demokratischer Institutionen zu einem autoritären Politikverständnis, das ins Totalitäre umschlagen kann.

Demokratie-Diktatur Deutschland

Die Schimpfwörter, die die neuen Rechten zur Charakterisierung der Säulen eines demokratischen Verfassungsstaates geprägt haben, zeugen von ihrer Verachtung gegenüber demokratischen Institutionen. Das Volk ist dumm und manipuliert, die Regierung arbeitet an der Abschaffung Deutschlands, im Parlament sitzen fremdgesteuerte Volksverräter, Wahlen sind ein irrationaler Kult und vor den parteiischen deutschen Gerichten sind nicht mehr alle Bürger gleich. In welchem politischen System glauben Neurechte also zu leben? Die Antworten, die wir erhalten, wenn wir den Schimpfwortschatz der neuen Rechten befragen, halten den Kriterien der Logik und Kohärenz nicht stand. Sie sind aber gleichwohl aufschlussreich, denn sie geben Einblick in eine Gemütslage, die einen

Mangel an Demokratie beklagt, sich aber zugleich nach einer fundamentalen politischen Neuorientierung sehnt, die von einer völkisch-nationalistischen Minderheit erzwungen wird. Analog zur paradoxen Gemütslage beschreiben Neurechte die Regierungsform in der Bundesrepublik Deutschland mit Oxymora, also mit Ausdrücken, die einander widersprechende Bestandteile enthalten. Als ***Demokratie-Diktatur*** oder ***Demokratiefaschismus,*** als ***Verfassungsdiktatur, Wahldiktatur*** oder ***Parlamentsdiktatur.*** Mit solchen Bezeichnungen wollen sie zum Ausdruck bringen, dass in der Bundesrepublik zwar Demokratie auf der Verpackung stehe, aber etwas ganz anderes in dieser Verpackung drin sei. Entsprechend findet sich eine schier endlose Liste an Schmähausdrücken für das politische System der Bundesrepublik, die seinen Schein-Charakter hervorheben: ***Anscheinsdemokratie, Attrappen-Demokratie, BRD-„Demokratie", Demokratiesimulationstheater, Demokratie-/Meinungsfreiheit-/Rechtsstaat-SIMULATION, Dekorationsdemokratie, „Demokratie"-Aufführungen, „Demokratie"-Farce, Demokratie-Hoax, Demokratie-Illusion, Demokratie-Mummenschanz, Demokratie-Lametta, Demokratie-Matrix, Demokratie-Märchen, Demokratie-Show, Demokratie-Vortäuschung, Demokratiefassade, Demokratiekarikatur, Demokratielüge, Demokratiepersiflage, Demokratiesatire, Demokratieschmierenkomödie, Demokratieseifenoper, Fassadendemokratie, Formaldemokratie, Keine-Wahl-Demokratie, Nenndemokratie, Operettendemokratie, Seifenoperndemokratie, Phantomdemokratie, Placebo-Demokratie, Politikunddemokratiesimulationszirkus, Pseudo-„Demokratie", Quasi-Demokratie, SCHEIN-Demokratie, Undemokratie*** und ***Zuschauerdemokratie.***

Erwartungsgemäß sind Neurechte dann auch schnell mit dem Diktaturvorwurf bei der Hand, wenn sie mit demokratisch beschlossenen Maßnahmen nicht einverstanden sind. Und das auf beinahe jedem Politikfeld. Finanzpolitik – ***Finanz-Diktatur,*** Fiskalpolitik – ***Steuerdiktatur,*** Klimapolitik – ***Kohlenstoffdiktatur,*** Rentenpolitik – ***Rentner-Diktatur,*** Flüchtlingspolitik – ***Willkommensdiktatur, Flüchtilantendiktatur,*** Migration – ***Einwanderungsdiktatur, Multi-Ethnien-Diktatur,*** Förderung nachhaltiger Landwirtschaft – ***Bio-Ernährungsdiktatur, Öko-Nachhaltigkeitsdiktatur,*** Umweltpolitik – ***Öko-Diktatur,*** Bildungspolitik – ***Erziehungsdiktatur,*** Gleichstellung von Mann und Frau – ***Emanzen-Diktatur, Quotendiktatur,*** gleichgeschlechtliche Ehe – ***Regenbogendiktatur, Schwulendiktatur,*** Förderung erneuerbarer Energien – ***Energiediktatur,*** Währungspolitik – ***Euro-Diktatur,*** Gesundheitspolitik – ***Gesundheitsdiktatur,*** Coronaschutzimpfung – ***Impfdiktatur,*** Politikberatung durch Expertengremien – ***Wissenschaftsdiktatur,*** Rücksichtnahme auf Muslime in Kantinen – ***Halal-Diktatur,*** fleischfreier Tag – ***Veggie-Diktatur,*** Maßnahmen gegen Hassrede – ***PC-Gutmenschendiktatur,*** Gedenken an die Opfer des Nationalsozialismus – ***Post-Holocaust-Diktatur.***

Wenn die Mehrheit im Bundestag Gesetze beschließt, dann ist das für Neurechte keine Demokratie, sondern ***87-%-Diktatur*** oder allgemeiner ***Mehrheitsdiktatur.*** Denn in den Augen vieler Neurechter ist „die parlamentarische Demokratie die Fortsetzung der Diktatur mit anderen Mitteln“. Von hier ist der Schritt zur Befürwortung autoritärer Regierungsformen nicht mehr weit. Demokratie ist für Neurechte kein unhinterfragbarer Wert, sondern muss sich daran messen lassen, inwieweit sie ihnen zur Erlangung ihrer politischen Ziele dient. Dient sie diesen nicht, dann werden ihre Verfechter nämlich der ***Demokratiehörigkeit,*** der ***Demokratieverherrlichung,*** ja eines ***Demokratie-Fetischismus*** bezichtigt. Und so offenbaren die Schimpfwörter der neuen Rechten ein Verständnis von Demokratie, das mit einer Sentenz von Mark Twain treffend charakterisiert ist: „Wir schätzen die Menschen, die frisch und offen ihre Meinung sagen – vorausgesetzt, sie meinen dasselbe wie wir.“

Geographie: Deutschland liegt in Eurabien

Die Welt der neuen Rechten hat eine ganz andere Gestalt, als wir sie von Landkarten kennen. Sie ist in mehrere Großregionen mit fremd anmutenden Namen eingeteilt. Diese Namen richten sich teilweise nach der jeweiligen politischen Führung, meist aber nach ihrer migrationspolitischen Relevanz. Die *USA* wurde lange ehrfürchtig als ***Trumpland*** bezeichnet, *Russland* als ***Putinland.*** *Australien* nennen Neurechte wegen seiner restriktiven Asyl- und Migrationspolitik bewundernd ***No-Way-Australien.*** Und *Südamerika* und *Ost- sowie Südostasien* finden als ***Ganzweitwegistan*** oder ***Exotistan*** kaum Beachtung in neurechten Debatten. Weit weniger gleichgültig sind den Neurechten allerdings die verbleibenden Weltregionen Europa, der Nahe und Mittlere Osten und Afrika, für die sie eine Unmenge herabwürdigender Ausdrücke wie ***Eurabistan*** oder ***Shitholeistan*** geprägt haben.

Namen sind nicht bloß Wörter, mit denen wir Menschen oder Orte identifizieren. Namen charakterisieren

J. Scharloth, *Hässliche Wörter*,
https://doi.org/10.1007/978-3-662-63502-5_3

auch, besonders unkonventionelle Namen wie Spitznamen, Spottnamen oder eben Schimpfnamen. So war ***Zigeuner*** beispielsweise lange ein gebräuchlicher Name für eine Bevölkerungsgruppe. Diese Fremdzuschreibung wertete die Bezeichneten jedoch ab, denn volksetymologisch wurde der Name von ***ziehende Gauner*** hergeleitet. Auch Ortsbezeichnungen wie *Death Valley* oder *Mohrenstraße* identifizieren nicht nur. Sie verweisen auf kulturelles Wissen und auf Geschichte(n), die den Orten eine Bedeutung geben. Und weil dieses Wissen und unser Blick auf die Vergangenheit sich wandelt, sind Ortsnamen auch häufig umstritten. Der Umbenennung eines Teils der Berliner Kochstraße in *Rudi-Dutschke-Straße* durch die Bezirksverordnetenversammlung von Friedrichshain-Kreuzberg ging eine lange politische Kontroverse voraus. Wenn in Berlin nun die *Rudi-Dutschke-Straße* auf die *Axel-Springer-Straße* trifft, dann erinnert dies an die gesellschaftlichen Konflikte von 1968. Und es erinnert an die von der 1968er Bewegung vertretenen Werte, die von manchen noch heute propagiert, die von anderen aber auch leidenschaftlich bekämpft werden. In Namen wird demnach auch die Gesellschafts- und Werteordnung eines Gemeinwesens verhandelt.

Mit Schimpfnamen für Orte und Räume bewerkstelligen Neurechte zweierlei: Sie gliedern zum einen etablierte geopolitische Räume neu, indem sie Länder zu Regionen zusammenfassen, die aus neurechter Sicht kulturelle, politische, religiöse oder ethnische Gemeinsamkeiten haben. Dies ist etwa bei Bezeichnungen wie ***Islamien*** für die islamisch geprägten Länder oder dem bizarren ***Afro-Turk-Arabo-Zigeunistan*** der Fall. Zum anderen heben Neurechte an den bezeichneten Orten und Regionen – und damit häufig auch an ihren Bewohnerinnen und Bewohnern – negative Eigenschaften hervor oder schreiben sie ihnen überhaupt erst zu. Wenn Neurechte *Deutschland* beispielsweise als ***Asylparadiesistan*** bezeichnen, dann machen sie eine vermeintlich zu großzügige Asyl-Willkommenspolitik (insbesondere für Menschen aus dem Mittleren Osten, wie die Endung ***istan*** nahelegt) zum bestimmenden Merkmal ihres Heimatlandes. Bezeichnen sie es hingegen als ***Schlachtschafland,*** erklären sie eine Bevölkerung naiver Opfer gewaltbereiter Zuwanderer zum wesenhaften Merkmal Deutschlands.

Schmähnamen für (neue) Großregionen

Die herabwürdigenden Namen, die sich Neurechte für einzelne Weltregionen ausdenken, lassen sich teilweise mit etablierten Raumkonfigurationen in Beziehung setzen. Dies ist beispielsweise bei den *Maghreb-Staaten* der Fall, die besonders häufig Ziel von Schmähungen sind. Bezeichnungen wie ***Maghrebistan, Afrikislamesien*** oder ***Negromohammedistan*** sind dabei noch die neutralsten Ausdrücke. Stärker mit Stereotypen aufgeladene Bezeichnungen sind ***Braunafrika, IQ-75-Afrika*** oder ***Nafrika,*** das die schillernde Bedeutung des Wortes ***Nafri*** ausbeutet, das im Polizeijargon im Sinn von *nordafrikanischer Intensivtäter* gebraucht wurde.

Auch für die *Subsahara-Region* haben Neurechte zahlreiche Schmähnamen geprägt, in denen ihre rassistische Weltsicht glasklar zum Ausdruck kommt. Fast immer greifen sie dabei auf vermeintliche äußere Merkmale und Vorurteile gegenüber der Bevölkerung in der Region zurück. Ausdrücke wie ***Kräuselkopp-Afrikanien, Mohretanien, Bimbonien*** oder ***IQ-60-Afrika*** sind nur einige Beispiele. Die Geringschätzung afrikanischer Kulturen, die sich aus kolonialem und rassistischem Gedankengut speist, zeigt sich in Bezeichnungen wie ***Sub-***

Kulturistan, Weitwegprimitivistan oder ***Steinzeitistan.*** Unterboten werden solche Schmähnamen noch von Ausdrücken, in denen die Bevölkerung mit Tieren gleichgesetzt wird wie ***Urprimatistan*** oder ***Parasitistan.*** Nicht minder häufig sind Namen, die das rassistische Stereotyp vom ungebremsten Sexualtrieb der Bewohner der Subsahara-Region zur Grundlage verächtlicher Bezeichnungen machen: In der unrühmlichen Nachfolge von Fürstin Gloria von Thurn und Taxis ist dann von ***Schnackselanien*** die Rede, der ehemalige italienische Präsident Berlsuconi steht Pate für ***Bunga-Bunga-Afrika*** und das Klischee von der Virilität des afrikanischen Mannes bringt Bezeichnungen wie ***Schwanzafrika*** oder ***Karnickelstan*** hervor.

Die zitierten Schmähnamen sind nur die Spitze des Eisbergs. Die Liste widerwärtiger rassistischer Bezeichnungen für die afrikanischen Regionen südlich der Sahara ist beliebig verlängerbar. Sie hier anzuführen würde zwar den Ethnopluralismus der neuen Rechten, nach dem alle Völker und Kulturen grundsätzlich gleich sind und nur nach ihren eigenen Normen beurteilt werden können, als hohle Phrase entlarven. Darüber hinaus wäre der Erkenntniswert allerdings gering, denn das Afrika-Bild der neuen Rechten speist sich aus wenigen simplen Vorurteilen. Statt also weitere offen rassistische Bezeichnungen für die Subsahara-Region anzuführen, soll abschließend noch ein weiterer Typ rassistisch-herabwürdigender Länderbezeichnungen vorgestellt werden: die Benutzung afrikanischer Namen (wie den der Romanfigur *Kunta Kinte*) und die infantile Nachahmung des Klangs nichteuropäischer Sprachen oder tierischer Laute, um den Ländern und Regionen Exotismus und Primitivität zuzuschreiben wie in ***Hintertuxaland, Kakatakakaland, Kuntakinteland, Tungawungaland, Uga-ugaland*** oder ***Umpadumpaland.***

Schmähausdrücke für die Regionen des *Nahen und Mittleren Ostens* bilden Neurechte häufig mit Hilfe von abwertenden Verfremdungen mit Religionsbezug. Bezeichnungen wie ***Gesamt-Islamistan, Allahu-Akbaristan, Muselanien*** und ***Theokratistan*** machen den Islam zum alles bestimmenden Merkmal der Region. Dass diese Bezeichnungen für Neurechte eine negative Bedeutung haben, lässt sich leicht an ihren Verfremdungen erkennen, die häufig auf Exkretion anspielen wie ***IslaMISTan, Pisslamistan*** oder ***Kloranien.*** Auch religiöse Praktiken werden in Schmähnamen wie ***Bückbetland*** oder ***Arschhebistan*** verunglimpft. Als Quelle der Abwertung werden auch mit dem Islam und anderen Religionen assoziierte Kleidungsstücke benutzt, wenn die Region als ***Kopfwickelland, Kopftuchistan*** oder ***Burkinistan*** bezeichnet wird.

Häufig setzen Neurechte die Region in ihren Schimpfnamen aber nicht nur mit dem Islam, sondern mit islamistischer Ideologie und Terrorismus gleich. Dann ist von ***Djihadistan,*** in Anspielung auf den sogenannten *Islamischen Staat* von ***ISlamistan*** oder ***Kopfabhackistan*** die Rede. Ihrer geringen Wertschätzung für die Kulturen des Nahen und Mittleren Ostens verleihen Neurechte mit Ländernamen wie ***Kanakistan*** und ***Kuffnuckistan*** Ausdruck. Dass die Bewohner dieser Regionen in ihren Augen auf dem Stand einer archaisch-primitiven Kultur leben, belegen Bezeichnungen wie ***Eseltreibistan*** oder ***Kameltreiberland*** sowie die sexualisierten Schimpfnamen ***Ziegenbeglückistan, Eselsfickestan*** und ***Inzuchtland.*** In rechten Foren und Kommentarspalten beliebt sind außerdem solche Bezeichnungen, die den Nahen und Mittleren Osten als Herkunftsland vornehmlich junger männlicher Geflüchteter mit vermeintlich übersteigertem Anspruchsdenken charakterisieren, nämlich als ***Flüchtilanien, Assühlanien, FORDERasien,***

Jungmannistan oder ***Muflistan,*** das von der Abkürzung für *minderjähriger unbegleiteter Flüchtling* abgeleitet ist.

Die Schmähausdrücke zeigen, dass Nordafrika sowie der Nahe und Mittlere Osten von den Neurechten mit Kriminalität, Islam und Jihadismus, Rückständigkeit und kultureller Minderwertigkeit gleichgesetzt werden. Da kulturelle Eigenschaften sich neurechter Ideologie gemäß nicht (oder bestenfalls über Generationen hinweg) wandeln können, sind Menschen aus diesen Regionen für Neurechte ***Kulturinkompatible, Gesellschaftsinkompatible, Werte-Inkompatible*** oder gar ***Zivilisations-Inkompatible,*** die nicht nach Deutschland und Europa passen.

Damit sind wir bei der letzten Großregion, die Neurechte bevorzugt mit Schmähnamen belegen. Denn auch wenn *Europa* für Neurechte mit dem *Abendland* gleichgesetzt und als *Christenland, Kulturland,* ja *Hochkulturland* gelobt wird, mischen sich in Bezeichnungen wie ***Alt-Europa, McAbendland, Wohlstandseuropa, Dekadent-Europa, Dummeuropa*** oder ***Swingerklub-Love-Parade-Jesus-ist-schwul-Theaterstück-serielle-Monogamie-Frauen-sind-das-starke-Geschlecht-Patchworkfamilie-Europa*** bereits Phantasien von Degenerierung, Verfall und Abstieg. Die Schuld an dieser Entwicklung geben neurechte Kommentatoren zum einen der Zuwanderung von ***Kulturfremden, iSSlaminkompatiblen*** und anderen ***Neoeuropäern*** aus Afrika und dem Nahen und Mittleren Osten. Neurechte halluzinieren die Entstehung eines neuen Kulturraums durch Migration aus diesen Regionen herbei, den sie ***Eurabiafrika, Afrika-Nahost-Europa*** oder ***Eurabistan*** nennen. Das durch Zuwanderung entstehende ***Neuropa*** verdankt sich für viele Neurechte einem gezielten Plan, dem ***Europa-Neubesiedlungs-/Rassen-Mischungs-Projekt,*** mit dem das Ziel verfolgt werde, ein ***Mischrasseneuropa*** zu schaffen. Verantwortlich dafür zeichnen der europäische ***Superstaat,*** die ***EUdSSR,*** in dem nationalstaatsvergessene ***Europathen*** eine ***EU-Diktokratur*** errichtet hätten, einen ausschließlich über Wirtschafts- und Geldpolitik definierten Superstaat. Dieser wird häufig als Ergebnis einer vermeintlichen Verschwörung zu einer *Neuen Weltordnung* gedeutet, in der eine globale Elite die Weltherrschaft an sich reißt. Häufiger liest man entsprechend von einer ***NWO-EU*** oder ***NWO-EUdssr.*** Aus Sicht der Neurechten ist Europa ein irrationales Konstrukt, ***Europium*** für ***Europabesoffene*** und ***Europa-Junkies.***

In ihren Schmähungen für den vermeintlichen ***Europa-Zentralstaat*** kennen Neurechte keine Grenzen. Sich gegenseitig übertrumpfend schreiben sie von ***Großeuropa, Super-Europa*** und ***Hyper-Europa*** oder vergleichen den Staatenbund mit dem *Warschauer Pakt* oder der *Sowjetunion,* indem sie von ***Brüsseler-Pakt-Staaten, Sowjeteuropa*** oder ***EUdSSR-Großreich*** sprechen. Trotz gewähltem Parlament gilt die EU in neurechten Kreisen als undemokratisch, ja totalitär, was sich an Schmähausdrücken wie ***EU-Rätediktatur, EU-/DDR2.0/Diktatur-Superstaat*** oder ***EU-Orwell-Nazi-Reich*** zeigt.

Neben der Charakterisierung der EU als diktatorischen Zentralstaat sind es das vermeintlich liberale Migrationsregime und die daraus resultierende Zuwanderung, die den neurechten Zorn auf sich ziehen. Dann wird Europa wegen seiner humanitären Werte als ***Gutmensch-Europa, Gut-Europa*** oder gar ***Gutst-Europa*** verspottet oder als ***Kuschel-*** und ***Kümmer-Europa*** verhöhnt. Das europäische ***Gutmenschentum*** hat in neurechten Augen ein ***Bunt-Europa,*** ein ***Multi-Kulti-Europa,*** ein ***Global-Europe,*** ja ein ***Mischlingseuropa*** bzw. ein ***Mischrasseneuropa*** zur Folge. Dabei ist die Zuwanderung aus Afrika und dem Nahen und Mittleren Osten Neurechten ein besonderer Dorn im

Auge. In ihren Phantasien wird Europa zu ***Eurabistan, Groß-Eurabien, Eurabiafrika*** oder ***EUnegroarabia*** und durch die importierte Kriminalität zu einem negativen Utopia namens ***EUrapeIA*** und zur ***No-go-Area-Europe.*** In ihrer verzerrten Wahrnehmung ist die Chimäre der Islamisierung längst Realität. Und so belegen Neurechte die EU mit teils wunderlichen, teils widersinnigen Bezeichnungen wie ***Scharia-Europa, EUdSSR-Kalifat, EU-Scharia-Kommunismus-Regime*** oder ***Nazi-Europa-Islamistan.*** Mitunter versteigen sie sich gar zu noch bizarreren Wort- und Gedankenkompositionen wie ***multi-kulti-ficki-ficki-Europakalifat, Soros-SiliconValleyIndustrie-USEU*** oder ***DRECKS-EU-NORDKOREA-GULAG-SCHARIA-ANARCHIE-MONSTER,*** in denen alle möglichen Stränge neurechter Ideologie miteinander verknüpft werden.

Jeder Moslem ist Islamisierung, jede Moschee Anzeichen des kommenden Kalifats, jeder Dunkelhäutige ein potentieller Vergewaltiger, jeder Zuwanderer ein Beleg für die ***USraelische Mischrassenverschwörung,*** jede von Migranten dominierte Wohngegend eine No-go-Area und somit Symbol für den Verfall staatlicher Ordnung. In der maßlosen Apokalyptik der Neurechten ist Europa so gut wie verloren. Von seinen Eliten verraten, von Migranten besetzt ist seine Bevölkerung leichte Beute für Kriminelle und Islamisten. Dies kommt auch in Schimpfnamen für einzelne Länder zum Ausdruck.

Schmähnamen für einzelne Länder

Beliebteste Ziele neurechter Beschimpfungen sind *Schweden* und *Frankreich.* Besonders das skandinavische Land ist in der rechten Szene Synonym einer Demokratie, die durch linksliberale Politik und vermeintlich unbegrenzte Zuwanderung zu einem ***failed state*** degeneriert ist. Schweden wird daher als ***EU-Chaosland, Neu-Schwedistan, Sverigestan*** oder plump als ***Schweden-Dummland*** bezeichnet. Weil Regierung und große Teile der Bevölkerung angeblich das wahre Ausmaß von Kriminalität und Verfall leugnen und sich wie die beliebte Figur der Kinderliteratur die Welt so ausmalen, wie sie ihnen gefällt, nennen Neurechte Schweden auch ***Pippilangstrumpfmärchenland*** oder infantil ***Pipikackaland.*** Frankreich dagegen wird in rechten Schmähnamen vor allem mit Zuwanderung aus Afrika und Islamisierung assoziiert, etwa wenn von ***Afrikanisch-Französien, FraNafrika, Macronistan*** oder ***Musel-Frankreich*** die Rede ist. Die gleiche Mischung aus Migration, Islamismus und Kriminalität findet sich bei Schmähnamen für weitere Länder Europas, etwa in ***Schwarz-Italien, Ösitanien, Helvetistan, Allahu-akbar-Belgien*** oder ***NoGo-Finnland.***

Großbritannien freilich zieht wegen seiner vermeintlichen Großmachtambitionen und dem möglichen Auseinanderbrechen der Union nach dem Brexit den Spott der Neurechten auf sich. Dann ist von ***Kleinbritannien, Rumpf-England*** oder ***Bonsai-Britannien*** die Rede. Aber auch Großbritannien ist wegen der Naivität seiner Bewohner ***(Dummbritannien, Tolerant-Britannistan)*** durch Zuwanderung ***(Nafroangelsachsen),*** vor allem aus dem Nahen und Mittleren Osten ***(Londonistan/Britannistan),*** und die Ausbreitung des Islam ***(Islamisch-Britannien, Moslem-London-England, Dhimmi-Britannistan)*** zu ***No-go-Großbritannien*** verkommen. Offensichtlich sind die Länder austauschbar, die Muster ihrer Beschimpfung bleiben die gleichen und werden nur spärlich variiert wie im Fall von *Griechenland,* das wegen seiner Staatsschulden als ***Siechenland*** und ***Pleite-Hellenien*** verhöhnt wird.

Schimpfwörter für Deutschland

Besonders reich ist der neurechte Schimpfwortschatz an Schmähausdrücken für Deutschland. Denn obwohl Neurechte gerne vorgeben, die einzig wahren Patrioten zu sein, wird Deutschland als Ganzes, aber auch seine Bundesländer und seine Städte, mit einer unermesslichen Zahl an Schimpfwörtern bedacht. Der deutschlandbezogene Schimpfwortschatz erreicht ein Maß an Differenzierung, das es erlaubt, beinahe alle Dimensionen neurechter Ideologie auszuleuchten. Schimpfwörter für Deutschland als Ganzes lassen sich inhaltlich grob in vier Sachbereiche einteilen: Schimpfwörter, die Migration zum Thema haben, Schmähausdrücke, die gesellschaftliche Verhältnisse in den Blick nehmen, sowie Spottnamen, die auf Deutschlands Wirtschaft und solche, die auf seine Politik Bezug nehmen.

Schimpfwörter mit Migrationsbezug

Angesichts der Vielzahl an Schimpfwörtern für solche Weltregionen, aus denen Menschen in nennenswerter Zahl nach Deutschland zuwandern, ist es wenig verwunderlich, dass Migration nach Deutschland für Neurechte ein wichtiger Grund ist, auch ihr eigenes Land mit Schmähnamen zu überziehen. So illustrieren Neurechte die Veränderungen, die Deutschland durch Zuwanderung erfährt, gerne mit Verfremdungen des Namens, etwa im türkisch-orientalisch klingenden ***Gürmünistan*** oder in der Nachahmung eines fremden Akzents wie in ***Deuscheland*** oder ***Deutschaland.*** Die Kritik, die in den antideutschen Schmähausdrücken formuliert wird, zielt jedoch vor allem auf eine vermeintlich übertrieben zuwanderungsfreundliche Politik. In den Augen der neuen Rechten ist Deutschland ***Asylparadiesistan*** und ***Flüchtlingssorglosland*** und wegen mangelnder Grenzkontrollen schlicht ***Offenland*** oder ***Einsickerungsland*** für Terroristen. In ihrer Neigung zur Exaltation stilisieren Neurechte Deutschland gar zum ***Welt-Heimatland,*** zu einem ***Jedermannsland*** oder gar einem ***Jederkannsichhieraustobenland.*** Weil Flüchtlinge angeblich mit falschen Versprechungen nach Deutschland gelockt wurden, nennen es Neurechte gerne ***Asylwonderland, Flüchtilanten-Schlaraffenland*** oder ***Deutschhonigland.*** Wegen der angeblich viel zu hohen Anerkennungsquoten von Asylbewerbern bezeichnen sie Deutschland als ***Welt-Einbürgerungsland*** oder – mit Bezug auf das Bundesamt für Migration und Flüchtlinge – ***BAMFnanistan.*** Die Naivität seiner Bewohner im Hinblick auf die Folgen der Zuwanderung wird durch verballhornende Aneignung des Eigenschaftswortes *bunt* illustriert. Dann ist beispielsweise von der ***BuntRepublikDeutschland*** die Rede, vom ***Kunterbuntland,*** das den Namen der anarchistischen Villa von Pipi Langstrumpf anklingen lässt, oder vom ***Takatuka-Traumland,*** einem Südseeparadies, in dem Pipi Langstrumpfs Vater König ist.

Dass Deutschland von der Zuwanderung nicht profitiert, sondern von Geflüchteten ausgenutzt und ausgeplündert wird, behaupten Neurechte mit Bezeichnungen wie ***Vorzeigeausbeuterland, Kuckucksland*** oder ***Deutschland-Beuteland.*** Mit Ausdrücken wie ***Multi-Kulti-Auenland, Multi-Kulti-Utopia-Buntland, Schlafbuntland*** oder ***MultiKultiZuckerbäckerland*** unterstellen rechte Autorinnen und Autoren, die deutsche Bevölkerung werde mit der Utopie einer harmonischen multiethnischen Gesellschaft eingeschläfert. In Schmähausdrücken wie ***Bunten-Republik-Doofland*** oder ***Buntdeppenland*** erklären die vermeintlichen Patrioten ihr Volk aber auch schlicht für zu dumm, die Konsequenzen der Zuwanderung zu durchschauen. Die Behauptung einer *Islamisierung* Deutschlands untermauern Neurechte häufig dadurch, dass sie herabwürdigende oder ausgrenzende Ausdrücke von Muslimen für Nichtgläubige aufgreifen und sie als Grundhaltung aller Muslime darstellen. So finden sich auf neurechten Plattformen häufig Ausdrücke wie ***Kuffar-Deutschland,*** wobei *Kuffar* eine Bezeichnung für *Ungläubige* ist. Auch finden sich viele Anspielungen auf die Äußerung eines muslimischen Elternbund-Funktionärs in Hamburg, der die Deutschen als ***Köterrasse*** bezeichnet hatte, was Neurechte zum Anlasse nehmen, von Deutschland als ***Köterrasseland*** zu sprechen und die Äußerung so zu skandalisieren. Eine weitere dieser Bezeichnungen ist ***Dhimmi-Deutschland,*** in dem das Wort *Dhimmi* Nicht-Muslime bezeichnet, die in einem muslimischen Staat leben, und so unterstellt, Deutschland sei bereits ein solcher. Die Islamisierung thematisieren auch Wortkreationen, die auf Koransuren verweisen, in denen Ungläubigen mit dem Tod gedroht wird wie ***Bunt4/56-57kriegs4/74-76land*** oder ***Bunt98/6-7land.***

Dass Deutschland für Neurechte nicht mehr Deutschland ist, sondern längst eine Kolonie fremder Länder und Ethnien, zeigt sich auch in Schmähvokabeln wie ***Nafriland*** und ***Dafrika.*** Mit ihnen wird das Schreckgespenst einer Gesellschaft gezeichnet, in der Menschen, die für Neurechte als wahre Deutsche gelten, nicht mehr in der Mehrheit sind. Auch ***Kuffnucken-Deutschland, Neu-Kanakistan*** und ***Deurabistan*** sind Wortschöpfungen, mit denen Neurechte Ängste vor einer postmigrantischen und multiethnischen Gesellschaft schüren. Die vermeintliche Dominanz einzelner Zuwanderergruppen behaupten Neurechte mit Ausdrücken wie ***Marokkogermanistan, Neu-Pakistan, Toitsch-Turkmenistan, Deutsch-Afghanistan, Deutsch-Arabien-Turkestan, Deutsch-Türkistan, Türkogermanistan*** und ***Neu-Kurdistan.***

Es ist gängige Strategie populistischer Bewegungen, ein Gefühl der Unsicherheit zu schüren, jenes subjektive Empfinden der Bevölkerung über die Fähigkeit des Staates, Eigentum und körperliche Unversehrtheit zu schützen. Und es ist das Geschäft von Rechtspopulisten, die vermeintliche Aufweichung des staatlichen Gewaltmonopols mit den Auswüchsen einer weltoffenen und toleranten Gesellschaft zu begründen. Und so prägen Neurechte emsig Vokabeln, in denen Deutschland als im Würgegriff ausländischer Clans ***(Deutschland-Clanland, Arabercland, Cland, Mafialand)*** und ausländischer Terroristen ***(Terror-Deutschland, Schläferland, Terrorwunderland, Terror-Schlaraffenland, Taliban-Paradies-Dschland)*** charakterisiert wird. Deutsche Kultur könne wegen Terrorgefahr nur unter massivem Schutz und dem Aufstellen von LKW-Sperren ausgelebt werden ***(Klötzchendeutschland),*** und auch wenn die Kriminalität von offizieller Stelle verharmlost wird ***(Einzelfallland),*** sei Deutschland in Wahrheit ***Verbrecherschlaraffenland*** und ***Massenvergewaltigungsland.*** Zur Skandalisierung von Gewaltformen, die sich durch Zuwanderung pandemisch verbreitet hätten, bezeichnen Neurechte Deutschland auch gerne als ***Messerstecherland, Machetenland*** und ***Schwertkriminellenland.***

Ressentiments auslösen, Beschützerinstinkte wecken und zu Fremdenhass aufstacheln sollen Bezeichnungen, die behaupten, Flüchtlinge kämen zur Befriedigung ihrer sexuellen Bedürfnisse nach Deutschland. In Schimpfwörtern wie ***De-Schlamp(en)land*** und ***Huren-Scheißland*** wird unterstellt, nicht-muslimische Frauen seien in den Augen von Geflüchteten allesamt Schlampen und Prostituierte und Deutschland damit ein ***Frauen-Freiwild-Streichelzoo.*** Jede Contenance verlieren die selbsterklärten Bürgerlichen wenn sie ihre Heimat vulgär

Brunftbuntland, Neubürger-Fickiland und ***Rapefugeesland*** nennen.

Für Neurechte befindet sich die staatliche Ordnung in Auflösung. Deutschland ist entsprechend ***Chaosland*** oder ***Failed-State-DEMOKRATUR*** und nur deshalb noch nicht komplett zusammengebrochen, weil ein umfassender Zensur- und Überwachungsapparat die Bevölkerung über die Lage im Unklaren lässt. ***Zensuretten-Deutschland*** und ***Orwellistan*** sind Wortneuprägungen, in denen diese neurechte Verschwörungsideologie ihren Ausdruck findet. Zynisch kommentieren Neurechte die vermeintlich kulturelle Selbstverleugnung Deutschlands mit Bezeichnungen wie ***Gibteseigentlichgarnichtland, so_genannt_Deutschland*** oder mit dem wehmütigen ***Warmal-Deutschland.*** Auch das in neurechten Augen übertriebene Wachhalten der Erinnerung an die Verbrechen Nazi-Deutschlands wird in Bezeichnungen wie ***Schuldkultistan*** verhöhnt.

Wenn von Migration die Rede ist, dann ist die Verschwörungserzählung vom *Großen Austausch* nicht weit. So dient ein Tagesthemen-Interview mit dem Politikwissenschaftlers Yascha Mounk, in dem dieser mit Bezug auf die Flüchtlingskrise von einem „historisch einzigartigen Experiment“ sprach, als Beleg dafür, dass ein reales Experiment zur Ersetzung des deutschen Volkes im Gang ist. Neurechte nennen Deutschland daher ***Sozial-Experiment-Deutschland, Umvolkungsland*** und ***Umvolkistan.*** Kryptisch nennen sie Deutschland auch ***AffERIKA*** und spielen mit dem Namen *Erika* auf eine angebliche Stasi-Tätigkeit Angela Merkels unter dem Decknamen *IM Erika* an, aufgrund derer sie erpresst werde, Zuwanderung aus Afrika zuzulassen. So entstehe ein neues, anderes Deutschland, das Neurechte spöttisch ***Diversity-Deutschland, Vielfaltsland, Vielvölkerschland, Hybridland, Mischlingsland*** oder ***Mischmasch-Restdeutschland*** nennen.

Für sie ist Deutschland daher nicht mehr Heimat, sondern ***Auswanderer-*** und ***Emigrationsland.***

Schimpfwörter für Deutschland mit Bezug auf gesellschaftliche Entwicklungen

Die Liste dessen, was neurechte Patrioten an Deutschland zu kritisieren haben, ist lang. Sehr lang. Viele der Schmähnamen für Deutschland beziehen sich auf *charakterliche und intellektuelle Defizite* seiner Bewohner, wobei sich Neurechte von dieser Kritik selbstverständlich ausnehmen. An erster Stelle kritisieren Neurechte an ihren Landsleuten eine vermeintliche Untertanenmentalität. Duckmäusertum und Vollversorgungsmentalität ***(Untertanen-Germanistan, Nanny-Deutschland),*** Anpassung an den Mainstream ***(Konformistan, Maynstriimdeutschland, Systemland)*** und Konsensorientierung ***(Konsensland)*** machen die Deutschen demnach zu einem verweichlichten, zu politischer Opposition unfähigen Volk ***(Waschlappenland, Wut-und-mutlos-Deutschland),*** mithin zu einem Land der Heuchler und Spießer ***(Vorgarten-Deutschland, Nachtwächter-Deutschland).*** Dass die Mehrheit der Deutschen ihre Positionen nicht teilt, hat also für Neurechte nicht etwa damit zu tun, dass ihre Landsleute sich an anderen Werten als denen des völkischen Nationalismus orientieren oder nach rationaler Abwägung von Sachargumenten eine andere Politik favorisieren. Es ist vielmehr ein tief verwurzelter Glaube an Autoritäten und ein tiefes Bedürfnis nach Vermeidung von Konflikten, die es verhindert, dass noch mehr Menschen die AfD oder die NPD wählen.

Für die weit verbreitete Untertanenmentalität haben Neurechte zwei simple Erklärungen: Die Deutschen sind in ihren Augen zum einen dumm und zum anderen naiv.

Dies zeigt sich einerseits in infantilen Beschimpfungen wie ***Dumm-Doof-Deutschland*** oder ***Deppen-Deutschland,*** andererseits in Schmähausdrücken, die unterstellen, die Deutschen lebten in einer kindlichen Illusions- und Märchenwelt, in einer ***Open-Border-Hüpfburg,*** im ***Teddybärbuntland*** oder im ***Glücksbärchiland.***

Daneben kritisieren Neurechte auch die vermeintlichen *moralischen Anmaßungen* solcher Mitbürger, die sich herausnehmen, sie zu kritisieren. Moral werde in allzu vielen Fällen zum Maßstab von Handeln, was zu einem ***Hypermoralismus*** führe, aus dem sich ein Sich-anderen-überlegen-Fühlen der Mehrheitsgesellschaft ableite. Dieser Gedankenfigur verdanken sich Bezeichnungen wie ***Höchstmoralland*** oder die als Gegenbegriff zu *Dunkeldeutschland* gebildete Bezeichnung ***Guthelldeutschland.*** Den als ***Weltrettungshypermoralnazis*** verunglimpften Landsleuten wird unterstellt, ein Land geschaffen zu haben, in dem nur noch ein moralischer Standard gültig ist und jeder, der davon abweicht, denunziert wird. Schmähnamen wie ***Blockwart-Deutschland*** und ***Anscheißerdeutschland*** sind sinnfälliger Ausdruck dieser Weltsicht. Entsprechend wert- und gehaltlos erscheint Neurechten auch Kritik. Statt sich mit ihr auseinanderzusetzen, eignen sich Neurechte die Ausdrücke ihrer Kritiker an und versuchen sie ins Positive zu kehren. Nachdem der ehemalige Bundespräsident Joachim Gauck die Bezeichnung *Dunkeldeutschland* (die im Westen wegen der dortigen schlechten Straßenbeleuchtung in der DDR benutzt wurde) auf ein Land der Extremisten und Fremdenfeinde anwendete, begannen Rechte, sich des Wortes in einem positiven Sinn zu bedienen. Ähnlich wie Migranten aus Südeuropa, dem Nahen und Mittleren Osten sowie Nordafrika im Begriff sind, sich die meist als Schimpfwort gebrauchte Bezeichnung ***Kanake/Kanacke*** anzueignen und so positiv umzudeuten, benutzen Neurechte Bezeichnungen wie ***Extremdunkeldeutschland*** oder ***Tiefschwarzdeutschland*** seither affirmativ und weisen damit stolz Forderungen nach mehr Toleranz, Weltoffenheit, Hilfsbereitschaft und Mitmenschlichkeit zurück. Ein weiterer dieser Ausdrücke ist *Dreckskultur,* den die deutsch-iranische Autorin Hegameh Yaghoobifarah in einer taz-Kolumne für die deutsche Kultur verwendet hatte. Geradezu obsessiv skandalisierten Neurechte diese Provokation und nutzen den Wortbestandteil ***Drecks-*** für Ausdrücke wie ***Drecks-Deutschland, Drecks-Heimatland*** oder ***Drecksloch-Deutschland.*** Andere Stichwortgeber für die neurechte Aneignung von Schmähnamen sind der ehemalige SPD-Vorsitzende Siegmar Gabriel, der rechte Pöbler als ***Pack*** beschimpft hatte ***(Nazipackland),*** und die ehemalige Integrationsbeauftragte des Bundes Aydan Özoguz, die im Tagesspiegel schrieb, eine spezifisch deutsche Kultur sei, „jenseits der Sprache, schlicht nicht identifizierbar" ***(außer-Sprache-nix-Kultur-Deutschland).***

Der Glaube, sich gegen eine fehlgeleitete ***Hypermoral*** zur Wehr setzen zu müssen, ist eng mit der Vorstellung einer vermeintlichen *linken Hegemonie* verknüpft. Für Neurechte ist freilich alles links, was nicht rechts ist, also das gesamte politische Spektrum von CDU und CSU bis zur Linkspartei. Und so phantasieren Neurechte überall von einem ***Linksdeutschland,*** einem ***68er-Deutschland*** bzw. vom ***Kinderfickerparteiland,*** denn die Grünen werden von Neurechten mit Vorliebe als Pädophile diffamiert. Entsprechend kritisieren Neurechte, dass klassisch linke Politikfelder wie Umweltschutz, Gleichstellung und Minderheitenrechte in der deutschen Politik zu viel Platz einnehmen, und kleiden diese Kritik in differenzierte Schmähausdrücke für Deutschland wie ***Ökowahnistan*** und ***Veganistan, Femastasenland*** (als Kontamination von *Feministinnen* und *Metastasen*), ***buntsozialistisch-gender-multikulti-lala-demokratur-Schland*** oder ***Schwulettenland.***

Schimpfwörter für Deutschland mit Bezug auf die wirtschaftliche Lage

Die Schimpfwörter der neuen Rechten, die sich auf Deutschland als Wirtschaftsstandort oder Finanzplatz beziehen, spiegeln ihre Spaltung in Wirtschaftsliberale bis Libertäre einerseits und andererseits sozialstaatsorientierte Nationalisten, denen internationale wirtschaftliche und geldpolitische Verschränkungen grundsätzlich suspekt sind. Keines der Lager kommt freilich ohne das für die Neurechten typische apokalyptische Raunen aus. Demnach ist Deutschland als Industrieland im Verfall begriffen, Bezeichnungen wie ***High-Tech-Industrieland*** oder ***Wirtschafts-Wunderland*** werden nurmehr ironisch verwendet und gerne durch übertriebene Ausdrücke wie ***1-A-Industrieland*** oder ***Wirtschaftswunder-Schlaraffia-Shangrila-Lalaland*** ersetzt. Gänzlich unironisch wird Deutschland aber auch als ***(Noch-)Industrieland*** oder ***Abbruch-Brachland*** bezeichnet. Einen Niedergang der Autoindustrie begrüßen Neurechte mit Schmähausdrücken wie ***Detroitschland,*** was auf das verelendete Detroit als Zentrum der amerikanischen Autoindustrie anspielt, oder dem höhnischen ***Vorzeige-„Fahrradland“***. Auch im Hinblick auf die Lage der Staatsfinanzen stellen Neurechte Deutschland kein gutes Zeugnis aus. Ironisch sprechen Sie mit Blick auf die Bonitätseinstufung der Ratingagenturen vom ***AAA-Deutschland*** oder nennen es schlicht ***Ramschland*** oder ***Bankrottland,*** wofür auch die vermeintliche Vergemeinschaftung von Staatsschulden in der Eurozone ***(Euro-Schuldenland, Schuldenschlaraffenland)*** verantwortlich gemacht wird. Die Neoliberalen unter den Neurechten polemisieren zudem gegen eine zu hohe Steuer- und Abgabenlast, indem sie Deutschland als ***Hochabgabenland*** oder ***Steuersklaven-Deutschland*** bezeichnen. Häufig finden sich auch Ausdrücke, in denen

Deutschland in seiner Rolle als Transferland polemisch überspitzt als ***Moneyland*** oder ***Germoney-Germanistan*** bezeichnet wird.

Gar nicht neoliberal kommt hingegen die Kritik an der Verteilung des Wohlstands in Deutschland in neurechten Kreisen daher. Im allgemeinen Abstiegstaumel, in dem die Neurechten Deutschland gerne sehen, stellt sich auch die soziale Frage neu, denn im ironisch als ***Wohlstandswirtschaftswunderland*** bezeichneten Deutschland, das bloß noch nicht wahrgenommen hat, dass sein Wohlstand rapide abnimmt ***(Uns-geht's-ja-noch-Gold-Deutschland),*** gibt es drei Gruppen von Menschen: Reiche ***(Bonzendeutschland),*** die aufrechten und bedauernswerten Hartz-IV-Bezieher ***(Hartzistan, Flaschensammlerland)*** und jene, die das Sozialsystem ausnutzen ***(Sozial-Schlaraffenland).*** Immunisieren gegen Kritik an der Verteilungsungerechtigkeit im ***Ungleichland*** sollen hingegen Namen wie ***Neid-Deutschland*** oder ***Neidhammelland.***

Leidenschaftlich kritisieren Neurechte auch die Verschränkung von *Klima- und Energiepolitik.* Im dramatisierenden Duktus wird dann der Regierung vorgeworfen, Deutschland in ein ***Null-Emissionsland*** oder ***Null-Energie-Deutschland*** transformieren zu wollen, und die Energiepolitik in Deutschland wird mit der ironischen Bezeichnung ***Energiewendewunderland*** verspottet. Generell halten neoliberale Neurechte die Wirtschaftspolitik der Bundesrepublik für verfehlt und kritisieren insbesondere staatliche Eingriffe in den Markt. Für sie ist Deutschland ein ***Steuersubventions-Schlaraffenland*** oder gar ein ***Planwirtschaftsland*** mit überbordendem Sozialsystem ***(Sozialististan).*** Dabei unterstellen sie eine Verfilzung von Wirtschaft und Politik, wenn sie von einem ***Drehtür-Deutschland*** sprechen, was darauf anspielt, dass viele ehemalige Politiker nach dem Ende ihrer Karriere hohe Posten in der Wirtschaft annehmen.

Schimpfwörter für Deutschland mit Politikbezug

Ein Großteil der Schmähausdrücke für das politische Deutschland beziehen sich auf die ***Kanzlerdiktatorin,*** wie *Angela Merkel* vom AfD-Ehrenvorsitzenden Alexander Gauland genannt wurde. Dabei reicht die Hinzufügung des Namens der Kanzlerin, um einem Wort eine negative Bedeutung zu geben. ***Merkeldeutschland*** wird so zu einem Schimpfwort, ebenso wie ***Angela-Deutschland*** oder ***Großmerkelland.*** Weil Angela Merkel für Neurechte das *absolute Böse* personifiziert, bringen es viele Autoren auf neurechten Plattformen nicht mehr über sich, sie direkt beim Namen zu nennen. Statt dessen wird sie ***Merkill*** oder gar ***Mehrkill*** genannte, um der persönlichen Verantwortung der Regierungschefin für die Kriminalität von Zuwanderern Ausdruck zu verleihen. Aus diesen Namen werden Schmähausdrücke wie ***Merkilldeutschland*** und ***Mehrkillistan*** gebildet. Daneben gibt es Ausdrücke, die den Namen der Kanzlerin abwertend verballhornen wie ***Murksel (Murksel-Buntland)*** und ***Ferkel (F(M)erkelland).*** Schließlich werden auch ***Mutti (Muttikultiland)*** und ***Raute (Rautanistan)*** synonym mit dem Namen *Merkel* verwendet. Merkel ist freilich nicht die einzige Politikerin, deren Wirken negative Folgen für das Land nachgesagt werden. Die Strategie der Negativierung von Bezeichnungen für Deutschland durch Hinzufügung von Politikernamen findet sich vielmehr auch im Fall von Claudia Roth ***(Mieses-Stück-Scheiße-Roth-Deutschland),*** Katrin Göring-Eckardt ***(„KGE"Deutschland),*** Joachim Gauck ***(Gauckelland)*** oder dem ehemaligen SPD-Kanzlerkandidaten Martin Schulz ***(Schulzistan).***

Auch die Namen von Parteien und Parteikoalitionen werden von Neurechten dazu benutzt, abwertende Ausdrücke für Deutschland zu bilden, teils in Kombination mit negativen Wörtern ***(CDU-Trümmerland, Kartellparteienland),*** teils kraft der negativen Bedeutung, die der Name der Partei selbst in neurechten Kreisen hat ***(Grünland).*** Besonders diffamierend ist die Bezeichnung ***Kinderfickerparteiland*** für ein von den Grünen politisch dominiertes Deutschland, aber auch die Bezeichnung ***Scharia-Partei-Deutschland*** für ein von der SPD regiertes Land ist kaum weniger verleumderisch. Generell machen Neurechte in Deutschland eine linke Hegemonie aus ***(Linksland),*** die für sie – eine Demoparole der Antideutschen aufgreifend – gleichbedeutend mit Deutschlandabschaffung ***(Nie-wieder-Deutschland)*** oder faschistischem Terror ist ***(SAnitfaland).*** Linke Politik, so der Vorwurf, hat Deutschland zu ***Chaotistan*** und ***Versiffistan*** gemacht, in dem Linksextremisten das Sagen haben ***(Zeckistan, Wohnwagistan)*** und ihre Interessen nach Belieben mit Gewalt durchsetzen ***(Bambulistan).*** Gerne bezeichnen Neurechte die Bundesrepublik auch als eine Fortsetzung der *DDR* ***(DDR2.0)*** und attestieren damit totalitäre und überwachungsstaatliche Tendenzen ***(STASI-2.0-Land, Nachfolge-Stasi-Staat).***

Bemerkenswert ist, dass für einige Schreiber schon die Bezeichnung *BRD* eine negative Bedeutung zu haben scheint. So ist verächtlich von einem ***BRD-Deutschland*** oder mit reichsbürgerlichen Anklängen von einem ***BRD-Passinhaberland*** die Rede, das noch immer nicht souverän ist ***(US-Vasallen-Deutschland, BRD-Besatzerland)*** und dessen Ausdehnung nicht seiner wahren Größe bzw. der des Deutschen Reiches entspricht ***(Rest-Deutschland).*** Dazu passt, dass Neurechte sich die Zuschreibung *Nazi* aneignen und sich teilweise trotzig ans Revers heften, um ihr die scharf abwertende Bedeutungsdimension zu nehmen oder zumindest abzumildern ***(NaziTradeMarkland).*** Dabei greifen sie häufig auf eine verfremdende Orthographie zurück ***(„Na-Tsieh“-Deutschland, Nahtzidoitschland).***

Schimpfwörter für deutsche Bundesländer

Bei Schmähausdrücken für Bundesländer wird ein klares West-Ost-Gefälle sichtbar. Westländer werden deutlich häufiger zum Ziel von Beschimpfungen, ausgewählte Ostländer werden hingegen aus Gründen, die nicht jeder teilen dürfte, in den Himmel gehoben. So ist *Brandenburg* ***Kalbitzland,*** *Thüringen* ***Höckeland*** oder ***Björnland*** und *Sachsen* wird gar als ***Avantgarde-Bundesland, Ungarn der BRD*** und ***Land des Wandels und des bürgerlichen Aufbruchs*** gelobt. Bundesländer mit hohem Migrantenanteil wie *Nordrhein-Westfalen* und die Stadtstaaten *Bremen, Hamburg* und natürlich *Berlin* werden mit besonderer Leidenschaft und Kreativität geschmäht. Dabei werden neben traditionellen Schmähnamen (***Spätzleland*** für *Baden-Württemberg*) vor allem verfremdende Wortspiele ***(Baden-Türkenberg, Nordrhein-Katastrophalen)*** zur Beschimpfung deutscher Länder benutzt.

Darüber hinaus werden die Namen der Bundesländer mit Themen und Eigenschaften assoziiert, die sie in neurechten Augen diskreditieren: mit den Namen von vermeintlich unfähigen Politikern (***Al-Waziristan*** für Hessen, wegen dessen grünem Wirtschaftsminister Tarek Al-Wazir, ***HHabeckland*** für Schleswig–Holstein oder ***KanalRattenScholz-Hamburg*** für Hamburg) und linker Hegemonie ***(Linksterror-Hamburg),*** mit Drogen ***(Amsterdam-Berlin)*** und Kriminalität ***(Blutbaden-Württemberg, MordreinWestfalen),*** mit Migration aus dem Nahen und Mittleren Osten ***(TürkenBremen,***

Hessenorientalien) und einer vermeintlichen Islamisierung ***(MultikultiIslam-Bürlin, Terror-Kalifat-NRW),*** die insgesamt und notwendig zu Zusammenbruch und Verfall führen ***(Shithole-Bundesland, Nordrhein-Wird-Fallen).***

Schimpfnamen für deutsche Städte

Schimpfnamen für deutsche Städte verfremden oft deren Namen, indem sie Bezüge zu Migration, Islam, Kriminalität, linker Hegemonie und dem Phantasma des Verfalls staatlicher Ordnung herstellen. *Migration* wird beispielsweise mit Hilfe des Namensbestandteils ***Multi-Kulti*** thematisiert, das für Neurechte ein Schimpfwort ist. Schmähnamen wie ***Multi-Kulti-Stadt*** oder ***Multi-Kulti-Kloake*** werden daher auf mehrere Städte angewendet. Mitunter finden sich auch verkürzte Formen wie in ***Multifurt*** für *Frankfurt.* Gerne werden deutschen Städtenamen auch Wortbestandteile hinzugefügt, die von Städten des Nahen und Mittleren Ostens entlehnt sind, wie im Fall von ***Duistanbul*** für *Duisburg* oder ***Islamafurt*** für *Frankfurt.* Mit Namen wie ***IslamaBad-Godesberg*** wird auch eine vermeintliche Islamisierung deutscher Städte insinuiert, was auch durch Schmähausdrücke mit den Wörtern *Kalifat* oder *Shariah* erreicht wird. *Köln* wird dann beispielsweise zur ***Kalifatsstadt*** und ***Shariah-Hochburg*** stilisiert. Die vermeintlich erhöhte Kriminalität in deutschen Städten lassen Neurechte anklingen, indem sie Städte oft als ***NO-GO-Area*** bezeichnen. Vergleichsweise kreative Anspielungen auf Kriminalität enthalten Schmähbezeichnungen wie ***NO-GOdesberg*** für *Bad-Godesberg* und ***Blutlaachen*** für *Aachen.* Doch geht Gefahr in deutschen Städten für Neurechte nicht nur von Migranten, Kriminellen und Islamisten aus, sondern auch von Linken. *Göttingen* ist ***Brutstätte des linken Hasses,*** *Leipzig* sogar ***Antifa-Hauptstadt*** und ***Wohlfühlstätte der linksfaschistischen Gewalttäter.*** Auf der Basis dieses von ihnen selbst herbei geschriebenen, ressentimentgeladenen Potpourris linksextremer, muslimischer und migrantischer Grausamkeiten behaupten Neurechte einen allgemeinen

Kontrollverlust und Kollabieren staatlicher Ordnung. Entsprechend gibt es kaum eine Stadt, die nicht als ***Shithole, Drecksloch*** oder ***failed city*** beschimpft würde.

Daneben finden sich auch traditionelle Schmähnamen ***(Klüngel-Köln),*** die Nachahmung dialektaler Namensaussprache (***Gorl-Morx-Stadt*** für *Chemnitz*), Gender-Verballhornungen ***(Jenny-Marx-Stadt),*** Namen von Bürgermeistern (***Conzendorf*** für *Düsseldorf,* wegen dessen Bürgermeister Friedrich G. Conzen, oder ***Schrammastan*** für *Köln* wegen seines ehemaligen Oberbürgermeisters Fritz Schramma), sowie das Aufgreifen von Slogans aus dem Städtemarketing. Dann wird aus der *Wohlfühlstadt Bonn* die ***ehemalige Wohlfühlstadt*** oder eine ***Terroristen-Wohlfühlstadt.*** Aber auch wenn *München* ganz im Sinn des Städtemarketings von Neurechten als ***tolerante Weltstadt mit Herz*** bezeichnet wird, dann tönt aus den Wörtern *tolerant* und *Weltstadt* eine erhebliche Portion Sarkasmus.

Nur wenige Städte sind von den neurechten Schimpftiraden ausgenommen. An erster Stelle *Dresden* (die linksbunte *Dresdner Neustadt* ausgenommen), das als ***Heimat von PEGIDA, Hauptstadt der Mutbürger*** und als ***Merkels Untergang*** gefeiert wird. Gelobt werden aber auch *Chemnitz,* etwa als ***das wahre Deutschland,*** als ***Anfang*** und ***Wende,*** und *Zwickau* wegen der Proteste gegen den damaligen Justizminister Heiko Maas als ***Anti-Klein-Heiko-Stadt*** und ***die Perle des Volkswiderstandes.*** Auch *Hannover* findet wegen des HoGeSa-Aufmarsches, einer Demonstration der Aktionsgruppe *Hooligans gegen Salafisten,* zumindest teilweise Gnade in neurechten Augen, wenn es als ***Schlüsselstadt für den patriotischen Widerstand in Deutschland*** oder als ***perfekte Stadt ist für eine Großmobilisierung zwischen Ost-, West und Norddeutschland*** bezeichnet wird. Die folgende Liste gibt einen Überblick über Schmähnamen von Städten, die Neurechte besonders häufig auf ihren Plattformen thematisieren.

Bad-Godesberg: ***Banlieue der Bundesstadt Bonn, NO-GOdesberg, Bronx/Godesberg, Salafisten- und moslemische Kriminellen-Wohlfühlstadt, IslamaBad-Godesberg, Allahbad(Godesberg), Neu-Islamabad***

Berlin: ***Rote-Socken-Berlin, Autoabfackler-Hauptstadt, Brandstifter-Hauptstadt, Chaos-Hauptstadt, Randale-Hauptstadt, Shithole-Berlin, Siff-Berlin, Berlin-Charlottenshit, Berlin/Scheißhaufistan, Drecks-Berlin, Berlinslum, Reichshauptslum, Pleite-Berlin, Hartz-IV-Hauptstadt, Lumpensammlerhauptstadt, Schuldwelthauptstadt, Schmarotzerhauptstadt, Sündenhauptstadt, Syphilishauptstadt, Berliningrad, Berlinski, Berlinokongo, Berlinistan, Ankara-Berlin, Berlin-Kreuzkümmelberg, Berlin-Halbmondhügel, Berlintürk, Khalifat-Berlin, Musel-Berlin, Türken-Hauptstadt, Multikulti-Islam-Bürlin, Kültürhauptstadt, Islam-Hauptstadt, K*n*ckenhauptstadt, Kalifat-Hauptstadt, Willkommenshauptstadt, Bunt-Knallbunt-Berlin, Multikultiberlin, Bunteshauptstadt, Buntlin, Blöd-Berlin, Strunzdumm-Berlin, Trottelhauptstadt, Berlin-Absurdistan, Gender*berlinIn, Raichshippstatt-Berlin, Hipsterhauptstadt, Party-Bürlin, Regenbogenhauptstadt, Gutmenschilin, Schwulenhauptstadt, Transsexuellen-Hauptstadt, Bundesverbrecherhauptstadt, Clanhauptstadt, Drogenhauptstadt***

Bonn: ***buntetoleranteundweltoffene Stadt, NRW-Einbruchsstadt, Albtraum-Stadt, ehemalige Wohlfühlstadt, Salafistenstadt, Bonnistan, Salafisten-Wohlfühlstadt***

Bremen: ***Dauerpleite-Stadtstaat, Griechenland Deutschlands, Shithole der ‚BRD', verlorenes Shithole, letztes linksversifftes Drecksloch, Beispiel für die Vernichtung von deutschen Werten, unfreie Hanse- und Libanesen-Zigeunerclan-Stadt Bremen, das*** *linksversiffteste Land der Republik, sozialistisches und kuffnuckisches Dreckskaff, Tollhaus des Linksextremismus, Salafisten-Hochburg*

Dortmund: *Goldstückchen-Stadt, Dortmundistan, Buntmund, Doofmund, Gutmenschenmund*

Düsseldorf: *Dusseldorf, Düsseldorf-„Kalifat“*, *NRW-Kalifatshauptstadt, NRW-Kalifats/Muftiats-Hauptstadt*

Duisburg: *NO-GO-Area-Duisburg, Multi-Kulti-Duisburg, Düsbürgük, Düsbürgülü, Düsbürü, Kükülükakkümükkenbürg Duisburg, Duistanbul, Duisburgistan, keine deutsche Stadt mehr, von Muslimen und Zigeunern besetzte Armutsstadt Duisburg, Ratten-Duisburg, Rattenburg, das Grauen*

Essen: *Klüngel-Essen, Symptom für die Zustände im Ruhrgebiet, Multikulti-Essen, Hochburg für Goldstücke, Hochburg der Libanesen, Hochburg arabischer Mafia Clans, Salafisten-, Schwerstkriminellen- und „Flüchtlings“-Wohlfühlstadt, Kalifatsstadt*

Frankfurt: *Bankfurt, Bankfurt/Krankfurt, linksversifftes Loch, sozialistischste Multikulti-Kloake Deutschlands, Sammelort für Linksexkremente, APO-Frankfurt, Multikulti-Frankfurt, Multikulti-Frontstadt, Multifurt, Molucken-Dreckloch, Ghetto-Frankfurt, Fuckfurt, GeistesKrankfurt, Muselfurt, Islamafurt, Frankfurtistan, Krankfurtistan*

Freiburg: *Mustermüsli-Stadt, Öko-Freiburg, Grün*Innen-Hochburg, linksgrüne Failed City, Failed City der rotgrünen Spinner und Deppen, Hochburg der Gutmenschen, Versinnbildlichung der Verwahrlosung in den Köpfen gutmeinender Menschen, Hochburg von marxistisch-leninistisch-stalinistischen Knalltüten, Antifa-Freiburg, Multi-Kulti-Freiburg, Multikultiburg, Frei(wild)burg, Frei-schuss-burg, Freifickburg, Fickilantenburg, Fuckburg, Freierburg, Freiburg-Kloake, HorrorFreiburg, Freitotburg, Freivonverstandburg*

Gelsenkirchen: *größtes Armenhaus Deutschlands, Armen-Ghetto-Stadt, Multi-Kulti-Kloake, Gelsen-„kirchen", ein einziges Shithole*

Göttingen: *rotes Göttingen, Brutstätte des linken Hasses, Antifantenstadt, Fahrradfahrer-Guti-Stadt, Flüchtlingsvorzeigestadt, Horrorstadt, Leichenstadt*

Hamburg: *Freie und Messerstecherstadt Hamburg, Freie und Sozi-Stadt Hamburg, Korruptionsburg, Stadt der reichen Gutmenschen, KanalRattenScholz-Hamburg, Drecks-Zecken-Stadt, Antifa-Land, deutsches Beirut, Kriegsgebiet, Einwanderungsstadt, Tor für die Welt nach Deutschland, Invasorenstadt, Istamburg, Experimentierkasten für ganz Deutschland, Multi-Kulti-Großstadt, Islam-Stadt, Islamburg, Mohammed-Atta-Stadt, Haramburg, Fanal für den Untergang Deutschlands*

Hannover: *weltoffene und pluralistische Stadt, Zentrum der Anti-Deutschen Front, Hannover/Bimbostan, HannoverGaza/Negersachsen/Scheißhaufistan, Messer-Stadt*

Köln: *Klüngel-Köln, Gutmenschenidiotenstadt, mentales Ausland, Doomstadt, Irrsinsstadt, Stadt der Pluralisten, linksversifftes Shithole, grün-homo-islamische Kloake, Stadt aus Wüstengläubigen und Schwulen, Homo-Stadt, Schwulettenstadt, Zentrum der LGBT-Bewegung, Multikulti-Weltoffen-Holdrioh-Köln, Kanack-Köln, Kölnstanbul, Al-Kölnabul, No-Go-Area-Köln, Messerstadt, Armlängenstadt, Vergewaltigungshochburg, Köln-Ehrenmordfeld, Fickilanten-Köln, fiki_Köllinistan, Silvester-Köln, Großmoscheestadt, Schariahochburg-Köln, Kalifat-Köln, Shithole-Köln, Siff-Köln, Achselhöhle Doischelands, Symbol für die Abwicklung von Deutschland, Zwillingsschwester von Berlin*

Leipzig: ***Gutmenschenstadt, Tiefrot-Leipzig, Antifa-Hauptstadt, Wohlfühlstätte der linksfaschistischen Gewalttäter, Hochburg der rotlackierten Gewalttäter, Eldorado für linksextremistische kriminelle und islamistische Banden, rechtsfreier Raum, Messe(r)-Stadt, Multi-Kulti-Kloake, Berlin 2.0, Schandfleck Sachsens***

München: ***Schicki-Micki-Stadt, München-Schickistan, bunte und tolerante Weltstadt, Bessermenschenstadt, Grüne-Bunte-Balla-Balla-Stadt, linksversiffte Stadt, linksgrün versiffte Kloake, ein einziges links-grünes Shithole, Bunte Bazillenstadt, türkische Exklave, Münchistan, Assi-München, Goldstück-Stadt, Stadt mit täglichem Weltficklingstag, deutsches Beirut, Zentrum der Islamisierung Deutschlands, Schande für Deutschland und auch für Bayern***

Münster: ***Gutmenschenstadt, Popo-Polenz-Proporz-Provinz-Stadt, Studenten-Fahrrad-Klau-Stadt, Imam-Ausbildungsuniversitätsstadt Münster, Schande für Deutschland***

Nürnberg: ***LiLaLu-Bunt-Nürnberg, Idiotenstadt, grüne Kloaken-Stadt, ein einziger Shithole-Haufen, Mafia-Hochburg, NOGoNürnberg, Nürnberg/Gostambul, Nürnbergistan***

Pforzheim: ***Bankrottstadt, Eldorado für lebenslange Berufshartzer, Anti-Kapitalismus-Trip-Stadt, Schmuck- und Goldstadt voller „Goldstücke“, quietschbunte Goldstadt, Kanakenstadt, Shithole-Stadt, größtes Freiluft-Scheißhaus der Republik, größtes soziales Leichenschauhaus von Deutschland, Shithole in seiner grünen Endphase, Moslem-Stadt, Hochburg der Salafisten, islamistische Bronx***

Wiesbaden: ***Fiesbaden, Spießbaden, Ghettobaden, Wieslamabaden, Integrationsbaden***

In dieser Liste fehlen natürlich zahlreiche Städte, die nur dann und wann Ziel neurechter Lästereien werden, wie ***Heilbronx, Flensbunt, Halalberstadt, Fremdspraachen*** oder ***InGOLD(Stück)stadt,*** in deren Schmähnamen ein Gemenge aus Kriminalität, Islamisierung und Überfremdung behauptet wird, das nicht nur deutsche Metropolen sondern auch deutsche Mittelstädte präge.

Phantasieorte in (einem künftigen) Deutschland

Ähnlich den Ländernamen haben Neurechte einen großen Fundus an Namen fiktiver Städte erdacht, die befreit von jedem konkreten Ortsbezug ihren Vorurteilen in Reinform Ausdruck geben. So finden sich Ortsnamen, die auf eine ethnisch diverse Bevölkerung Bezug nehmen wie ***Buntenhausen*** und ***Kuntabunthausen*** oder solche, die eine Zuwanderung einzelner Ethnien behaupten wie ***Arabdorf, Indersdorf*** oder ***Kuffnuckshausen.*** Auch Ortsnamen, die eine Zunahme der muslimischen Bevölkerung thematisieren, stehen bei Neurechten hoch im Kurs. Dann ist von ***Muselhausen, Moslemberg*** oder ***Mohammedheim*** die Rede. Im Rausch der Niedergangsphantasien finden die Schreiberinnen und Schreiber in Deutschland nur noch Städte, für die Namen wie ***Beschissenhausen, Dreckshausen, Kackhausen, Drecksheim, Shitholehausen, Kaputthausen*** oder ***Chaoshausen*** noch schmeichelhaft sind.

Neben diesen bekannten Themen sind es auch die vermeintlich überschießende *Sexualität* von Zuwanderern ***(Geilhausen),*** die Verfehlungen der Presse (***Lügenpresshausen*** und ***Prantlhausen,*** abgeleitet vom ehemaligen Chefredaktionsmitglied der *Süddeutschen*

Zeitung Heribert Prantl) und die Naivität der Flüchtlingshelfer, Migrationsbefürworter und anderer Linker ***(Wir-schaffen-das-Wolkenkuckucksheim, Gutmenschenhausen),*** die als Themenspender für Schmähnamen herhalten müssen. Häufig wird den Bewohnerinnen und Bewohnern mit Namen wie ***Gummizellenhausen*** oder ***Klappsmühlenhausen*** gar eine Geisteskrankheit unterstellt, denn anders können sich Neurechte nicht erklären, warum die Bevölkerungsmehrheit sich ihrer Sicht der Dinge nicht anschließen kann. Dabei erinnern sie freilich an den Autofahrer, der im Radio die Warnung vor einem Geisterfahrer hört und ausruft: „Ein Geisterfahrer? Hunderte!".

Weil Neurechte überall deutsche Selbstaufgabe und vorauseilende Unterwerfung unter die muslimisch geprägten Kulturen wittern, zeichnen sie gerne düstere Visionen der Zukunft Deutschlands, in der Städte wie *Schweinfurt* oder Stadtteile wie *Schweinheim* demnächst umbenannt werden müssen, weil im Islam das Schwein als unreines Tier gilt. In einem zweiten Schritt müssten auch *Künzelsau, Friedrichsau* sowie Ortschaften und Gewässer mit dem Namen *Ebersbach* umgetauft werden.

Inspiriert von der Umbenennung von Straßen und Schulen, die nach Protagonisten der rassistischen und kolonialen Vergangenheit Deutschlands benannt waren, befürchten Neurechte für die Zukunft solche Umbenennungen durch eine vermeintlich muslimische, multikulturelle und linke Mehrheitsgesellschaft. Dabei folgen Neurechte folgendem Kalkül: Wenn Namen von Orten, Wegen und Gebäuden und die Erinnerung an berühmte Persönlichkeiten zentrale Werte einer Gemeinschaft repräsentieren sollen, dann werden Muslime und linke Deutschlandabschaffer gemeinsam dafür sorgen, dass in Deutschland in Zukunft Orte so benannt werden, dass sie deren Werte repräsentieren. So werde die Wertschätzung migrantischer Kriminalität in Orts- und Straßennamen wie ***Antanz-Allee, Am Schlepperbande*** oder ***Crystal-Meth-Straße*** ihren Ausdruck finden. Die Hochachtung vor dem Jihadismus werde durch Bezeichnungen wie ***Kopfabschneiderstraße, Eiertoller-Chomenie-Blutbrunnen Platz, Islamotottreterstraße*** oder ***ISIS-Kopfabschneider Allee*** bekundet. Der Respekt vor Zuwanderungsbefürwortern werde durch Namen wie ***Straße der bunten Träume, Multi-Kulti-Platz, Rue de la Schrumpfhirn*** und ***Idiotenchaussee*** zum Ausdruck gebracht. Und die Bewunderung gegenüber der Kultur der Neubürger finde ihren Niederschlag in Straßennamen wie ***Kanakensprach-Weg, Straße der Analphabeten, was-guckst-du?-Weg, isch-figg-deine-muddar-Weg*** und ***Ficki-Ficki-Platz.***

Doch damit nicht genug: In neurechten Phantasien huldigen deutsche Ortsnamen zukünftig auch jenen verborgenen Geschehnissen, die Linke heute als Verschwörungsmythen denunzieren. So werde es in einem künftigen multiethnischen Deutschland Ortsnamen wie ***Umvolkungsweg, Volkstod-Gasse, Soros-Straße*** und ***Rothschild-Allee*** geben. Auch würden künftige links-gehirngewaschene Generationen mit Namen wie ***Straße des deutschen Untergangs, Unterwerfungsallee, Deutschland-verrecke-Straße, Fuck-Germany-Weg, Nie-wieder-Deutschland-Ring*** und ***Deutschland-Du-mieses-Stück-Scheiße-Boulevard*** mit Respekt der kulturellen Selbstaufgabe gedenken. Daneben glauben Neurechte, Umbenennungspraktiken ad absurdum führen zu können, indem sie möglichst komplizierte und unaussprechliche Straßennamen erfinden wie ***Usam Bobele haschi-maschi-Bongo profitele Straße, Taumatawhakatangihangakoau auotamateaturipuka-kapikimaungahoronukupokaiwhe nuakitanatahu-Gasse*** oder ***Dghaha-Uwombo,ngd-ongo-'zulon'o-ummto-óbumptò-Avenue.***

Während Namen für Politiker meist sarkastisch zur Bildung neuer Namen verwendet werden ***(Merkel-muss-Weg, Mad-Mama-Invasorenstraße, Volksverräter-Weg),*** wünschen sich Neurechte ganz unironisch echte Namensdenkmäler für ihre Protagonisten, etwa eine ***Lutz-Bachmann-Straße,*** eine ***Michael-Stürzenberger-Straße,*** einen ***Thilo-Sarrazin-Weg*** oder eine ***Donald-Trump-Allee.***

Neurechte Geographie zwischen hegemonialem Anspruch und marginalisierter Wirklichkeit

Namen sind mehr als eindeutige Bezeichnungen. Mit Namen heben wir Eigenschaften an den benannten Sachverhalten hervor und lassen andere in den Hintergrund treten. Und je nach dem, welche Eigenschaften dies sind, machen wir bestimmte Handlungen plausibel. In einem ***Massenvergewaltigungsland*** ist der Ruf nach robusten polizeilichen Maßnahmen naheliegend oder die Forderung nach Ablösung jener Regierung, die diese Zustände ermöglichte. In einem ***Steuersklaven-Deutschland,*** in dem der Staat seine Bürgerinnen und Bürger als Leibeigene behandelt und finanziell ausbeutet, will man nicht leben, es sei denn, es kommt zu einer grundlegenden Umwälzung der politischen Verhältnisse.

Die Schmähnamen, die die neuen Rechten für Länder und Städte geprägt haben, schreiben der Bevölkerung, der vorherrschenden Kultur oder der allgemeinen Verfassung des bezeichneten Ortes negative Eigenschaften zu. Dabei unterscheiden sie zwischen dem Eigenen und dem Fremden. So wird die eigenen Bevölkerung wahlweise als dumm ***(Doo(f)itschland),*** geistig nicht zurechnungsfähig ***(Schizophrenien),*** verweichlicht ***(Weichflöten-Besserland)*** und als verschlafen ***(Schlafschafland)*** dargestellt. Wer es hören will, dem tönt aus diesen Schmähnamen der Ruf *Deutschland erwache!* entgegen. Die Bevölkerung anderer Länder und in Deutschland lebende ethnische oder religiöse Minderheiten werden dagegen als Angehörige primitiver Kulturen ***(Steinzeitistan),*** minderwertiger Rassen ***(Kräuselkopp-Afrikanien)*** oder als Menschen mit mangelnder Triebkontrolle ***(Schnackselanien),*** die zu Kriminalität neigen ***(Messerstecherland),*** diskreditiert und mit ihnen die Länder, in denen sie leben bzw. aus denen ihre Vorfahren stammen. Um ein Land oder eine Stadt abzuwerten, genügt es Neurechten freilich auch, es bzw. sie mit dem Islam zu assoziieren. Dabei werden die Grenzen zwischen muslimischem Glauben und Jihadismus absichtlich verwischt, wenn von ***ISlamistan*** oder ***SShariareich*** die Rede ist.

Von solchen Schmähnamen geht der Appell aus, sich von allem Fremden abzuschotten, ja sich dagegen zu wehren, weil es Deutschland ins Verderbern führe. Dass dieser Kampf gegen das Fremde so gut wie verloren und dabei auf Hilfe seitens des deutschen Staates nicht zu hoffen ist, hat für die Neurechten seine Ursache in einer internationalen Verschwörung gegen Deutschland ***(Sozial-Experiment-Deutschland),*** in der persönlichen Schuld von Eliten ***(Merkelland),*** aber auch in einer angemaßten moralischen Überlegenheit von Teilen der Bevölkerung ***(Bessermenschenland).*** Rechte Raumkonstruktionen werden also dominiert von stereotypen Vorstellungen von kultureller Überlegenheit, biologisch bedingter sozialer Ungleichheit, von vermeintlicher Reinheit und Homogenität sowie von korrupten Eliten.

Wer Namen gibt, beansprucht Deutungshoheit für sich. Er setzt Ideologien oder gesellschaftliche Kontexte relevant, die Orte oder Regionen mit Bedeutungen aufladen. Oft ist mit der Neubenennung auch der Anspruch auf Verfügungsmacht über den bezeichneten Raum verbunden. Nicht zufällig wurden traditionelle Ortsnamen im Kolonialismus oder von sich als revolutionär begreifenden Bewegungen durch neue Namen ersetzt wie im Fall von *Karl-Marx-Stadt* oder *Leningrad.* Die neurechten Neubenennungen von Ländern oder Orten können damit als Medien der Produktion von gesellschaftlicher Anerkennung für die Ideologie, die Wirklichkeitsvorstellungen und die Ziele gedeutet werden, die diese Namen enthalten. Dafür wäre es freilich nötig, dass diese Namen in den Alltagssprachgebrauch übergehen, was aufgrund der mangelnden Akzeptanz dieser Ideologien jedoch nicht geschieht. Doch auch wenn gesellschaftliche Gruppen wie die neuen Rechten nicht über die Autorität zum Geben von offiziellen Namen verfügen, können sie durch eine abweichende Sprache vorherrschende Ideologien und Identitätskonzepte kritisieren. Wenn Neurechte Länder oder Städte neu benennen, dann ist dies auch Ausdruck ihres Selbstbildes als einer marginalisierten Gruppe, die sich Elemente der als dominant wahrgenommenen Gesellschaft aneignet und mit eigenen Bedeutungen zu überschreiben sucht. Und so zeigt sich in den Schimpfnamen aus dem Bereich der Geographie sowohl der hegemoniale Anspruch der neuen Rechten, als auch ihre Selbststilisierung als widerständige Minderheit am Rand der Gesellschaft.

Wie Neurechte ihre Schimpfwörter machen 1: Schimpfwortbildung durch abgewandelte Schreibungen und Endungen

Auch wenn die Schimpfwörter der neuen Rechten auf den ersten Blick bunt und vielfältig erscheinen, werden sie doch mit einem überschaubaren Set sprachlicher Werkzeuge fabriziert. Diese Wortbildungsmittel sind zunächst einmal weder rechts noch links, sondern ein Werkzeugkasten, der allen Sprecherinnen und Sprechern der deutschen Sprache zur Bildung neuer Wörter zur Verfügung steht. Er kommt in der Politik ebenso zum Einsatz wie in Werbung oder Comedy. Dennoch gibt es einige Werkzeuge, die bei Neurechten besonders hoch im Kurs stehen, und es gibt auch sprachliches Material, das Neurechte besonders gerne verarbeiten.

Eine in Kommentaren und sozialen Netzwerken häufig anzutreffende Methode zur Bildung neuer Wörter ist die Veränderung des Wortkörpers durch Hinzufügung oder Veränderung von Schriftzeichen. Mit den Mitteln der Schrift wird ein bekanntes Wort so verändert, dass es eine andere Bedeutung erhält.

J. Scharloth, *Hässliche Wörter*,
https://doi.org/10.1007/978-3-662-63502-5_4

Fummeleien am Wortkörper

Dies kann beispielsweise durch *Anführungszeichen* erreicht werden. Anführungszeichen signalisieren eine Distanzierung von Form oder Inhalt von Wörtern. Häufig ist in neurechten Kommentaren beispielsweise von ***„Flüchtlingen"*** die Rede. Die Anführungszeichen signalisieren hier nicht etwa, dass es sich um ein Zitat handelt, sondern dass sich der Schreiber vom Inhalt des Wortes distanzieren möchte, dass also die als ***„Flüchtlinge"*** bezeichneten eigentlich keine Flüchtlinge sind. Die Anführungszeichen finden sich aber nicht nur am Anfang und Ende eines Wortes, sondern können auch mitten im Wort eingesetzt werden. Wenn die Neurechten bezweifeln, dass *Seenotretter* tatsächlich Menschen in Not retten, dann schreiben sie ***See„not"rettung.*** Oder wenn sie darauf anspielen wollen, dass ihrer Meinung nach zu viele Fußballer aus Familien mit Migrationsgeschichte im DFB-Team spielen, dann schreiben sie ***Fußball„national"mannschaft.*** Die in der neurechten Szene besonders verhasste *Claudia Roth* wird bisweilen als ***ein„gebildet"e Trude*** charakterisiert, wobei die Schreiber den Wortbestandteil *gebildet* mit Hilfe der Anführungszeichen distanzierend markieren – eine Anspielung auf Roths abgebrochenes Studium.

Im Taumel der kritischen Hinterfragung der herrschenden Sprache neigen Neurechte zu wahren Anführungszeichen-Orgien. Dann droht der ***„Verfassungs"„schutz"*** der AfD mit Beobachtung, ***„Gender"„forscher"Innen*** publizieren unwissenschaftliche Pamphlete zu einem erfundenen Forschungsgegenstand und die weder christliche, noch demokratische ***„C"„D"„U"*** ist wegen des Ultralinkskurses ihrer Führung in sich zerstritten und deshalb auch keine Union.

Anführungszeichen werden auch dazu verwendet, Personennamen mit vermeintlichen Zitaten dieser Personen zu verschmelzen. Beispiele hierfür sind ***Claudia„deutschlanddumiesesstückscheiße"Roth, Markus-„AfD-alles-Nahtzies"-Söder*** oder ***Angela-„Volk-gib-es-nicht"-Merkel.***

Ein zweites Wortbildungsmittel durch abgewandelte Schreibung ist die Markierung subversiver Lesarten von Wörtern durch Großschreibung von Buchstaben oder Wortbestandteilen. So heben Neurechte gerne die Buchstabenfolge *Gier* im Wort ***ReGIERung*** durch Großschreibung hervor, schreiben despektierlich ***POlitiker,*** assoziieren wiederum Claudia Roth mit einer ***GehirnpROTHese*** oder spotten über die Körpergröße von Heiko Mass, dem ***AußenMINIster.*** Besonders häufig von invektiven Majuskeln betroffen ist alles, was von Neurechten als stereotyp arabisch und muslimisch wahrgenommen wird. So finden Neurechte im Wort ***ALImentsempfänger*** einen stereotypen türkischen Vornamen, jeder Moslem erscheint ihnen ***islaMISTisch*** und die Regierung halten sie für ***zukunftsORIENTiert.*** In den Wörtern – das wollen diese Schreibungen suggerieren – scheint eine Wahrheit auf, die der Mehrheit der Sprachbenutzer verborgen bleibt. Wie bei Verschwörungserzählungen sind es nur wenige Auserwählte, denen sich die Wirklichkeit hinter der Fassade des eingespielten Sprachgebrauchs erschließt.

Weil Neurechte gerne überall, nur nicht bei sich selbst, faschistische Tendenzen wittern, werden durch Binnengroßschreibung von *SS* geradezu inflationär Referenzen zur NS-Zeit hergestellt. Ein ***„HaSSrede"-Gesetz*** etwa lässt sich so leicht als Maßnahme eines präfaschistischen Staates zur Unterbindung freier Rede kennzeichnen. Oft wird ein zweites S auch einfach ergänzt wie in ***MuSSlime, ISSlam*** oder ***SSharia.*** Manche

Binnengroßschreibungen versuchen trotz abgewandelter Orthographie zumindest klanglich dem Ursprungswort zu ähneln. ***MohaMADaner, MuHETZihn*** und ***ASSIlant*** klingen wie ihre standardsprachlichen Pendants. Dagegen ist die Hinzufügung von Buchstaben in Kreationen wie ***BerLUSTkoni*** oder ***ANALtolien*** deutlich hörbar.

Statt Schimpfwörter auszuschreiben, ersetzen Neurechte in ihnen gerne Buchstaben oder Silben durch Auslassungszeichen. Das können etwa *Asterisken* (*) sein oder die eine Löschung bzw. Ausstreichung markierenden *x*. Das am häufigsten mit Auslassungszeichen geschriebene Wort in rechten Forentexten ist ***K***nucke,*** ausgeschrieben ***Kuffnucke.*** Dabei handelt es sich um ein Wort, das mehr oder weniger synonym zu ***Kanacke*** verwendet wird. Die Rangfolge der Wörter mit Auslassungszeichen enthält auf den folgenden Plätzen Ausdrücke analen, fäkalen oder sexuellen Charakters: ***Arxxx, A******* oder auch ***Ar***, Sch***, Schxxx*** oder ***Scheixxxe*** und Wörter wie ***f***, Schwxxx*** und ***durchf****n.*** Während diese Wörter zum allgemeinen Schimpf- und Vulgärwortschatz gehören, gibt es andere, deren Vorkommen sich der speziellen rassistischen Ideologie der Neurechten verdankt. Dazu gehören beispielsweise Bezeichnungen für Menschen, die Neurechte kulturell dem Vorderen Orient zurechnen, wie ***Kümmelt**ke, Kamelfi**erbastard*** oder ***Ziegenf***errasse.*** Mindestens ebenso drastisch werden Menschen mit schwarzer Hautfarbe als ***Negerschl******* oder ***Ni**er*** tituliert und Geflüchtete als ***F**kl*nge*** oder gar ***Ungez*****.***

Die Auslassungszeichen können durchaus als Beleg dafür gelesen werden, dass sich die Schreiber der rassistischen Dimension dieser Ausdrücke bewusst sind. Dass sie sie mit Auslassungszeichen verwenden, ist freilich keineswegs der Rücksichtnahme auf die Bezeichneten geschuldet, wie sie beispielsweise in der Verwendung des

Ausdrucks *N-Wort* sichtbar wird. Für den Gebrauch der Auslassungszeichen sind zwei Motive denkbar, die sich gegenseitig ergänzen. Eines ist die Umgehung technischer Filter, die darauf trainiert sind, Kommentare mit gängigen Schimpfwörtern oder rassistischen Ausdrücken zu filtern. Mit Asterisken versehene und damit maskierte Wörter sind von den Filtern aber nicht als Schimpfwörter zu erkennen. Das zweite Motiv für den Gebrauch von Auslassungszeichen ist, dass diese immer auch darauf verweisen, dass bestimmte Dinge vorgeblich nicht sagbar sind, dass in diesem Land Sprechverbote und Zensur herrschen. Ihr Gebrauch ist trotziges Zugeständnis an die politische Korrektheit, die durch jedes Auslassungszeichen thematisiert und beklagt wird.

Entsprechend erstaunt es nicht, dass Asterisken bisweilen nicht zur Ersetzung von Buchstaben benutzt werden, sondern lediglich zur Maskierung eines Wortes. Im Wort ***Nutztierf*i*c*k*e*r*** sind sämtliche Buchstaben vorhanden und das Wort bei Ignorierung der Asterisken lesbar. Entsprechend findet man nicht nur das Wort ***Kinderf******* für die Mitglieder der *GRÜNEN,* sondern auch das Wort ***Kinderf*i*c*ker,*** nicht nur das Wort ***K*n*k*nh*r*n,*** sondern eben auch ***K*a*n*a*c*k*e*** und ***H*u*r*e*n.***

Der Asterisk wird von Neurechten auch dazu eingesetzt, Halbmond und Stern der türkischen Flagge ikonisch abzubilden. Tausendfach wird in Texten der neuen Rechten beispielsweise die Abkürzung *CDU* als ***C*DU*** und die ihrer Schwesterpartei als ***C*SU*** geschrieben. Damit soll der scheinbare Widerspruch zwischen der christlichen Wertorientierung der Parteien und ihrer islam- und migrationsfreundlichen Politik, aber auch Kritik an ihrer vermeintlich devoten Haltung der Türkei gegenüber zum Ausdruck gebracht werden. Seltener findet sich die Schreibung auch bei ***S*PD*** und ***L*INKER.***

Gerne benutzen Neurechte Bindestriche, um Rhythmus und Akzente eines Wortes, bei dem jede Silbe betont wird, im Schriftbild sichtbar zu machen. Besonders oft findet sich dies bei intensivierenden Ausdrücken wie ***un-er-träg-lich, un-er-mess-lich, kei-ner-lei, sys-te-ma-tisch*** oder ***ü-ber-haupt-nicht.*** Diese emphatische Schreibung findet sich aber auch bei programmatischen Fahnenwörtern wie ***Lü-gen-pre-sse, In-va-si-on, Bi-o-lo-gis-mus, un-ter-wan-dert*** oder ***Va-sal-len-regierung,*** bei denen man teilweise den Sound skandierender Demonstranten in den Ohren hat. Die Empörung und Wut, die diese prosodischen Schreibungen zum Ausdruck bringen sollen, wird teilweise noch dadurch verstärkt, dass die Wörter durchweg großgeschrieben werden. Dann ist beispielsweise von einer ***RE-DU-ZIE-RUNG*** der nicht-deutschstämmigen Bevölkerung die Rede, von ***OCH-LO-KRA-TIE,*** einer Herrschaft des (migrantischen) Pöbels, oder von der ***E-MAN-ZI-PA-TION*** als Wurzel vieler vermeintlicher Übel.

Herabwürdigende Endungen

Neben Veränderungen der schriftlichen Form können Wörter auch durch Hinzufügen von Wortbestandteilen gebildet werden. In der Sprachwissenschaft spricht man von *Derivation* oder *Ableitung,* wenn man Vorsilben (Präfixe) oder Nachsilben (Suffixe) an einen Wortstamm anhängt. Einige dieser Wortbestandteile werden von Neurechten besonders häufig bei der Bildung neuer Schimpfwörter benutzt. Die Endung ***-ler*** ist ein Beispiel für ein besonders produktives Wortstammanhängsels, das Personenbezeichnungen häufig eine abwertende Bedeutung anheftet. Es begegnet uns beispielsweise in herabwürdigenden Ausdrücken wie

Altparteiler, Migrationsvordergründler oder ***Staatsdenunziationspressler*** und sorgt dafür, dass die bezeichneten Personen als Vertreter einer geringgeschätzten Klasse erscheinen.

Mindestens ebenso produktiv sind aber auch die Endungen ***-lant*** und ***-ling*** in Personenbezeichnungen. Erstere wird von Neurechten gerne bei Wortkreationen benutzt, die das ohnehin mit negativen Bedeutungskomponenten belastete Wort *Asylant* durch noch stärker belastete Ausdrücke ersetzen sollen. Die am häufigsten gebrauchten ***-lant***-Wörter sind ***Flüchtilant*** (auch in den Varianten ***Flüchtelant, Flüchtulant*** und ***Fluchtulant***), ***Flutilant, Fickilant*** (auch ***Fickolant*** oder ***Fikkilant***), ***Merkelant*** und ***Assilant.*** Oft werden die Bezeichnungen noch mit Ausdrücken für Kriminelle oder deren Tatwaffen kombiniert wie im Fall von ***Mörderfickilant, LKW-Asylant, Hackebeil-Asylant*** oder ***Killerfluchtilant.*** Neben abwertenden Bezeichnungen für Geflüchtete und Asylbewerber wird die Endung ***-lant*** auch gerne in Bezeichnungen für Journalisten verwendet. Diese sind dann entweder ***Schmierulanten*** (spezifischer auch ***Regierungsschmierulanten*** oder ***Spiegel-Schmierulanten***), ***Lügenpressesabbelant, Lügilant, Fabulant*** oder ***Manipulant.***

Personenbezeichnungen mit der Endsilbe ***-ling*** werden auf ähnliche Personengruppen angewendet wie jene auf ***-lant.*** Das Wortanhängsel ***-ling*** hat in der Zusammenwirkung mit einem oft auch negativen Wortstamm häufig die Bedeutung von klein, wertlos oder auch massenhaft. Geflüchtete werden als ***Eindringlinge, Flutlinge, Primitivlinge*** oder gar als ***Schädlinge*** bezeichnet. Sie werden zudem als kriminelle ***Messerlinge, Mordlinge*** oder ***Terrorlinge*** tituliert oder mit sexualisierten Ausdrücken wie ***Geilling, Zudringling, Grabschling*** oder

Fickling. Journalisten bedenken Neurechte mit Schimpfwörtern wie ***Systemschreiberling, Schmierling*** und ***Lügenpressling.*** Aber auch die große Zahl der Nicht-AfD-Wähler wird mit Hilfe der Endsilbe ***-ling*** als ***Gutling, Systemling, Gehirnwäschling*** oder ***Grünling*** diffamiert. Zwei Wörter mit der Endsilbe ***-ling,*** die in der Alltagssprache fast ausschließlich in Bezug auf Tiere gebraucht werden, werden von den Neurechten als Vehikel ihrer rassistischen Ideologie benutzt. Zum einen ist dies das Wort *Mischling,* das uns in Wörtern wie ***Negermischling, Afromischling, Muselmischling*** oder ***Neger-Orientalen-Mischling*** begegnet. Zum anderen das Wort *Schädling,* das in Ausdrücken wie ***Volksschädling, Klimaschädling, Kulturschädling, Staatsschädling, Systemschädling*** oder ***Asylschädling*** gebraucht wird und zeigt, dass die Sprache mancher Neurechter von der Sprache des Nationalsozialismus nicht mehr zu unterscheiden ist.

Nicht ganz so häufig wie die genannten Suffixe, aber dennoch von den neuen Rechten gerne zur Bildung von Schmähausdrücken für Personen herangezogen wird die Endung ***-lein.*** Sie begegnet uns in rassistischen Ausdrücken wie ***Negerlein*** oder ***Neecherlein*** sowie ***Öläuglein*** und ***Braunäuglein,*** wird aber auch zur Diffamierung vermeintlicher ***Gutmenschlein*** und ***Bessermenschlein*** benutzt. Die Benutzung der Diminutivform zeigt die Überzeugung der Schreiber, den bezeichneten Personengruppen überlegen zu sein. Wegen seiner Körpergröße werden Bezeichnungen für Heiko Maas besonders häufig mit der Endung ***-lein*** gebildet, etwa ***Heikolein, Maas-Männlein, Justizministerlein*** oder ***Maas-Ärschlein.***

Die große Vielzahl an Schimpfwörtern und herabwürdigenden Wortneuschöpfungen mit den Endungen ***-ler, -lant, -ling*** und ***-lein*** belegen, dass ein wesentlicher Teil des Schimpfwortschatzes der Neurechten sich gegen

Menschengruppen oder ihre Repräsentanten richtet. Ziel der Schimpfwörter sind nicht etwa nur politische Gegner im engeren Sinn, sondern auch Journalisten und all jene herabzuwürdigen, die nicht die antipluralistischen Vorstellungen der Neurechten teilen. Am häufigsten freilich werden Angehörige religiöser Minderheiten oder Personen, die äußerlich nicht neurechten Vorstellungen von Deutschsein entsprechen, Ziel von Schmähungen. Sie werden pauschal als kriminell, triebgesteuert, weniger wert und schädlich bezeichnet. Im personenbezogenen Schimpfwortschatz wird die rassistische und entmenschlichende Ideologie der Neurechten sichtbar.

Ein weiteres Feld, auf dem Neurechte besonders häufig mit Schimpfwörter operieren, ist das der Weltanschauungen und Wertvorstellungen. Bei der Bildung neuer Schmähausdrücke verwenden rechte Schreiber oft die Endsilbe ***-tum,*** die im Deutschen auch sonst vorwiegend in abstrakten Substantiven verwendet wird. Exzessiv werden beispielsweise eine liberale Haltung zur Zuwanderung und Empathie für Geflüchtete pauschal als ***Gutmenschentum*** (auch ***Gutmenschtum***), ***Bessermenschentum, Moralaposteltum, Moralherrenmenschentum, Tugendwächtertum*** und ***Oberlehrertum*** bzw. als irrational-religiöses ***Eiferertum*** verunglimpft. Ganz und gar unpatriotisch und volkskritisch wird den Deutschen ***Duckmäusertum, Mitläufertum, Untertanentum*** und ***Dhimmitum*** (also vermeintliche Anpassung an einen auf deutschem Boden faktisch existierenden islamischen Staat) attestiert und der deutschen Regierung ***Kapitulantentum, Vasallentum*** und ***Speichelleckertum.***

Politische Strömungen jenseits der eigenen rechten Ideologie werden als ***Merkeltum, Linkstum, Antifantentum*** und im Fall der Grünen als ***Päderastentum*** und ***Kinderschändertum*** bezeichnet.

Mit Initiativen, die die rechtliche Gleichstellung und gesellschaftliche Anerkennung von benachteiligten und marginalisierten Gruppen fordern, können Neurechte, für die soziale Ungleichheit immer auch in biologischer Ungleichheit wurzelt, erwartungsgemäß wenig anfangen. Sie tun solche Bestrebungen als ***Emanzentum, Gendertum, Transentum, Kampftuntentum, Gutschwulentum*** oder ***Schwulettentum*** ab. Und bei Bemühungen um weniger Hassrede in sozialen Medien wittern Neurechte ***Denunziantentum, Spitzeltum*** und ***Anscheißertum.***

Die Nachsilbe ***-tum*** wird aber auch häufig in Kollektivbezeichnungen verwendet, die sich im Fall neurechter Schimpfwörter fast immer auf Minderheiten beziehen. Oft ist in Texten der neuen Rechten daher von ***Türkentum, Museltum, Mohammedanertum*** und ***Bückbetertum*** die Rede, wenn über Menschen muslimischen Glaubens gesprochen wird. *Flüchtlinge* werden kollektiv entweder ironisch als ***Herrenmenschentum*** oder ganz unironisch als ***Schmarotzertum, Barbarentum, Hinterwäldlertum, Primatentum*** oder gar ***Parasitentum*** verleumdet. Immer wieder werden in neurechten Kreisen auch die antisemitischen Stereotype des ***Weltfinanzjudentums,*** des ***Berufsjudentums*** und des ***Machtjudentums*** bemüht.

Um Weltanschauungen und Werthaltungen pauschal zu diskreditieren, benutzen Neurechte eine weitere Endsilbe: Jede Gesinnung, die nicht in das nationalistische und biologistische Weltbild passt, wird als ***-ismus*** und damit als übertrieben ideologisch denunziert. Forderungen nach zuwanderungsfreundlicher Politik? ***Multikulturismus, Multikultismus, Multikulti-Illusionismus*** oder sogar ***Multikultifanatismus.*** Kritik an Deutschland? ***Antigermanismus*** und ***Autorassismus.*** Von anderen Ländern und Kulturen lernen? ***Xenofetischismus, Ethnomasochismus*** oder ***Devotismus.*** Erinnern an humanitäre Werte?

Hypermoralismus, Menschenrechtsfundamentalismus oder ***Moralimperialismus.*** Eintreten für die Rechte von benachteiligten Gruppen? ***Feminismus-Genderismus, Homosexualismus, Lesbianismus, Transgenderismus*** oder einfach ***Minderheitenfetischismus.*** Einsatz für Umwelt- und Klimaschutz? ***Ökologismus, Öko-Totalitarismus, Klima-Alarmismus, Klimatizismus*** oder ***Klimakatastrophismus.*** Schuld an allem? ***Merkelismus, Grünismus*** und ***Linkismus, Kulturrelativismus, Postmodernismus*** und ***Kulturmarxismus*** ganz nach Belieben.

Wörter mit ***-tum*** und ***-ismus*** ersparen den Neurechten die Auseinandersetzung mit inhaltlichen Details. Mit ihnen lässt sich jede Weltanschauung, jeder moralische Impuls und jeder Ansatz praktischer Politik auf grundsätzlich falsche, weil vermeintlich ideologiegetriebene oder sonstwie pathologische Geisteshaltungen zurückführen. Und wenn kein passender *Ismus* aus der Mottenkiste der eigenen Ideologien vorhanden ist, dann greift der Neurechte verbal zum ***Gagaismus*** oder dem ***Dummextremismus*** zur Abwertung des ihm fremden Gedankens.

Eine Besonderheit des neurechten Pöbelwortschatzes ist eine Flut neuer Wörter mit Endungen, die sich sonst in Ortsbezeichnungen, sogenannten Toponymen, aus dem Nahen Osten und Zentralasien finden. Die häufigste dieser Endsilben ist ***-stan,*** was im Persischen so viel wie „Ort des" oder „Heimat von" bedeutet und sich beispielsweise in Ländernamen wie *Afghanistan, Kurdistan* oder *Kasachstan* findet. Im Sprachgebrauch der Neurechten dient die Endung freilich dazu, die bezeichneten Orte pauschal zu entwerten. Dies geschieht teilweise durch Assoziation der Orte mit dem Islam, etwa wenn die muslimische Welt als ***Koranistan, ArschHochHebistan, Islamofaschismustan*** oder ***Djihadistan*** betitelt wird; aber auch, wenn Deutschland als vermeintlich islamisiert oder wegen Zuwanderung aus dem Vorderen Orient als identitätslos dargestellt werden soll. Dann benutzen Neurechte Wortneuschöpfungen wie ***Allamanistan, Deutschislamistan, Mültikültistan, Buntlandistan*** oder ***Gürmünistan.***

Aber die Endung ***-stan*** ist längst zu einem Wortbestandteil geworden, der in neurechten Kreisen die Bedeutung des kulturell Minderwertigen, gesellschaftlich Schädlichen und intellektuell Törichten transportiert. Länder des globalen Südens werden als ***Drittweltistan, Großelendistan*** oder ***Dreckslochistan*** herabgewürdigt, vermeintliche Armutsmigration kommt in der neurechten Sprachwelt aus ***Faulenzistan, Nixnutzistan, Parasitistan*** und ***Schmarotzistan.*** Das kulturelle Überlegenheitsgefühl neurechter Schmähgemeinschaften kommt in Bezeichnungen für Weltregionen wie ***Barbaristan, Orkistan, Weitwegprimitivistan*** oder ***Urprimatistan*** zum Ausdruck. Natürlich gibt es auch zahlreiche Bezeichnungen für Deutschland mit der Endsilbe ***-stan,*** die von ihren geographisch-religiösen Bedeutungsdimensionen entkoppelt sind. Dazu zählen ***Ökowahnistan, Toitschbuntblödabsurdistan, Moralistan*** und ***HumaniSSt_istan.***

Auch Städtenamen werden oft mit der Endung ***-stan*** deformiert. *London* wird dann zu ***Londonistan,*** *Bad Godesberg* zu ***Badgodistan.*** Der vermeintliche Austausch der angestammten Bevölkerung durch Menschen aus anderen Teilen der Welt, insbesondere aus dem Nahen Osten wird aber auch durch die Endsilben ***-abad*** und ***-bul*** zum Ausdruck gebracht. *Bad Godesberg* kann entsprechend auch ***Allahbad(Godesberg)*** heißen, *Brüssel* wird in dieser Logik dann zu ***Brüsselabad, Brüsselbul*** oder ***Brüsstanbul.*** Auch deutsche Städte bezeichnen Neurechte in dieser Logik gerne als ***Bonnstambul, Duistanbul*** oder ***Kölnstanbul.*** An diesen neuen Ortsbezeichnungen wird sichtbar, dass für Neurechte alles Nichtdeutsche kulturell minderwertig ist, aber auch Deutschland schon islamisiert oder durch Bevölkerungsaustausch primitiviert ist.

Eine weitere Strategie der Wortneubildung durch das Anhängen von Endsilben, die von den neuen Rechten exzessiv bei karikierend-entwertenden Personenbezeichnungen benutzt wird, ist das sogenannte *Gendern.* Auf den ersten Blick mag es überraschend klingen, dass nirgendwo sonst so viele Gendersternchen benutzt werden wie in neurechten Kommentarspalten. Angesichts der Tatsache, dass der Feminismus hier als eines der Grundübel moderner Gesellschaften angesehen und alles Queere als Entartung natürlicher Lebensweisen verteufelt wird, wird es allerdings nachvollziehbar, wenn diese vermeintlichen Auswüchse auch in der Entartung sprachlicher Formen ihren sinnfälligen Ausdruck finden. Jeder noch so groteske Gebrauch von Gendergap, x-Schreibung oder Binnen-I wird gerade wegen seiner offensichtlichen Absurdität zur Bestätigung, dass die Bemühungen um die Gleichstellung der Geschlechter und die Anerkennung einer größeren Vielfalt von Geschlechteridentitäten als bizarre Spinnereien abzulehnen sind und mit ihnen ***Hypermoralismus, Minderheitenhörigkeit*** und ***postmoderne Beliebigkeit.***

So sind die am häufigsten gegenderten Wörter auch solche, bei denen das Anhängen eines ***-in*** grammatikalischer Nonsens ist, nämlich ***Grün_Innen, Gutmensch_Innen*** und ***Frau_In.*** Auch nach dem hundertsten Mal scheint es in rechten Foren noch als lustig zu gelten, wenn man sich über den ***Genderwahn*** erhebt, indem man ***Kinder_Innen, Deutsch_Innen, Link_Innen*** und ***Männer_Innen*** schreibt und einzig bei der Kanzlerin, die gerne auch ***das Merkel*** genannt wird, die defeminisierende Gendergap-Schreibung ***Kanzler_In*** für angemessen hält. Besonders komisch finden es Neurechte, unterschiedliche Systeme zur Markierung von

Mehrgeschlechtlichkeit wie den Genderstern, den Schrägstrich, das großgeschriebene Binnen-I, die X-Schreibung und den Gendergap zu kombinieren. Dann ist beispielsweise von ***Bürger*/_Innen*** oder einer ***Frau*/_In*** die Rede, von ***MitgliedX*/_Innen*** und ***Auszubild_X*/_Innen.*** Manchmal werden die genannten Formen auch noch um ein substantiviertes Partizip ergänzt wie im Fall von ***Sozialisti*xxen_Innen_de.***

Und so kommt es, dass nicht einmal in der linken *taz* so viel gegendert wird wie in rechten Kommentarspalten. Und wer seinen Blick nur oberflächlich über neurechte Forenbeiträge schweifen lässt, wird sich angesichts des zerklüfteten Schriftbilds fragen, ob er oder sie sich nicht doch aus Versehen auf die Webseite der Fachschaft für *Gender Studies* an der Humboldt Universität zu Berlin verirrt hat.

Medien: Von Haltungsjournalisten und Feindmedien

Das Wort ***Lügenpresse,*** das von PEGIDA und AfD in die öffentlichen Debatten gespült wurde, ist keine Erfindung der neuen Rechten. Es wird schon seit der Mitte des 19. Jahrhunderts gebraucht, um jene Teile der publizistischen Öffentlichkeit zu ächten, deren Berichterstattung nicht in die eigene politische Agenda passt. Der Ausdruck ***Lügenpresse*** und die mit ihm verwandten ***Lückenpresse, Fake-News-Medien, Münchhausen-, Pinocchio-*** und ***Pippi-Langstrumpf-Medien*** erhalten ihre spezielle Bedeutung in neurechten Debatten aus ihrer Amalgamierung mit Ausdrücken aus einem anderen Wortfeld: dem der Politik. *Politik und Medien* ist die in rechten Texten am häufigsten verwendete Aufzählung – noch vor den auf politische Themenfelder verweisenden Reihungen *Recht und Gesetz* und *Migration und Flüchtlinge* und sogar noch vor den Unsicherheit schürenden *Mord und Totschlag* und *Leib und Leben.* Die behauptete Verschmelzung von Politik und Medien findet ihren Ausdruck auch in

J. Scharloth, *Hässliche Wörter,*
https://doi.org/10.1007/978-3-662-63502-5_5

Wortfügungen wie *medial-politisch* oder *politmedial.* Sie steht als sprachliches *Ready-Made* in Form eines *politisch-mediale-Komplexes,* eines *Medien-Politik-Apparats,* eines *Polit-Medien-Establishments* und einer *Medien-Politikkaste* zur Verfügung. Als zu einem Wort geronnene Einheit muss ein vermeintlich zu enges Verhältnis von Medien und Politik nicht mehr argumentativ begründet werden. Die Existenz des Wortes ist Evidenz genug für den behaupteten Sachverhalt, den ein Kommentator so formuliert: „Die Medien sind die Politik." Jede neurechte Kritik an den Medien ist damit auch eine Kritik an der Politik. Und wie bei den Neurechten üblich, wird diese Kritik in Schmähausdrücke wie ***Politik-Medien-Lügenpack, Politik-Medien-Gesindel*** oder ***Politik-Medien-Mafia*** gegossen.

Medien als Herrschaftsinstrument

Die in diese Wortverbindungen eingefaltete Erzählung lautet, dass politische Macht und Medien Partner geworden sind und dass diese Einheit von Medien und Politik „untrügliches Kennzeichen einer Diktatur" sei, wie ein Kommentator konstatiert. In dieser Sicht sind die Medien „das wichtigste Herrschaftsinstrument über die Souveränität der Völker", sie „sind zum Feind der Deutschen geworden" und „die bedeutendsten und kriminellsten Erfüllungsgehilfen des aktuellen Völkermords an Deutschland". Für Neurechte reichen Signalwörter wie ***Komplizenmedien, Kollaborateurspresse, Handlanger-Drecksmedien*** oder ***Feindpresse,*** um diese Verschwörungserzählung als vermeintliche Tatsache in ihre Argumente einzubauen. Wenn die Tagesschau der Straftat eines Asylbewerbers mal wieder keinen Drei-Minuten-Beitrag widmet oder die Lokalpresse den Migrationshintergrund eines Gewaltverbrechers verschweigt, dann geschieht dies, weil die ***Kriminalitätsimport-Kollaborateursjournalisten*** der ***Vertuschungsmedien Komplizen-Journalismus*** betreiben. Dass die Medien kollaborieren und dass sie sich mit der Politik verschworen haben, muss gar nicht mehr plausibel gemacht werden. Die Existenz des Wortes genügt als Beleg für die vermeintliche Faktizität des bezeichneten Sachverhalts.

Um die unterstellte Kollaboration von Medien und Politik als Zeichen einer Diktatur zu deuten, greifen Neurechte gerne auf Vergleiche mit diktatorischen und totalitären Regimen zurück. Besonders beliebt sind Vergleiche mit Publikationsorganen der DDR. Die Medien der Bundesrepublik sind dann entweder eine harmlosere Variante sozialistischer Presseerzeugnisse ***(DDR-light-Medien),*** werden mit ihnen gleichgesetzt ***(BRDDR-Medien, Politbüromedien)*** oder gelten als ihre noch ausgefeiltere Weiterführung ***(DDR2.0-Medien, Neo-SED-Medien, STASI-2-Medien).*** Munter werden auch Parallelen mit der Zeit des Nationalsozialismus gezogen, wenn journalistische Erzeugnisse als ***Nazi-Propagandamedien*** bezeichnet, Journalisten als ***Qualitäts-Lügen-Nazi-Journalunken*** verunglimpft und die Presse als Ganze als ***Gleichschaltungspresse*** denunziert wird. Auch der Reichspropagandaminister und der Herausgeber des antisemitischen Hetzblatts *Der Stürmer* stehen Pate bei herabwürdigenden Bezeichnungen wie ***Goebbels-Presse*** und ***Streicher-Medien.*** Die öffentlich-rechtlichen Medien werden als ***Goebbels-Staatsrundfunk*** und ***GEZtapo-Medien*** diskreditiert und der an die GEZ zu entrichtende Rundfunkbeitrag wird gerne als ***GoebbelsErziehungs-Zwangsbeitrag*** bezeichnet. Andere Neurechte halten es auch für treffend, die bundesrepublikanische Presse als ***Nordkorea-*** oder ***Stalin-Medien*** zu titulieren, um der

Behauptung, die Bundesrepublik sei eine ***Mediendiktatur*** (oder kurz ***Mediokratur***), Nachdruck zu verleihen.

Dass der Vergleich mit der Presse diktatorischer Regime stichhaltig ist, leiten Neurechte daraus ab, dass die Medien ihrer Meinung nach nicht regierungskritisch berichten. Zeitungen werden entsprechend als ***Regierungspostillen, Regierungslobhudeleinheitsmedien*** oder als ***Regierungserklärungsverlautbarungspresse*** bezeichnet. In Ausdrücken wie ***Murksel-Medien*** und ***Merkellatur-Presse*** wird den Medien zudem vorgeworfen, Angela Merkel gegenüber persönlich verpflichtet zu sein. Konsequenterweise werden die öffentlich-rechtlichen Rundfunkanstalten als ***Merkel-Propaganda-Lumpenfunk*** und ***Flüchtling-Merkel-Heil-Heil-Heil-Funk*** verunglimpft. Bei diesen Vorwürfen schwingt freilich immer auch eine Kritik an dem Staats- und Regierungssystem mit, das eine Regierung Merkel überhaupt ermöglicht. Ausdrücke wie ***System-Medien, Regime-Medien*** oder ***Junta-Medien*** zeigen, dass viele Neurechte das politische System der Bundesrepublik genauso gerne loswerden möchten wie seine Presse.

Neben totalitären Systemen dient Neurechten auch gerne die Monarchie als Vergleichsgröße für das Verhältnis von Medien und Politik in der Bundesrepublik Deutschland. Angela Merkel erscheint dann als absolute Monarchin, deren politisches Handeln von den ***Hofschranzen-Speichellecker-Journalisten*** einer ***Hofberichterstattungs-Journaille*** unfehlbar bejubelt wird. Servile ***Lakei-Medien,*** opportunistische ***Claqueur-Medien*** und devote ***Merkelbücklinge-Medien*** huldigen in neurechten Phantasien der Gott-Kanzlerin und sorgen als ***Untertansystemmedien*** dafür, dass die Kaiserin nie nackt ist. Die Anbiederung an die politische Macht, die Neurechte in der Berichterstattung der Medien zu erkennen glauben, drückt sich in Schmähausdrücken wie ***Speichellecker-Medien,***

Enddarmpresse und ***Merkel-Arschkriecher-Medien*** aus. Verknüpft ist diese Kritik an regierungsfreundlicher Berichterstattung mit dem Vorwurf der Käuflichkeit. Um diesen Vorwurf wirkungsvoll in Sprache zu gießen, greifen die zumeist männlichen neurechten Kommentatoren zum Bild der Prostitution. Rundfunkanstalten und Publikationsorgane sind für sie ***Flittchen-, Nutten-*** und ***Maulhurenpresse*** oder ***Pressenutten-, Presstituierten-*** und ***Merkelzuhältermedien.***

Volkserziehung durch Medien

Was aber macht die Medien aus neurechter Sicht zu einem so effektiven Instrument diktatorischer Herrschaft? Es ist ihre Fähigkeit zur Sedierung, Unterdrückung und Manipulation des vermeintlich wahren Volkswillens. So sind viele Neurechte davon überzeugt, dass sich das Volk gegen die ***Merkel-Diktatur*** erheben würde, wenn es nicht von den ***Beschwichtigungs-*** und ***Verharmlosungsmedien,*** von den ***Verschleierungs-, Vertuscher-*** und ***Ablenkmedien*** über das von Neurechten gefühlte Ausmaß von Flüchtlingskriminalität, Islamisierung und Deutschlandabschaffung hinters Licht geführt würde. In ihren Schimpfwörtern erheben Neurechte Klage gegen die Medien in drei Anklagepunkten: Indoktrination, Dressur und Manipulation. Ihren ersten Vorwurf verpacken sie in Schmähausdrücken wie ***Erziehungsmedien, IndoktrinationspresseGouvernanten-Medien*** und ***Nannie-Medien,*** die behaupten, dass Nachrichtenplattformen ihre Konsumentinnen und Konsumenten wie Kinder behandeln, sie erziehen und bevormunden. Der zweite Vorwurf lautet, dass Medien nicht nur benevolente Erzieherinnen unreifer Bürger sind, sondern als ***Leitplankenmedien*** und ***Volkslenkungsmedien*** ein

Instrument zur Gefügigmachung und Kontrolle der ganzen Bevölkerung. Ausdrücke wie ***Umerziehungsmedien*** und ***DreSSurMedien*** erinnern dabei an totalitäre Regime. Mancher Kommentator vergleicht die Medien folgerichtig mit „sozialistischen Umerziehungslagern gigantischen Ausmaßes". Der dritte Vorwurf bezieht sich auf die Perfidie und Heimtücke, mit der die Medien freie Menschen zu willigen Untertanen formen. Denn Medien kämpfen im Informationskrieg nicht mit offenem Visier. Es sind ***Massenmanipulations-*** und ***Massenhypnose-Medien, Gehirnwäsche-Medien, Brainwash-Lügenmedien,*** ja ***Massenlobotomedien,*** die dauerhafte Schäden in Psyche und Charakter hinterlassen.

Führen Erziehung, Abrichtung und Manipulation nicht zum gewünschten Ergebnis, greifen Medien angeblich zur Denunziation, wie Neurechte die Kritik an ihren eigenen Positionen bezeichnen. Verunglimpfungen von Presseerzeugnissen als ***Diffamierungsmedien, Denunzianten-Presse*** oder ***Beschimpfungsmedien*** sind daher an der Tagesordnung. Oft ist auch von ***Hetz-, Hass-*** und ***Lynch-Medien*** die Rede oder in klassischer Täter-Opfer-Umkehr von ***Volksverhetzungsmedien.*** Neurechte behaupten, dass Medien sich ein Recht auf Diffamierung und Hetze anmaßen, weil sie sich für moralisch überlegen halten bzw. überhaupt moralische Kategorien zur Bewertung politischen Handelns heranziehen, statt einfach nur neutral zu berichten. Diese Unterstellung moralischer Überheblichkeit findet in Bezeichnungen wie ***Gutmenschen-Journalismus, Besser-Medien, Tugendpresse, Moralapostel-Medien*** oder ***Tugendterrormedien*** ihren Ausdruck. Moralische Ansprüche, die zumeist von linken Vorstellungen von Gut und Böse geprägt würden, würden dazu missbraucht, den wahren Volkswillen zu unterdrücken. Der Vorwurf, die Medien seien Verbreiter einer ***links-grünen Hypermoral,*** soll die eigenen

Positionen gegen Kritik immunisieren. Denn wer anderen Moralisierung vorwirft, der muss sich an den moralischen Ansprüchen anderer nicht mehr messen lassen.

An dieser Stelle drängt sich die Frage auf, wer den ***Lohnschreiber-Schmierenfinken*** und ***gewerblichen Lügnern und Verleumdern*** eigentlich vorschreibt, womit sie die deutsche Bevölkerung einschläfern und in welche Richtung sie sie lenken sollen. Die Antworten sind auch hier so mannigfaltig wie die Diskussionsfäden in neurechten Verschwörungsforen. Im Schmähausdruck ***BRiD-Medien*** begegnet uns etwa die Geschäftsführung der Deutschland GmbH als möglicher Auftraggeber. Denn das unscheinbare *i* macht die BRD zur ***Bundesrepublik in Deutschland,*** einer Ländersimulation in der juristischen Form einer Kapitalgesellschaft, die unter Besatzungsrecht betrieben wird. Andere Neurechte vermuten, dass der amerikanische Geheimdienst Edelfedern in den Redaktionsstuben der ***CIA-Qualitätsmedien*** finanziert, die die deutsche Bevölkerung im Sinne des tiefen US-amerikanischen Staates beeinflussen sollen. Als Teil der ***Vasallenpresse*** sorgen sie dafür, dass Deutschland nicht als souveräner Staat handelt. Für wieder andere neurechte Kommentatoren haben wir es in der Bundesrepublik mit ***Bilderberger-Medien*** zu tun, die nur jene Informationen berichten, die von der Bilderberg-Gruppe, jenem informellen Zusammenschluss einflussreicher Personen aus Politik, Wirtschaft, Militär, Wissenschaft und Medien, genehmigt werden. Wichtiger noch sind allerdings jene Nachrichten, die die Bilderberg-Gruppe nicht für die sogenannten ***NWO-*** bzw. ***Globalisten-Medien*** freigibt, um durch selektives Informieren an der Verwirklichung einer neuen Weltordnung zu arbeiten. Oder wie es ein Kommentator ausdrückt: Die „Medien in der BRD sind Lohnschreiberanstalten der NWO und bedienen die

Deutschen Ottos in ihrer Illusion von Demokratie, Freiheit und Rechtsstaat."

Schmähungen für öffentlich-rechtliche Medien

Besonders häufig werden die öffentlich-rechtlichen Medien zur Zielscheibe neurechter Schmähungen. Die Anklage lautet auf Propaganda ***(Regierung-Altparteien-Medien-Propagandamaschine, Agitprop-Staatsfunk, Gesinnungs-Staatsfunk),*** Volksverdummung ***(ÖR-Dummfunk, Idiokratie-Fördermedien, Michelverdummungsfernsehen),*** Förderung eines diktatorischen Regimes ***(Goebbels-Staatsrundfunk, LinksFaschistenfunk, BRDDR-Staatsfunk)*** und Verschwörung ***(Soros-Staatsfunk, Erikajubelsender).*** Hinzu kommt noch der Vorwurf, durch eine islam-unkritische Berichterstattung der vermeintlichen Islamisierung Deutschlands den Weg zu bereiten und zwar durch Verharmlosung ***(Islam-Appeaser-Medien, Islamkriecher-Anstalten),*** positive Berichterstattung ***(Islamjubelmedien)*** und Propaganda ***(Schariamedien, Islamisierungsfunk).*** Diese Vorwürfe treffen auch einzelne öffentlich-rechtliche Medienanstalten. Das Kurzwort *ARD* wird dann beispielsweise als ***Allah-Reichsfunk-Deutschland, AllahRuftDich*** oder ***AllahsRundfunkDawa*** ausbuchstabiert, wobei *Da'wa* so viel wie „Einladung zum Islam" bedeutet. Auch das Kurzwort ***ZDF*** wird als ***ZentraleDhimmiFront*** und ***ZentralesDhimmiFernguck*** gelesen. Der Ausdruck *Dhimmi* steht für Nicht-Muslime unter dem Schutz islamischen Rechts und insinuiert in diesem Kontext, Deutschland sei bereits islamisiert.

Neurechte überbieten sich geradezu darin, ihre Kritik an den öffentlich-rechtlichen Medien in Verballhornungen der Sendernamen und längliche Wortkreationen zu verpacken. Das *ZDF* wird mit so originellen Schimpfnamen wie ***ZuDooF*** oder ***ZuDummFernsehen*** belegt oder als ***Z-DDR-F, Zwangsgebühren-Desinformations-Funk*** oder schlicht ***ZDF-Volksverhetzer*** bezeichnet. Die *ARD* wird als ***DDR-1-ARD*** mit dem Fernsehen der DDR gleichgesetzt oder als ***SPD-Islam-Rotfunk-ARD*** verleumdet. Und ihr werden mit den Bezeichnungen ***ARDressurfunk*** und ***„das-ist-überregional-uninteressant"-ARD*** gezielte Manipulationen der öffentlichen Meinungsbildung unterstellt. Der *Deutschlandfunk* wird in ***Buntschlandfunk, Anti-Deutschlandfunk*** und ***Anti-Deutschen-Hetzfunk*** umbenannt. Wegen seines Beitrags zur vermeintlichen Verblödung der deutschen Bevölkerung nennen ihn Neurechte auch ***Deutschland-Dummfunk, Deutschlandverdummungsfunk*** und ***Doofland-Undeutschlandfunk.*** Oder sie beschimpfen ihn schlicht als ***Deutschlandfuck.*** Den einzelnen Landesrundfunkanstalten wird oft vorgeworfen, linke Propaganda zu verbreiten. Entsprechend lauten ihre Namen in rechten Foren ***Saarländisch-ssozialistischer Rundfunk, SüdWestRotfunk, HR-Linksversifft-Rotfunk, WestDeutscherRotfunk, NDDR-Rotfunk, R-otlichtsenderB-erlinB-randenburg, MDRotfunk*** und ***MDDR.*** Der *Hessische Rundfunk* wird, eine hastig-hessische Aussprache nachahmend, zum ***Hetzschundfunk.*** Und in der Volksverdummungshierarchie landet der nur ***MittelDoofeRundfunk*** *(MDR)* auf dem dritten Platz hinter dem ***Bayerischen Dummfunk*** und dem Sieger ***RestlosBescheuertBerlin*** *(RBB).* Eine besondere Hassliebe verbindet Neurechte freilich mit dem WDR. Dessen vermeintlich selektive Berichterstattung brachte ihm die Spitznamen ***West-, Welt-*** und ***WixxerDemenzRundfunk*** ein. Rechte Foristen unterstellen ihm in Schmähnamen wie ***WDR-Invasionssender*** und ***WestDürkenRundfunk*** eine migrationsfreundliche Haltung und erklären ihn insgesamt zu einer ***WDRlichen Anstalt.***

Nicht einmal der *Kinderkanal* ist vor Beschimpfungen sicher, seit er die Dokumentation *Malvina, Diaa und die Liebe* ausstrahlte. In dieser auf neurechten Internetportalen als ***Propagandafilm*** skandalisierten Dokumentation werden die Freuden und Probleme einer deutsch-syrischen Liebe unter Teenagern gezeigt. Für Neurechte war das nicht hinnehmbar, obwohl die Probleme der interkulturellen Beziehung zur Sprache kamen. Seither steht der Kinderkanal unter Beobachtung und kann sich über Aufmerksamkeit in sozialen Medien und erregte Online-Debatten freuen, wenn Themen wie Sexualerziehung oder Migration in einer neurechten nicht genehmen Form präsentiert werden. Und das, obwohl die Kommentatoren altersmäßig eigentlich nicht der Zielgruppe des Senders entsprechen. Dann ist schnell von ***Islamisierungs-Kika*** und ***Kika-Islamistenpropaganda*** die Rede. Oder von ***KiKa-Kuppelei,*** vom ***Kinderanal*** und ***KiKa-Pervers-Kanal*** sowie von ***Kika18+***. Wie weit sich einige Neurechte in ihrem Furor von der Realität entfernt haben, oder anders, zu welchen maßlosen Übertreibungen sie im Namen ihrer politischen Agenda bereit sind, belegen Namen wie ***KIndes-Missbrauch-KAnal*** und ***Ki(nder)Fi(cker)-Kanal.*** Nicht minder enthemmt lesen sich Schmähnamen, die dem Sender politische Indoktrination unterstellen, wie ***Kindymedia, VolksKinderSSkandalSender*** und ***Kinderstürmer.***

Dagegen klingt es geradezu nach konstruktiver Kritik, wenn Neurechte das *Morgenmagazin* als ***MorgenGAGAzin*** schmähen, das medienkritische Journal *Zapp* ***ZAP-Penduster*** nennen oder ein öffentlich-rechtliches Kulturmagazin als ***Titel Thesen und Demente*** verspotten. Beinahe leid können einem Neurechte tun, wenn Sie nicht einmal mehr *Tatort* schauen können, weil sie das

Sendeformat als ***Schulfunk, Volkserziehungsinstrument*** und ***Erziehungs-TV*** empfinden, wenn einmal sozialkritische Themen aufgegriffen werden. Dass der *Presseclub* in neurechten Augen ein ***DDR1-Presseclub*** und ***Lügenpresseclub*** ist, vermag kaum zu überraschen. Auch nicht, dass öffentlich-rechtliche Nachrichtensendungen als ***ZDF-LügenVerschweigejournal, ARD-Staatspropaganda-Tagesthemen, DDR1-Aktuelle-Kamera-Tagesthemen*** und ***ARD-Mittagshetzjournal*** besonders gerne zur Zielscheibe neurechter Angriffe werden. Gerne erregen sich Neurechte auch über die Politmagazine der öffentlich-rechtlichen Fernsehsender. Etwa über die Sendung ***NDDR3/Panorama*** der ***„Panorama"-Chefideologin*** Anja Reschke. Oder über das Politmagazin ***WDDR-Monitor*** mit ***Rotfunk-Chefredakteur*** Georg Restle, der mitunter auch als ***Restle-Rampe*** bezeichnet wird. Obwohl AfD-Politikerinnen und -Politiker lange dort überrepräsentiert waren, sind politische Talksendungen für Neurechte ***WillMaischbergerIllnerLanz-PsychoTalkrunden*** und ein einziger ***Kreischberger-Willnicht-Blaszwerg-Illness-Eintopf.***

Feindbild Presse

Es soll freilich nicht der Eindruck erweckt werden, allein der öffentlich-rechtliche Rundfunk stehe im Kreuzfeuer neurechter Medienkritik. Auch privatwirtschaftliche Presseorgane finden keine Gnade auf einschlägigen Nachrichtenseiten, in Blogs und Kommentarspalten. *DER SPIEGEL,* der schon länger als ***Hanseaten-Prawda*** verulkt wird, ist für Neurechte ein ***linksbuntes Ranzblatt,*** der ***Stürmer der linken Bourgeoisie*** oder einfach nur der ***Speigel.*** Die Wochenzeitung *DIE ZEIT* wird als ***Trans-***

atlantischer Generalanzeiger, Produkt der ***ZEITgeist-Journaille*** und ***rassistische Hetzzeitung*** bezeichnet. Beide gelten Neurechten als ***Propagandainstrumente der Links- und Ökofaschisten, der Deutschlandhasser und der Multikulti-Hohepriester.*** Auch die ansonsten nicht linksverdächtigen Presseerzeugnisse aus dem Hause *Springer* finden vor dem kritisch-differenzierten Blick der neurechten Medienkritik keine Gnade. Die *WELT* gilt hier als ***Hauspostille des Systems Merkel, Merkelposaune*** oder einfach nur als ***verkommenes Stricher-Blatt.*** Selbst die *BILD* ist als ***BLÖD-„Zeitung"*** und ***BILD-Exkrement-Zeitung*** ständiger Kritik ausgesetzt. Diese zielt einerseits auf ihre Leserschaft, die ihr die Schmähnamen ***Unterschichten-BLÖD*** und ***BILDungsfern*** eingebracht hat. Andererseits auf ihre transatlantikfreundliche und AfD-kritische Haltung, die sie als ***CIA-BLÖD-Zeitung*** und ***OberBLÖD-Anti-AfD-Hetzer-Zeitung*** zur ***Feind-BILD*** der Neurechten macht.

Viele Autoren und Kommentatoren rechter Nachrichtenseiten sind bereits an einer Position im politischen Spektrum angekommen, an der die *FAZ* als ***linksextremes Hetzblatt*** und ***neue Prawda*** erscheint. Dass es sich bei ihr um eine ***TAZ für Besserverdienende*** und eine ***Nutte von linkem Abschaum*** handelt, ist eine allseits akzeptierte Meinung. Manch einer tituliert sie schlicht als ***Fo-Arsch-Zeitung,*** wobei der taktvolle Autor auf das Ausschreiben des vulgärsprachlichen Ausdrucks für Vulva vornehm verzichtet. Auch die *Süddeutsche Zeitung* darf sich mit dem zweifelhaften Titel der ***Alpenprawda*** und nach ihrem ehemaligen Chefredakteur Heribert Prantl ***Prantlstifter-Prawda*** schmücken. Mit Schmähnamen wie ***Süddeutscher Beobachter*** und ***Vielvölkischer Beobachter aus München*** wird die Zeitung einerseits mit dem ebenfalls in München erschienenen Kampfblatt der NS-Zeit *Völkischer Beobachter* gleichgesetzt, mit der Charakterisierung als

verknöcherte linksreaktionäre Zeitung jedoch am anderen Ende des politischen Spektrums verortet. Zwar bemühen sich einige, das Blatt als ***SÜDDEUTSCHE-ZEITverschwendUNG*** abzutun, die Inbrunst, mit der die Zeitung geschmäht wird, lässt freilich darauf schließen, dass dies mehr schlecht als recht gelingt.

So einseitig die Medienkritik auf neurechten Plattformen auch ausfallen mag, so vielfältig sind ihre Ziele – denn auch Regionalzeitungen werden noch mit Schmähausdrücken bedacht. Die *Hannoversche Allgemeine Zeitung* wird zur ***VolksverHAZung,*** der *General-Anzeiger* zum ***General-Verschweiger-Bonn,*** die *Mainpost* zur ***Mainpest,*** die *Hamburger Morgenpost* nach dem gleichen Muster zur ***Morgenpest*** und das ***linksfaschistisch-pädophile Schreibtischmörder Lügen-Drecksblatt*** *Tagesspiegel* zum ***Tageslügel.*** Gewürdigt werden müssen auch die neuen Namen für das *FOCUS Magazin,* das als ***Lügen-Propaganda-*** und ***Vertuschungs-Focus*** geschmäht, und als ***FAKTEN-FAKTEN-FAKTEN-Locus*** verhöhnt wird. Überhaupt erfreuen sich fäkalienkontaminierte Bezeichnungen für Presseerzeugnisse großer Beliebtheit in neurechten Kreisen. Neben dem ***Lügen-*** und ***NWO-Locus*** gilt der *Cicero* als ***angepasste Merkel-Scheißhaus-Postille*** und die *Huffington Post* (auch ***Huffington-Pest***) trug den Namen ***HuffPUPS.*** Auch das Nachrichtenportal *T-Online* erfüllt nicht die hohen Ansprüche rechter Nachrichtenkundschaft und wird als ***T-Onleid, T-OnLIE*** oder ***T-On-Lüg*** tituliert. Und selbst die *Junge Freiheit* lässt als ***junge Feigheit*** die stramme Haltung vermissen, die sich Neurechte von einer patriotischen Presse wünschen.

Antiliberale Pressekritik

Die Kritik Neurechter an dem, was sie als ***BRD-Mainstreammedien, Flussmittemedien, Gleichstrom-Medien*** oder ***Einheitsbreimedien*** bezeichnen, ist weder differenziert noch argumentativ begründet. Alle Medien werden über einen Kamm geschoren und stereotyp als ***Lügen-, Vertuscher-, Regierungspropaganda-, Links-, Manipulations-, Moralapostel-, Hetz-*** und ***Volksverrätermedien*** abgeurteilt. Neurechte kritisieren die Orientierungsmedien nicht im Namen von mehr Meinungsvielfalt oder einer gerechteren Repräsentation aller Perspektiven oder Bevölkerungsgruppen in den Redaktionen. Ihnen ist allein daran gelegen, ihre eigene Meinung in Radio, Fernsehen, Zeitung und auf Nachrichtenportalen wiederzufinden. Alles, was dieser Meinung nicht entspricht, wird zum Ausfluss linksliberaler oder gar linksextremer Hegemonie erklärt, die es zu brechen, ja zu bekämpfen gilt. Wenn Neurechte einseitiges Framing beklagen oder sich zu Opfern linker Meinungsmacht stilisieren, dann geschieht dies nicht im Namen von mehr Partizipation oder einer Liberalisierung öffentlicher Debatten. Im Gegenteil. Der Zweck ist die Entkopplung von diesen öffentlichen Debatten und damit auch die Entbindung von den Ansprüchen, die man an Journalismus stellen muss.

Indem Neurechte die Orientierungsmedien als einen Teil der Öffentlichkeit darstellen, in dem nicht recherchiert, argumentiert und abgewogen wird, sondern nur Falschheiten verbreitet und Meinungen manipuliert werden, legitimieren sie nämlich ihre eigene Strategie im Kampf um Hegemonie. Und die besteht darin, die regulative Idee der Wahrheit dadurch zu ersetzen, dass jedes veröffentlichte Wort parteiisch, jeder Bericht interessengeleitet ist. Und so genügen sich neurechte Onlinemedien darin, genau das zu tun, was sie den Orientierungsmedien vorwerfen: Meinungen zu verbreiten und die Haltungen ihrer Leserschaft zu bestärken. Und das, obgleich ***Haltungsjournalismus*** eines der beliebtesten Schimpfwörter für die Orientierungsmedien ist. Investigative Recherche und redaktionelle Sorgfalt jedenfalls sucht man in den sogenannten alternativen Medien der neuen Rechten umsonst, von den im Pressekodex formulierten Geboten zur Achtung von Wahrheit und Menschenwürde, zum Ehrschutz und zur Vermeidung von Diskriminierung ganz zu schweigen. Wer ***Vollzeit-Haltungsjournalisten*** und ***Aktivistenjournalisten*** sucht, der wird hier am ehesten fündig. Dies hindert neurechte Medien freilich nicht daran, sich im Spannungsfeld von Wahrheit und Lüge am Pol der Wahrheit zu verorten. Denn was Neurechte Wahrheit nennen, fließt aus einer spezifischen Sicht der Dinge, man könnte auch sagen: aus Haltung.

Doch es geht um mehr als die Qualität des Journalismus. Für die neue Rechte sind Medien Politik. Für sie ist die von den Medien mitkonstituierte Öffentlichkeit das Ergebnis staatlicher Einflussnahme und Lenkung ganz so wie in diktatorischen und totalitären Regimen. Man glaubt sich im Kampf gegen ***Front-Medien*** und ***Feindpresse.*** Wenn aber die Presse ein Herrschaftsinstrument politischer Eliten ist, dann muss es Ziel all jener sein, die nach politischer Macht streben, Kontrolle über sie zu gewinnen. Kontrolle aber bedeutet weniger Meinungsvielfalt, weniger Diversität und weniger Freiheit. In einer Welt, in der alles als parteiisch gewertet wird, kann nur gelten, was von der herrschenden Partei als wahr beglaubigt wird. Und exakt dies ist das Bild von Öffentlichkeit, Medien und Politik, das unter den neuen Rechten vorherrscht. Es ist das Gegenteil vom Ideal einer liberalen Öffentlichkeit, in der öffentliche Meinung das Ergebnis von Debatten unter Bürgern ist und als Korrektiv gegenüber politischer Herrschaft wirkt. Neurechte Medienkritik ist daher letztlich Ausdruck einer autoritären Ideologie.

Wissenschaft: Mit Geschwätzologen in die Expertokratie

Was geschieht, wenn ein AfD-Landtagsabgeordneter sagt, Zuwanderer seien elfmal so kriminell wie der Rest der Bevölkerung? Oder wenn eine AfD-Spitzenpolitikerin behauptet, es sei eine Verkürzung, *völkisch* als rassistischen Begriff zu bezeichnen? Nach Aufschrei und Entrüstung kommen in der Presse Expertinnen und Experten zu Wort, die solche Aussagen einordnen. Die faktenbasiert darstellen, dass Zuwanderer häufiger sozialen Gruppen zuzuordnen sind, in denen Kriminalität unabhängig von der Herkunft häufiger vorkommt. Und die aus historischen Quellen belegen können, dass der Begriff des Völkischen spätestens seit der NS-Zeit rassistisch grundiert wurde. Dass eine solche Differenzierung und faktenbasierte Klarstellung von den betreffenden Politikern als hinderlich für die Durchsetzung ihrer politischen Agenda betrachtet wird, ist kaum verwunderlich. Und dass sie daran arbeiten, sich gegen derlei Kritik in Zukunft zu immunisieren, indem sie die Experten als partei-

J. Scharloth, *Hässliche Wörter*,
https://doi.org/10.1007/978-3-662-63502-5_6

isch erscheinen lassen, ist zwar unredlich, aber eine zielführende politische Strategie. Denn es ist einfacher, vom ***Krimimärchenprofessor*** und der ***Sprachverdummungswissenschaftlerin*** zu sprechen als sich umständlich mit Argumenten auseinanderzusetzen.

Wissenschaft verfügt über keine Macht, die auf Befehl und Gehorsam beruht, denn sie kann nicht sanktionieren. Ihr kommt aber insofern Macht zu, als sie dazu herangezogen wird, als legitim akzeptierte Deutungen unserer Welt zu entwerfen, Deutungen, die auch bestimmte Handlungen zur Lösung von Problemen plausibel machen. Sie verfügt damit über Deutungsmacht. Deren Bedingung ist Autorität, eine fraglose Anerkennung, die nicht des Zwangs und der Überredung bedarf. So erwarten wir von Expertinnen und Experten in den Medien, dass sie ihre Aussagen mit Daten und Argumenten belegen können, ohne dass diese Belege in ihrem öffentlichen Statement im Einzelnen entfaltet werden müssten. Wissenschaft gilt demnach als Quelle solider Erkenntnisse und zwar besonders dann, wenn strittige Sachverhalte verhandelt werden. Gerade hier wird Wissenschaft von der Öffentlichkeit die Funktion zugeschrieben, ein Orientierungswissen bereit zu stellen, das unabhängig von gesellschaftlichen Interessen gültig ist.

Diese Auffassung widerspricht freilich in vielerlei Hinsicht dem Selbstverständnis von Wissenschaft, in der es immer auch konkurrierende Auffassungen gibt, die ihre Erkenntnisse stets als unvollständig und unsicher begreift und bestenfalls für sich in Anspruch nimmt, über die vorläufig besten Modelle oder Theorien zu verfügen. Und die sich schließlich auch darüber im Klaren ist, dass jede Forschungsarbeit mit gesellschaftlichen Interessen verwoben ist. Es ist dieser Unterschied zwischen öffentlichem Bild und tatsächlicher Logik der Forschung, den Neurechte beim Untergraben wissenschaftlicher Kompetenz und Autorität ausnutzen.

Dies tun sie einerseits dadurch, dass sie auch noch so randständigen wissenschaftlichen Positionen ein möglichst großes Forum zu schaffen suchen, um Zweifel an herrschenden Forschungsmeinungen zu säen, die nicht zur eigenen politischen Agenda passen. Denn ***Wissenschaftlerstreit*** und ***Professorengezänk*** machen es nötig, die Beantwortung gesellschaftlicher Fragen den Entscheidern in der Politik zu überlassen und nicht den ***Laberexperten*** und ***Geschwätzintellektuellen*** der Wissenschaft.

Die Geschwätzigkeit der Kultur- und Sozialwissenschaften

Der Vorwurf der Geschwätzigkeit ist Teil einer zweiten Strategie zur Diskreditierung von Wissenschaft. Diese Strategie besteht darin, Gesellschafts- und Kulturwissenschaften die Wissenschaftlichkeit abzusprechen, weil sie nicht mit den Methoden der Naturwissenschaften betrieben werden. Und auch wenn man die Genese des Zweiten Weltkriegs nicht aus Naturgesetzen erklären kann und es keine Messapparate für Ausländerfeindlichkeit oder Antisemitismus gibt (und auch nicht geben kann), gilt Neurechten alles als ***Geschwätzwissenschaft,*** was nicht in Laboren experimentell erforscht oder in den Weiten des Weltraums gemessen werden kann. Mit großer Hingabe, Sprachgewandtheit und Beredsamkeit haben Neurechte zahlreiche Varianten für diesen in ihren Augen gänzlich unwissenschaftlichen Bereich akademischer Lehre und Forschung ersonnen: ***Dummdaherschwätzwissenschaf ten, Geschwätzkunde*** und ***Geschwätzologie, Babbel-,***

Sabbel- und ***Schwafelwissenschaften, Laberwissenschaft*** und ***Floskelkunde*** und schließlich ***Deutungswissenschaft*** und ***Dünnbrettbohrologie.*** Der Vorwurf, nur Geschwätz zu produzieren, befreit schließlich von der Notwendigkeit, sich mit den Inhalten auseinanderzusetzen.

Dass an erster Stelle die *Kultur- und Sozialwissenschaften* zum Ziel neurechter Verleumdungen werden, liegt daran, dass sie sich mit jenen Themenfeldern beschäftigen, auf denen sich die Neurechten politisch zu profilieren suchen. Integration, Kriminalität, Familie, Geschichte, nationale Identität – überall kollidiert die Vereinfachungslogik des Rechtspopulismus frontal mit der Komplizierungslogik der Wissenschaften und ihren Erkenntnissen. Und teilweise ist die neue Rechte selbst ihr Gegenstand. Etwa dann, wenn es um Extremismus, Rassismus, Diskriminierung oder Hassrede geht. Was liegt da näher, diese Wissenschaftszweige pauschal für unwissenschaftlich zu erklären? Etwa durch Anführungszeichen wie in ***Kultur„wissenschaften"*** und ***Geistes„wissenschaften",*** durch Einschieben einer Negationssilbe wie in ***Sozial(un)-wissenschaften*** und ***Nichtwissenschaften*** oder durch Hinzufügung von Wortbestandteilen, die den Täuschungscharakter signalisieren wie in ***Schein-***, ***Möchtegern-*** und ***Pseudowissenschaften.***

Beliebtes Ziel neurechter Kommentatoren ist die als ***Soziolaberologie*** und ***Soziofuzzi-Afterwissenschaft*** verunglimpfte *Soziologie.* Für Neurechte ist sie eine Wissenschaft, in der ***Soziologie-Gaukler*** ihre ***Schwafel-Meinungen*** und ihren ***Soziologen-Hirndünnschiss*** mithilfe von ***Soziologen-Schwafeltechniken*** und standardisierten ***Soziologen-Textbausteinen*** als unverständliches, gleichwohl manipulatives ***Soziologie-Neusprech*** aussondern. Nicht minder kritisch verfolgen Kommentatoren rechter Online-Medien die *Politikwissen-*

schaft. Insgesamt als ***Polit-Laberquatsch-Pseudowissenschaft*** und ***Politgeschwätzwissenschaft*** verleumdet, steht besonders die Forschung zum Rechtsextremismus im Fokus neurechter Schimpfwortkreationen. So ist es Mode, den Namen der Teildisziplin mit einem Trademark-Zeichen zu versehen ***(„Rechtsextremismusforschung"®),*** um sich über den Alleinvertretungsanspruch der Disziplin in Bezug auf einen vermeintlich leeren Markennamen ohne Markenkern lustig zu machen. Dazu werden Extremismusforscher als ***Anti-Rechts-Hysteriker, ExtremMistMuss-Forscher*** und ***Rechtshand-Extrem-Wichsexperten*** mit dem Ziel verspottet, Rechtsextremismus zu verharmlosen oder gleich als Hirngespinst käuflicher ***„Open Society"-Soziologen*** abzutun.

Warum es Gender Studies gar nicht geben kann

Den massivsten Angriffen von Rechts sind freilich die *Gender Studies* ausgesetzt, die in rechten Onlinemedien zu einem wahren Popanz aufgebaut werden. Für Neurechte erwächst soziale Ungleichheit aus biologischen Faktoren und genetischen Veranlagungen. Dieses Prinzip hat überall Gültigkeit, außer wenn Männer oder Deutsche betroffen sind. Dann sind selbstverständlich Diskriminierung und Sexismus am Werk.

Darüber hinaus kann es gesellschaftliche Prägungen von Geschlechterrollen in der Welt der Neurechten nicht geben. Denn Biologie und Genetik erklären alle Unterschiede vom niedrigen Anteil von Frauen in Chefetagen, über den Gender-Paygap bis hin zur ungleichen Verteilung der Arbeit im Haushalt. Eine Wissenschaft, die sich mit der Frage beschäftigt, wie und warum sich zu unterschiedlichen Zeiten bestimmte Geschlechterrollen herausgebildet haben, hat daher in neurechten Augen gar keinen Gegenstand. Sie hat den Status von Zauberei ***(Gender-Mainstreaming-Hokuspokus, Gender-Voodoo)*** oder verdankt sich einer kollektiven Psychopathologie ***(Gender-Gagaismus, Gender-Irrsinn, Genderwahnsinn).*** Für manche Neurechte hat die ***Gender„wissenschaft"*** auch den Charakter einer Religion, weswegen sie gerne von ***Genderreligionswissenschaft, Genderfundamentaltheologie*** und ***Gender-Studies-Schriftgelehrtinnen*** schreiben. Wieder andere sehen in der Genderwissenschaft ein kriminelles Geschäft namens ***Gender-Geldstreaming,*** mit dem sich die ansonsten zu nichts tauglichen ***Genderverbrecher_X_innen*** aus der ***Gender-Sozio-Bande*** einen Platz an den staatlich alimentierten Fresströgen sichern. Das Bild, das Neurechte von den Gender Studies an den Universitäten zeichnen, sieht etwa so aus: An ***Gender_(In)Kompetenzzentren*** führen ***Gender-Lehrstuhlalimentierte Gender-Sozialexperimente*** an Studierenden durch. Universitäten sind zu ***Gender-Mainstream-Fördereinrichtungen, Gender-Umerziehungslagern*** und zu ***Gender-Tröten-Kampfbereichen*** geworden, an denen ***Gender-Politoffiziere, Gendergleichschaltungs-Taliban_innen*** und ***Gender-Gestapo*** dafür sorgen, dass niemand von der ***Gender-Dogmatik*** abweicht. Und so phantasieren sich Neurechte in die heroische Rolle von ***Gender-Outlaws, Gender-Mainstreaming-Gotteslästerern*** und ***Gender-Dissidenten,*** wenn sie einen Kommentar gegen den *Gender-Gap* absetzen oder geschlechtergerecht-ironisch ***Mensch_In_nen*** schreiben.

Die Muster, die bei der Ablehnung der Gender Studies zum Einsatz kommen, werden auch auf andere Zweige der Kultur- und Sozialwissenschaften übertragen. Die Geisteswissenschaften werden ebenso als Ergebnis einer abnormen Psyche gedeutet und als ***Geisteskrankwissenschaften*** oder ***Bekloppski-Pseudowissenschaften*** geschmäht. Und die Sozialwissenschaften werden als ***Firlefanz-*** und ***Larifariwissenschaft*** abgetan, aus denen als ***Schwachsinns-*** und ***Sinnloswissenschaften*** kein gesellschaftlicher Nutzen entstehe. Überhaupt kein Nutzen? Das wäre zu kurzsichtig gedacht. Denn auch, wenn Kultur- und Sozialwissenschaften gesamtgesellschaftlich gesehen für Neurechte ***Nichtsnutz„wissenschaften"*** sind, erfüllen sie doch eine politische Funktion. Auf diese Funktion zielen Neurechte mit Schmähnamen wie ***Gesinnungswissenschaft, Ideologiewissenschaft*** oder ***Pseudogutmenschenwissenschaft.*** Mit ihnen behaupten sie, dass diese Wissenschaften der Durchsetzung gesellschaftlicher Zwecke dienten und diese Zwecke im Bercich linker Ideologien zu suchen seien. Welche Zwecke sie im Fall der Gender Studies unterstellen, zeigt sich an Wortzusammensetzungen, in denen *Gender* vorkommt. Da werden die Gender Studies als ***Öko-Gender-Multikulti-Ideologie*** bezeichnet, Interessierte an diesem Feld als ***Gender-Antifa-Refugeewelcome-OneWorld-BANDE*** betitelt und ihre Absichten als ***sozialistisch-genderistisch-islamophil*** beschrieben.

Käufliche Wissenschaft

Doch der Vorwurf, nicht der reinen und objektiven Erkenntnis zu dienen, sondern im Dienst einer politischen Agenda zu stehen, trifft bei weitem nicht nur die Kultur- und Sozialwissenschaften. Es handelt sich vielmehr um die dritte Strategie der Neurechten zur Diskreditierung von Wissenschaft, sie ganz allgemein als käuflich, befangen oder gar weisungsgebunden darzustellen. Der Vorwurf, dass Wissenschaft von einigen nicht mit Leidenschaft für die Wahrheit betrieben, sondern lediglich als Brotberuf ausgeübt werde, der sich in Schmähausdrücken wie ***Brotwissenschaftler, Dönerwissenschaftler*** oder in etwas abgewandelter Form in ***Rotweinsoziologe*** findet, ist noch eher harmlos. Schwerer wiegt die Unterstellung, Forscherinnen und Forscher verfälschten aufgrund moralischer oder ideologischer Voreingenommenheiten die Ergebnisse ihrer Forschung. Der Vorwurf lautet auf absichtliches Ignorieren von Fakten, die nicht in das eigene ideologische System passen ***(Lücken-Wissenschaft),*** und auf eine von moralischen Werten gelenkte Wahl des Forschungsgegenstandes ***(Gesinnungs-Forschung, Wertwissenschaft, Haltungswissenschaft).*** Dass Forschung obendrein noch von vermeintlichen ***Linkswissenschaftlern*** und ***Partei-Professoren*** betrieben wird, denen Neurechte unterstellen, sie seien ***Graswurzelakademiker, Uni-Aktivisten*** und ***Gutmensch-Professoren,*** soll die Defizite der Wissenschaft als Defizite der sie betreibenden Personen denunzieren.

Jenseits solcher, aus sich heraus geschöpfter Motivation gibt es aus Sicht neurechter Kommentatoren aber auch äußere Anreize, die Wissenschaftlerinnen und Wissenschaftler dazu verleiten, gegen forschungsethische Gebote zu verstoßen. So können wechselseitige Abhängigkeiten zu ***Gefälligkeitswissenschaft*** führen, in der Ergebnisse so frisiert werden, dass sie zur politischen Agenda Dritter passen. Häufiger unterstellen Neurechte aber, dass bestimmte Forschungsergebnisse nur deshalb zustande gekommen seien, weil sie von politischer Seite in Auftrag gegeben wurden. ***Bezahlwissenschaftler-Schergen*** machen sich dann durch ***Auftragsforscherei*** zu Erfüllungsgehilfen der Mächtigen. Dabei werden Schmähausdrücke wie ***Regierungswissenschaftler*** oder ***Merkel-Akademiker*** nicht erst seit der Pandemie verwendet. Wenn auch der eine oder andere an Auftragsforschung noch nichts Anstößiges finden mag, so dürfte spätestens mit dem Vorwurf der Bestechlichkeit die Integrität von Wissenschaft und Forschung gänzlich untergraben sein. Mit Vorliebe sprechen Neurechte daher von ***Schmiergeldwissenschaft*** und ***Prostitutionswissenschaft,*** von ***Forschungsbetrug, Wissenschaftshuren*** und ***Forschungskriminalität,*** wenn die Ergebnisse einer Studie mal wieder nicht die eigenen Vorurteile bestätigen.

Einigen Wissenschaftlerinnen und Wissenschaftlern werfen Neurechte gar vor, sie benutzten ihre Forschung, um politische Gegner zu diffamieren. Dies nennen sie ***Entlarvungswissenschaft, Empörungs-*** und ***Kampagnenwissenschaft*** und diejenigen, die sie betreiben ***Unterstellungswissenschaftler*** und ***Hetz-Professorinnen.*** Sie betreiben letztlich ***Legitimationswissenschaft*** für die herrschende Klasse und seien daher ***Herrschaftswissenschaften,*** die den gesellschaftspolitischen Status quo zementieren. Dass dies gelingt, dafür sorgen die beamtenrechtliche Vollversorgung des ***Universitätsestablishments,*** die ***Professoren-Kamarilla*** und die ***Forschungskartelle,*** die angeblich jede Abweichung vom wissenschaftlichen ***Mainstream*** unterdrücken und sanktionieren. Wissenschaft, die sich so in den Dienst einer Sache stelle, verkomme zur bloßen ***Propaganda-Wissenschaft.***

So weit ist es nach Ansicht der neuen Rechten also schon mit der Wissenschaft gekommen. Man darf getrost verwundert sein, dass Flugzeuge noch immer fliegen, Impfungen immunisieren und der Zweite Weltkrieg weiterhin vor dem Ersten datiert ist, wenn man sich das angebliche Ausmaß der Korruption, Manipulation und Servilität in den Wissenschaften vor Augen führt, das in rechten Onlinemedien behauptet wird. Zwar sind die Gender Studies zusammen mit anderen Kultur- und Sozialwissenschaften das häufigste Ziel neurechter

Angriffe. Längst werden aber auch andere Disziplinen in den Fokus der Kritik gerückt, die sich bislang als vermeintlich *harte Wissenschaften* für nicht politisierbar hielten.

Auch Naturwissenschaften sind Propagandawissenschaften

An erster Stelle müssen hier Meteorologie, Geographie, Geologie, Ozeanographie und Physik genannt werden, die als Teil der *Klimawissenschaften* zur Zielscheibe wissenschaftskritischer Anwürfe werden. Klimaforschung ist in neurechten Augen keine Wissenschaft, sondern ***Klima-Kaffeesatzleserei.*** Entsprechend steht für Neurechte fest, dass die Behauptung eines menschengemachten Klimawandels nicht auf Fakten basiert, sondern die „Fälschung einer staatlich alimentierten Wissenschaftsmafia" ist, wie ein Kommentator feststellt. Die Bezeichnung ***Klimawandelwissenschaftler*** ist daher in rechten Kreisen schon ein Schimpfwort. In Ausdrücken wie ***Klimaschutz-Professor, Klimakatastrophenwissenschaftler*** oder ***Klimawandelhysteriker*** wird deutlich, dass Neurechte den wissenschaftlichen Akteuren eine Agenda und bewusste Panikmache unterstellen. Indem sie das gesamte Forschungsfeld als ***Klimapanikwissenschaftsbranche*** diskreditieren, unterstellen sie obendrein wirtschaftliche Absichten. Klimawandel, so wird behauptet, sei eine Jahrhundertgeschäftsidee, die obendrein noch der Unterdrückung der Bevölkerung diene. So sei der Klimawandel eine Erfindung westlicher Eliten und ein Mittel zur ***Versklavung freier Bürger.*** Klimawissenschaft ist aus dieser Sicht nichts anderes als ***rote Propaganda*** und ***Klimawandel-Agitprop*** im Dienst der aufkommenden Diktatur namens ***Klimatotalitarismus, Klimaschutzbolschewismus*** und ***Welt-Klimasozialismus.***

Auch die *Medizin* ist im Zuge der Corona-Pandemie in rechten Kreisen weiter in Verruf geraten. Dass sie von esoterisch und alternativmedizinisch orientierten Rechten als ***Quacksalberwissenschaft, Schul-„Medizin"*** oder ***Establishment-Medizin*** bezeichnet wird, ist nicht neu. Neu ist aber, dass ihre Vertreter bezichtigt werden, als ***Gesinnungs„mediziner"*** Teil einer elitären ***Medizin-Verschwörung*** zu sein. Des ***Medizin-Terrorismus*** gegen die Bevölkerung werden vor allem die ***Hof-*** und ***Staatsvirologen*** beschuldigt. Ihnen werfen Neurechte vor, als ***Küchen-Virologen, Wirrologen*** und ***Davon-Ausgeher-„Virologen"*** ihr Handwerk nicht zu verstehen. Oder schlimmer, als ***ViroLOGen, Virolügen*** und ***Impf-Schwindler*** die Bevölkerung hinters Licht zu führen. Die ***PANIK-MAFIA-Virologen*** agieren natürlich nicht allein, sondern formen zusammen mit der Politik eine ***Merkel-Virolügen-Junta,*** die die Regierungsform der ***Virokratie*** begründet hat, in der ***Impfmörder*** straffrei ausgehen.

Die Beispiele zeigen, dass jede Wissenschaftsdisziplin zum Ziel neurechter Diffamierungen werden kann, wenn ihre Ergebnisse von der Politik als orientierendes Wissen herangezogen werden und die Maßnahmen, die aus diesem Wissen abgeleitet werden, nicht mit den Zielen der politischen Rechten im Einklang stehen. Wissenschaftliches Wissen wird von Neurechten dann zur bloßen Meinung degradiert, die sich finanziellen, ideologischen oder machtpolitischen Interessen verdankt. Das von Neurechten gezeichnete Zerrbild der ***Expertokratie*** ist deshalb so effektiv, weil es anschlussfähig an andere Bestandteile neurechter Ideologie ist. Zum einen ist dies die Gegenüberstellung von Volk und Eliten als antagonistische Gruppen. Wissenschaftlerinnen und Wissenschaftler sind für Neurechte Teil jener Eliten, die vom Volk entfremdet aus eigennützigen Motiven handeln, ohne sich um das Gemeinwohl zu scheren. Gegen diese Eliten gilt es das Volk zu verteidigen. Expertenrat einzuholen und diesem auch noch zu folgen, kann vor diesem Hintergrund als Einschränkung der Volkssouveränität gedeutet werden. Beschwerden, dass der als ***Charité-Lockenkopf*** und ***Voll-Drosten*** verspottete Virologe Christian Drosten nicht gewählt sei und ihm daher ein Mandat fehle, werden aus dieser Logik heraus nachvollziehbar.

Gesunder Menschenverstand und wissenschaftliche Erkenntnisse

Zum anderen ist es die Ideologie des *gesunden Menschenverstands,* die Neurechte für Wissenschaftskritik und Skeptizismus empfänglich macht. Mitbegründer Bernd Lucke nannte die AfD einst die „Partei des gesunden Menschenverstands", obwohl er als Professor für Makroökonomie selbst zur in neurechten Kreisen verachteten akademischen Elite gehört. Nicht erst seither gehört es zur Strategie der Neurechten, den aus alltäglicher Erfahrung gebildeten, praktisch orientierten und von keinen Interessen verdorbenen Verstand des gemeinen Volkes gegen das unnötig verkomplizierte, ideologisch verbildete und anmaßende Expertenwissen abgehobener Akademiker in Stellung zu bringen. Diese Gegenüberstellung lässt freilich außer acht, dass Wissenschaft nicht ohne *Common Sense* auskommt und in der Wissensgesellschaft wissenschaftliche Denkweisen überall in der Gesellschaft zur Anwendung kommen. Gesunder Menschenverstand und wissenschaftliches Denken schließen sich daher keinesfalls aus. Wer diesem Antagonismus allerdings aufsitzt, neigt dazu, jede Form wissenschaftlichen Wissens abzulehnen, die nicht zu den eigenen Vorurteilen passen will.

Wissenschaft ist vielfältig und kann kompetent nur aus der Perspektive ihrer Domäne argumentieren. Politische Entscheidungen müssen aber auch andere Perspektiven berücksichtigen. Die Vorstellung, Wissenschaft stelle verbindliches Orientierungswissen bereit, ist daher irrig. Slogans wie „Follow the science“, „der Wissenschaft folgen“, bekräftigen falsche Vorstellungen von der Gültigkeit von Wissen, befeuern unbegründete Ängste vor einer alternativlosen ***Expertokratie*** und spielen so Neurechten in die Karten.

Religion: Der Islam als Vorbild für die politische Religion der BRD

Hassprediger sind nicht nur muslimische Geistliche, die zu Terrorismus aufrufen. Es gibt auch ***Grün-, Öko-*** und ***SPD-Hassprediger, SPIEGEL-*** und ***taz-Hassprediger,*** ja sogar Außenminister Heiko Maas und die Kanzlerin sollen Hassprediger sein. So sehen es zumindest die neuen Rechten. Unter ihnen ist es Usus, nicht nur den Islam zu schmähen, sondern die Muster der Kritik an Religion auf die Politik zu übertragen. Entsprechend besteht die *ANTIFA* aus ***Rotdschihadisten,*** Kriminalität ist ***Raub-*** oder ***Drogendschihad*** und das Ausblenden rechtsextremistischer Inhalte aus den Ergebnissen einer Suchmaschine gerät zum ***Google-Dschihad.*** Rechte Religionskritik wird so zu einem Deutungsvehikel für Politik und Gesellschaft. Religion ist für neue Rechte damit in doppelter Hinsicht ein zentraler Bezugspunkt: Zum einen sind antimuslimische Ressentiments ein wesentlicher Bestandteil ihres ideologischen Rüstzeugs. Zum anderen werden Ansichten und politisches

J. Scharloth, *Hässliche Wörter,*
https://doi.org/10.1007/978-3-662-63502-5_7

Handeln ihrer Gegner oft als religiös motiviert dargestellt, um sie als irrational, extrem oder Ergebnis von obrigkeitlicher Indoktrinierung zu denunzieren. Oder noch radikaler: sie als Ausdruck eines totalitären Regimes zu deuten, das Züge einer politischen Religion hat. Will man der Funktion von Religionsvergleichen in der Rhetorik der neuen Rechten auf die Spur kommen, lohnt es sich zunächst zu untersuchen, wie sie Muslime und den Islam diffamieren.

Antiislamische und moslemfeindliche Invektiven

Eine häufig verwendete Strategie zur Abwertung des Islam ist seine Charakterisierung als primitive Religion. Herabwürdigende Ausdrücke wie ***Beduinenkult, Barbarenkult*** oder ***Primitivkult*** finden sich ebenso wie Verunglimpfungen, die den Islam auf primitiven Kulturstufen verorten, wie ***Mittelalterkult, Steinzeit-Mörderkult, Vorsteinzeitkult*** oder gar ***Neandertaler-Unkult.*** Doch auch das Verspotten islamischer Praktiken wird von Neurechten dazu benutzt, die Religion als archaisch und unzivilisiert erscheinen zu lassen. Die Gebetshaltung bietet ihnen etwa Anlass, sich über die geistige Andacht als ***Arschindenhimmelgymnastik*** lustig zu machen und Muslime als ***Buckelbeter, Bückebeter, Hinternhochbeter, Furzbeter*** oder ***Teppich-Anbeter*** zu verhöhnen. Daneben wird der Islam als ***Kopflumpen-*** oder gar ***Kopfwindel-Religion*** und ***Bartkult*** ins Lächerliche gezogen. Die heilige Schrift des Islam wird als ***Kloran*** verunglimpft und Muslime als ***Klorangläubige*** oder ***Kloranverstrahlte*** herabgewürdigt. Daneben werden Wortspiele mit Herdentieren von minderer Intelligenz dazu benutzt, die vermeintliche Primitivität des Islam zu unterstreichen. Muslime sind für Neurechte beispielsweise ***Friedensmohammel, Muhammeldaner*** oder ***Mond-Hammel-Diener.*** Diese Bezeichnungen, aber auch Schimpfwörter wie ***Surensohn*** und ***Religiot*** sagen freilich mehr über die Primitivität ihrer Erfinder und Benutzer aus als über diejenigen, die sie herabwürdigen sollen.

In den Bereich des Primitiven und Sinnlichen rücken den Islam auch Schmähausdrücke, die ihn für eine vermeintlich zügellose Sexualität seiner Gläubigen verantwortlich machen. So schreiben rechte Foristen vom ***FickiFicki-Islam*** oder von ***Islamterror-Fickilanten*** und schimpfen Allah einen ***Schwanzbemächtigungsgott.*** Auch vor dem Vorwurf, qua Religion sexuelle Gewalt an Kindern zu autorisieren, schrecken Neurechte nicht zurück, indem sie den Islam als ***Kinderficker-Wüstenkult*** oder ***Kindervergewaltigungskult*** titulieren. Analog behaupten Neurechte auf der Basis einer fundamentalistischen Lesart einer Koransure, der Islam gebe eine Lizenz zur Gewalt gegen Frauen. Entsprechend bezeichnen sie Muslime als ***Frauenprügelspezialisten.***

In den religionsgeschichtlichen Ausführungen neurechter Autoren werden diese Praktiken der Nachfolge des Propheten Mohammed zugeschrieben. Er nämlich ist bevorzugte Zielscheibe islamophober Verunglimpfungen, um zu verhindern, dass die Verbrechen des politischen Islamismus lediglich als Entartungen einer an sich friedlichen Religion gedeutet werden. Im Gegensatz dazu bezwecken Neurechte mit der Beschimpfung des Propheten, den Islam als eine Religion darzustellen, die schon an ihrer Quelle eine menschenverachtende und totalitäre Ideologie war. Der Prophet wird auf neurechten Plattformen daher als ***Massenmörder-Mohammed, Terrorist-Mohammed*** und ***Vergewaltiger-Mohammed*** bezeichnet und Muslime als ***Rassist-Mohammed-Ver-***

ehrer, Pädophilen-Götze-Anhänger und ***Faschist-Mohammed-Gläubige.***

Zur Strategie der Neurechten gehört auch, den Islam als Ganzes mit den Gewalttaten von Dschihadisten zu identifizieren. So charakterisieren sie die Religion als ***Totschlags-***, ***Mord-***, ***Killer-*** und ***Massenmordkult,*** mit dem man dem ***Mekka-Blutgötze*** und ***Mördergott-Allah*** huldige. In ihrer Logik sind Muslime daher ***Kopfab-Korangläubige, Moslem-Kampfbeter*** oder kurz ***Mordlems.*** In der bizarren Welt neurechter Verallgemeinerungen sind alle Imame ***Dschihad-Prediger,*** alle Moscheen ***Bückbeter-Kasernen*** und alle Muslime ***Scharia-Gotteskrieger,*** die notfalls mit Terror dafür sorgen, dass sich der muslimische Glaube verbreitet. Um alle Muslime als potentielle Terroristen zu denunzieren, sprechen Neurechte gerne von ***Sprenggläubigen*** und ***Ungläubigenschlächtern,*** bezeichnen die Religion als ***„Ungläubigen"-Kopfabhackerismus*** und ***Töte-die-Ungläubigen-Kult*** und Allah als ***Schwertgott*** oder ***Terrorgötze.*** Auch wenn diese Zuschreibungen angesichts von viereinhalb Millionen friedlicher Muslime in Deutschland selbst für die schlichtesten Gemüter auf rechten Plattformen als haltlose Übertreibungen erkennbar sind, entwerfen sie doch ein Bild, das den Islam als Bedrohung zeichnet, das Vorsicht vor dieser Religion gebietet und für viele Neurechte auch vorbeugende Abwehrmaßnahmen plausibel macht.

Neurechte Autorinnen und Autoren schwören ihre Leser darauf ein, dass der Endkampf gegen die Errichtung eines totalitären ***Scharia-Gottesstaates*** auf deutschem Boden nach dem Vorbild des als ***IS-CaliFARTs*** verhohnepiepelten sogenannten Islamischen Staates unmittelbar bevorstehe. Sie konstruieren den Islam nämlich als politisches Projekt, als ***Herrenmenschen-, Unterdrückungs-*** und ***Weltherrschaftskult*** und scheuen nicht davor zurück, ihn in Schreibungen wie ***ISSlam, SShariareligion*** oder ***HaSS-MoSSlems*** dem Nationalsozialismus gleichzusetzen.

Der Islamismus hat in neurechten Verschwörungsmythen freilich auch mächtige Unterstützer, die rechten Foristen als innere Feinde gelten. Dies sind ganz allgemein meist linke ***Kloranversteher*** und ***Appeasement-Priester*** der ***Muselverehrerfront,*** die sich in ***Mohammedaner-Terror-Anbetung*** und ***Ungläubigenschlächterverherrlichung*** ergehen. Als Wegbereiter des radikalen Islam gelten aber insbesondere die ***Bückbetersektenarschkriecherparteien,*** namentlich ***SED/Grüne-Bückbeter90,*** die ***SchariaPD*** und die ***Halbmond-Mekka-C*DU.***

Das Merkel-Regime als politische Religion

Der Islam, das zeigen die Schimpfwörter, wird weniger als eine Konfession gesehen, sondern als ein religiös begründetes totalitäres System, das sich anschickt, in Deutschland die Macht zu übernehmen. Neurechte Kritik am Islam weist viele Parallelen mit Kritik an den sogenannten *politischen Religionen* des 20. Jahrhunderts auf. Kommunismus, Faschismus und Nationalsozialismus zeichneten sich nämlich im Gegensatz zu früheren Formen totalitärer Herrschaft dadurch aus, dass ihre Ideologien allgegenwärtig waren: Sie beschränkten sich nicht auf die traditionelle Sphäre des Politischen, sie drangen vielmehr tief in den Alltag der Gesellschaft ein. Bücherverbrennung, Deutscher Gruß und Fackelzug, *Genossen*-Anrede, Fahnenappell und Pionierhalstuch sollten verbindliche Werte vermitteln und Gemeinschaft stiften. Religionen gleich suchten sie also durch Rituale und Vorschriften das gesamte Leben der Menschen zu strukturieren. Daher wurde für sie die Bezeichnung *politische Religion* geprägt.

Der religiöse Schimpfwortschatz der neuen Rechten zeigt nun, dass das Konzept der politischen Religion für Neurechte ein Deutungsschema ist und zwar nicht nur für den Islam, sondern für Politik und Gesellschaft der Bundesrepublik. Er belegt, dass Neurechte überzeugt sind, in einer totalitären Diktatur zu leben, die nach den gleichen irrationalen Prinzipien operiert wie eine Religion. Theoretiker des Konzepts wie die politischen Philosophen Raymond Aron und Hannah Arendt haben eine Reihe von Merkmalen politischer Religionen herausgearbeitet, die als Richtschnur bei der Ordnung des umfangreichen religionsbezogenen Schimpfwortschatzes dienen können.

Herrschaft in der politischen Religion ist demnach auf Terror gegründet. Terror meint aber nicht notwendigerweise die Verbreitung von Angst und Schrecken durch Gewalt, sondern auch durch umfassende Vorschriften und Regeln, die Menschen in ein Korsett zwängen, das freies Handeln unmöglich macht. Und tatsächlich empfinden Neurechte die Bundesrepublik als einen solchen Terrorstaat. So wie in der Vorstellung rechter Autoren in islamischen Ländern ***Schariapolizei-Tugendwächter*** unterwegs sind, so patrouillieren in Deutschland ***Gesinnungswächter*** und ***Political-Correctness-Tugendwächter*** und verschaffen dem von ***Tugendaposteln*** verbreiteten ***Tugendkult*** Geltung. So wie in der islamischen Republik Iran ein Wächterrat über die Vereinbarkeit neu beschlossener Gesetze mit den Regeln des Islam wacht, so haben sich in Deutschland ***Gutmenschensittenwächter*** und ***Moralwächterbessermenschen*** zum ***Meinungs-*** und ***Gesinnungs-Wächterrat*** zusammengeschlossen. Dieser wacht über die Einhaltung zahlreicher Gebote, die zwar größtenteils nicht in Gesetze gegossen sind, aber dennoch in Deutschland verbindlich sind. Dazu zählen beispielsweise ***Neusprechgebot, Mainstreamgebot, Einheitsdenkgebot, Gleichheitsgebot, Anti-Diskriminierungsgebot, Feminismus-Gebot, Sitzpinkelgebot, Vegan-Ernährungsgebot, Halal-Gebot, Pro-Juden-Gebot, Pro-Islam-Gebot, Rein-lass-Gebot, Willkommensgebot*** oder ***Toleranz-Gebot.*** Die Liste vermeintlich verpflichtender Verhaltensstandards, von denen sich Neurechte in ihrer Freiheit eingeschränkt fühlen, ist noch viel länger. Und auch, wenn man glauben könnte, ihnen seien Reinheitsgebote willkommen, so wenden sie sich doch gegen ***Gesinnungs-*** und ***Meinungsreinheitsgebote.*** Sie beschimpfen die Bundesrepublik als eine ***Tugenddiktatur,*** einen ***Gesinnungswächter-*** und einen ***Tugendterrorstaat*** und schreiben ihr damit eine Eigenschaft politischer Religionen zu.

Ein weiteres Merkmal totalitärer Regime, die nach den Prinzipien politischer Religionen operieren, ist die Gestalt des Heilsbringers und die Verheißung des Heils. Auch hier konstruieren Neurechte zahlreiche Parallelen zwischen ihrem Zerrbild des Islam und dem, was sie für die politische Realität in der Bundesrepublik Deutschland halten. Beispielsweise erkennen sie an Bundeskanzlerin Angela Merkel Züge einer falschen Prophetin und unterstellen ihr die Anmaßung, selbst Gott zu sein. Dies macht es in ihren Augen nötig, die vermeintliche Heilsbringerin und ihre Anhänger ähnlich wie den Propheten Mohammed zu verhöhnen. Sind die falschen Propheten erst einmal entlarvt, dann bricht – so die neurechte Hoffnung – die ganze Religion in sich zusammen. Folgerichtig sprechen Neurechte von der ***Merkel-Gottkanzlerin*** oder, ihre lästerlichen Absichten noch deutlicher betonend, von der ***Gottkanzlette,*** die bereits im 16. Jahr ihrer ***Gotteskanzlerschaft*** sei. Die *CDU* ist ihnen ein demütiger ***Merkelverehrungsverein,*** der regelmäßig ***Führerkult-Merkelparteitage*** abhält. Und die Bevölkerung ergeht sich in der Vorstellung der Neurechten in ***Merkelvergötterung*** und ***Murkselverehrung,*** huldigt dem ***Mutti-Merkel-Kult*** und übt sich in ***Merkel-Bückbeterei.*** Denjenigen, für die Merkel noch kein göttliches Wesen ist, gilt sie immerhin als ***Rautenheilige,*** als marienähnliche ***Angie-Mama-Mutti*** oder als ***Kanzler-Päpstin*** als Stellvertreterin Gottes auf Erden.

Neben der Kanzlerin glauben Neurechte noch einen weiteren Heilsbringer ausgemacht zu haben, der für viele Deutsche Freude, Tröstung und subjektive Erfüllung verheißt. Und zwar nicht erst im Jenseits, sondern im Hier und Jetzt: der Flüchtling, oder wie die Kritiker einer vermeintlichen politischen Religion ihn nennen, das ***höchste Flüchtilantenwesen.*** In der verzerrten Wahrnehmung der neuen Rechten sind Geflüchtete nicht etwa mittellose Schutzsuchende, die wegen der katastrophalen Lage in ihren Ländern nach Deutschland gekommen sind, um Hilfe und Aufnahme zu erbitten. Es sind vielmehr Menschen, die als ***Großmaul-Neu-Heilige*** und ***Gottesherrschaftliche*** für sich einen privilegierten Status im ***Asyl-*** und ***Flüchtlingshimmel,*** im ***Vollversorgungs-***, ***Wohlstands-*** und ***Sexhimmelreich*** fordern, die aber auch umgekehrt vonseiten der Bevölkerung als Götzen verehrt werden. In der Exegese der neuen Rechten markiert das Erscheinen der ***gottesähnlichen,*** ja ***gott-gleichen*** Flüchtlinge für die deutsche Bevölkerung das Ende der Geschichte und den Anbruch des Heils. In seliger Verzückung verehren demnach ***Willkommengläubige*** die ***Gottesmänner*** aus Syrien und Afghanistan als ihre ***Asyl-*** und ***Flüchtlingsgötter*** und opfern ihren weltlichen Besitz in Form von staatlicher Alimentierung fromm auf dem ***Multi-Kulti-Islamisierungs-Altar.*** Wer das Handeln von Flüchtlingshelferinnen und -helfern als religiös motiviert verhöhnt und die Umsetzung des Asylrechts als bloße

Flüchtlingsvergottung diskreditiert, der entrückt sie in eine Sphäre, in der angeblich keine Kritik mehr möglich und blinde Gefolgschaft gefordert ist. Auch hier dienen abwertende Ausdrücke aus dem Bereich des Religiösen zur Kennzeichnung der Bundesrepublik als totalitäres Regime, das auf einer politischen Religion gründet.

Politische Religionen zeichnen sich zudem dadurch aus, dass in ihnen politisches Handeln nicht an der Realität orientiert ist, sondern an einer ideologisch begründeten Scheinordnung. Verachtung für Tatsachen und Rituale der Realitätsverweigerung und -beschweigung sind in totalitären Regimen mithin an der Tagesordnung. Die Gültigkeit des Scheins wird durch seine quasi-religiöse Verkündigung stabilisiert. Um die Bundesrepublik als totalitären Gesinnungsstaat zu entlarven, beschreiben Neurechte ihr Handeln auf zentralen Politikfeldern in der Sprache der Religion. An erster Stelle ist dabei die *Klima-* und *Umweltpolitik* zu nennen. Hier werfen Neurechte der Regierung vor, eine ***Klimakirche*** begründet zu haben, und zwar mit allem, was dazu gehört: mit ***CO2-Gottheit, Öko-Heiland*** und ***Klimaheiligen,*** mit ***Erderwärmungspriestern, Öko-Hasspredigern*** und ***Klimakulthohepriestern,*** mit ***Weltuntergangspredigern, Öko-Schuldkult*** und ***Klima-Bußpredigern*** und dem Heilsversprechen eines ***Klima-Wunders*** im Falle eines ***ökogottgefälligen*** Lebens. So erscheint der Klimawandel selbst als reine Glaubensangelegenheit ***(Klimawandelkult),*** die Möglichkeit seiner Eindämmung gerät zur irrig-religiösen Praxis ***(Klimarettungskult)*** und die diskutierten politischen Maßnahmen werden als notwendige Beschränkungen der Freiheit für die Erlangung des ökologischen Heils letztbegründet ***(Verbotspriester, CO2-Ablass).*** Überall wittern Neurechte Angehörige der ***Klimaschutz-*** und ***Klima-Weltuntergangssekte.*** Da sind die ***Klimawandel-***, ***CO2-*** und ***Ökogläubigen.***

Aber auch die ***Windrad-Anbeter, Solarheiligenverehrer*** und ***Umweltschutzkultanhänger,*** die den ***Klimakatastrophenpredigern*** folgen und dem ***Atomteufel*** abgeschworen haben.

Natürlich deuten Neurechte auch das Politikfeld der Migration mit Sprachbildern aus dem religionsbezogenen Wortschatz. Zuwanderung ist für sie das Ergebnis von ***Immigrantenverehrung, Fremdenanbetung, Multikulti-*** und ***Willkommensglaube.*** In ihren Augen wird die Bevölkerung von ***Multikulti-Paradies-Propheten*** und ***Diversitätspredigern,*** von ***Willkommenspriestern*** und ***Weltoffenheitspredigern*** zu ***Frauenschläger-Anbetern, Asylbetrügerverehrern, Invasoren-Monster-*** und ***Menschenschlächter-Anbeterinnen*** erzogen. Der ***Buntkult*** kristallisiert sich an Heiligen Stätten, etwa an den als ***Flüchtlingsverehrungszentren*** verspotteten Asylunterkünften oder im ***Multikulti-Mekka*** Berlin, und bedient sich okkulter Objekte wie im Fall der ***Flüchtlingsschiff-Anbetung.*** Der Glaube an ein ***Integrationswunder*** oder ein ***Merkel-Flüchtilanten-Job-Wunder*** müsse aus neurechter Sicht nur Wunschdenken bleiben, denn sie verdanken sich der vermeintlichen Wirklichkeitsabstinenz, wie sie für politische Religionen kennzeichnend ist.

Neben ihrer Kritik an einer vermeintlichen ***Immigrations-*** und ***Auslandsanhimmelei*** sind Neurechte auch davon überzeugt, dass der Schutz von Minderheiten und benachteiligten Gruppen quasi-religiöse Züge trägt. So werfen sie der Politik vor, ***Transgender-Heilige*** geschaffen zu haben und ***Schwulen- und Transgender-Moscheen*** für die ***LGTB-Gemeinde*** errichten zu wollen. ***Homo-Hohepriester*** würden junge Menschen zu ***Schwulenanbetern*** erziehen, indem sie ihnen Erlösung im ***Regenbogenhimmel*** versprächen. Und natürlich verlange die Politik eine Unterwerfung unter den ***Gender-Götzen,*** über dessen Verehrung ***Gender-Studies-Hohepriester*** und ***GenderpäpstInnen*** wachten. Auch Bestrebungen nach mehr Geschlechtergerechtigkeit denunzieren Neurechte gerne als das Werk von ***Gleichstellungspredigern,*** die für Frauen einen ***Feministen-*** und ***Emanzenhimmel*** schaffen, während Männer in der ***Genderhölle*** schmoren. Für Neurechte freilich ist klar: Gleichheit zwischen den Geschlechtern kann es angesichts der biologischen Ungleichheiten gar nicht geben, Homosexualität ist gesellschaftliche Entartung ohne das notwendige Reproduktions-Potenzial und Transsexualität ist eine Krankheit. Gleichstellungspolitik und Minderheitenschutz können daher nur mit Hilfe einer politischen Religion gerechtfertigt werden.

Besonders intensiv sind auch die Bemühungen der neuen Rechten, die Aufarbeitung der deutschen Vergangenheit als Ausdruck einer politischen Religion darzustellen. Die für sie alles erklärende Vokabel ist die des ***Schuldkults,*** die sich beliebig erweitern lässt, um die vermeintlich schädliche Wirkung des von ihnen als quasireligiös denunzierten geschichtspolitischen Konsenses der Bundesrepublik anzuprangern. Das Wachhalten der Erinnerung an die Schoah als historisch einzigartige, systematische Vernichtung der Juden wird von manchen Neurechten als ***Holocaustkult*** oder ***Auschwitz-Schuldkult*** bezeichnet, der von ***Schuldkult-Religiösen*** und ***Holocaustgläubigen*** praktiziert werde. Und auch wenn nur wenige Kommentatoren auf rechten Plattformen den Holocaust in Zweifel ziehen, so herrscht doch Konsens darüber, dass man es mit der Erinnerung an ihn übertreibt und dass das Gedenken an ihn die Deutschen daran hindert, ein positives Verhältnis zu ihrer Identität aufzubauen. So werde der ***Holocaustgötze*** dazu benutzt, mittels ***Kollektivschuldkult*** und ***Negativ-Erinnerungskult*** einen ***Anti-Deutsch-Schuldkult*** am Leben zu erhalten und das trotz tausend Jahren vermeintlich ruhmreicher deutscher

Geschichte. Die ***Vogelschiss-Zeit,*** wie die Jahre der nationalsozialistischen Terrorherrschaft mit Bezug auf ein geflügeltes Wort des AfD-Ehrenvorsitzenden Alexander Gauland genannt werden, würden dazu missbraucht, einen ***Demütigungs-*** und ***Masochismuskult*** zu befeuern, der letztlich ein Instrument zur Unterdrückung Deutschlands, ein ***Untenhaltungs-Schuldkult*** sei. Neurechte sind überzeugt, dass die von ihnen als ***Schuldkult-Ersatzreligion*** verächtlich gemachte Erinnerungskultur für die Rechtfertigung rational nicht begründbarer politischer Maßnahmen herhalten muss, etwa für die von ihnen kritisierte uneingeschränkte Solidarität mit Israel, die als ***Israelverehrung*** und ***Israel-Anbeterei*** kritisiert wird. Und sie wenden das Deutungsschema, das die Semantik des Wortes ***Schuldkult*** transportiert, auf weitere Politikbereiche an. Dann stilisieren sie sich zum Opfer eines ***Weißen-*** bzw. ***böser-weißer-Mann-Schuldkultes*** oder behaupten, die Grünen etablierten einen ***Öko-, Umwelt-*** und ***CO2-Schuldkult,*** um durch moralische Erpressung des Volkes Zustimmung für mehr Klimaschutz zu erhalten.

Neurechte kritisieren darüber hinaus, dass zentrale Grundwerte, deren Praktizierung Deutschland zum Schaden gereiche, in ihren Augen nicht mehr rational begründet würden, sondern ihre Verbindlichkeit allein aus den Praktiken einer politischen Religion bezögen. So sei *Toleranz* nicht mehr als ein von ***Toleranzpredigern*** und ***Toleranzoberpriestern*** verkündetes Dogma. Der allgemeine *Gleichheitsgrundsatz* werde von ***Gleichheitsanbetern*** und ***Gleichwürdigkeits-Herbeibetern*** als bloßes Mantra rezitiert. Das Einfordern von *Menschenrechten* sei zu einer ***Menschenrechts-Religion*** verkommen, die nur noch von ***Menschenrechtsaposteln*** und ***Menschenrechts-Hohepriestern*** am Leben erhalten werde. Und auch die Idee der ***Humanität*** sei letztlich nur dazu da, damit sich linke ***Menschlichkeits-Prediger*** selbst erheben und zum ***Humanitäts-Gott*** aufschwingen könnten. Wer auf die Grundwerte der verfassungsmäßigen Ordnung verweist, wird als ***Grundgesetzfanatiker, Verfassungsextremist*** oder ***Grundgesetz-Taliban*** verspottet, der mit seinem unreflektierten Glauben an Grundwerte einer totalitären Herrschaft Vorschub leiste. Hier drängt sich freilich die Frage auf, ob ein Regime, das Toleranz, Gleichheit, Menschenrechte und Humanität über Bord geworfen hat, wie es Neurechte fordern, nicht anfälliger für totalitäre Anmaßungen wäre als ein politisches Gemeinwesen, das sich an diesen Werten orientiert, ganz gleich aus welchen Gründen.

Ein weiteres Signum politischer Religionen ist, dass sie den Menschen vorgaukeln, durch ihre Lehre sei ein sinnhaftes Leben im Hier und Jetzt zu verwirklichen. Ihr Glaubenssystem nämlich will den Menschen weismachen, dass durch ihr persönliches Handeln alles Ungemach von der Erde getilgt werden könne. Neurechte behaupten nun, der Rest der Gesellschaft sei von einem solchen Versprechen auf Selbsterlösung beseelt. Das Perfide an dieser Behauptung ist, dass sie noch so selbstloses Handeln als egoistische Selbsterhöhung, als ***Helfer-Narzissmus*** oder ***Helfer-Syndrom-Autoerotik*** entwertet. Spöttisch sprechen Neurechte von ***Helferkreis-Heiligen,*** die sich mit frommem ***Gutmenscheneifer*** heilsgewiss für das ***Gutmenschenparadies*** qualifizieren wollen. Der so verstandenen ***Gutmenschenreligion*** werfen sie vor, nur die ***Selbstvergottung*** zum Ziel zu haben. Und so tragen die als ***Gutmenschen-Götter*** verhöhnten freiwilligen Helfer, die in rechten Echokammern nur ***BRD-Scheinheilige*** sind, für Neurechte bestenfalls ***Heuchlerheiligenscheine.***

Der letzte Wesenszug politischer Religionen, den neue Rechte an ihren politischen Gegnern zu attestieren versuchen, ist die sektenhafte Grenzziehung zwischen jenen, die dazugehören, und jenen, die ausgeschlossen sind. Da viele ideologische Versatzstücke der Neurechten an Positionen der Mehrheitsgesellschaft nicht anschlussfähig sind, zählen sie sich selbst zu den Ausgeschlossenen und beklagen sich über einen angeblichen ***Ausgrenzungs-*** und ***Dämonisierungskult.*** Ihr argumentativer Kniff besteht nun aber darin, sich selbst zur vernünftigen Mehrheit zu erklären und den gesamten Rest des politischen Spektrums als ***linksextreme Politsekte*** kleinzureden. In dieser Sekte aus ***Sozialismusverehrern, Links-Ideologiegläubigen*** und ***CDU-Sektenanhängern*** wird dem ***Links-*** und ***Marx-Götze*** gehuldigt. ***Grün-*** und ***SPD-Hassprediger*** machen mit ***Zeckenpriestern*** und ***Antifa-Teufeln*** gemeinsame Sache. Diejenigen jedoch, die es gerne etwas ruhiger mögen, finden ihr Seelenheil beim Lauschen von ***„Recht-auf-Faulheit"-Predigern*** und ***Sozen-Rotwein-Hohepriestern.***

Von treuen Systemgläubigen und rechten Ketzern

Statt ***Linksheiligen*** und ***CDU-Scheinheiligen*** zu huldigen und zum Teil der politischen Religion der Bundesrepublik zu werden, gefallen sich Neurechte in der angemaßten Rolle der Häretiker und Ketzer. Als gut informierte ***Mainstream-*** und ***Nachrichten-Ungläubige*** sind sie ***CO2-Ketzer, Erderwärmungsungläubige*** und ***Klimaheiden.*** Als ***Ernährungskätzer*** und ***Öko-Wellness-Esoterik-Skeptiker*** versperren sie sich allen Empfehlungen für eine gesunde Lebensführung und setzen sich als ***Gender-Mainstreaming-Gotteslästerer*** der ***Gutmenschen-*** und ***PC-Inquisition*** aus.

Der religionsbezogene Schimpfwortschatz hat demnach die Funktion, die Bundesrepublik und ihre Gesellschaftsordnung als Ausfluss einer politischen Religion zu kennzeichnen, die, wie in totalitären Regimen üblich, tief in den Alltag jedes Menschen eingreift mit dem Ziel, jede Regung individueller Freiheit zu unterdrücken und zu sanktionieren. Die Anhänger dieser ***Staatsreligion*** werden als ***BRD-Anbeter*** und ***Systemgläubige*** verhöhnt, die ihren ***Regierungs-*** und ***Migrationsgötzen*** in blinder Verehrung ergeben sind. Sie haben sich in den Augen der neuen Rechten einer irrationalen Heilslehre verschrieben, in der Erlösung im Hier und Jetzt durch Selbstaufgabe zu erlangen sei. Entsprechend sei ihr Handeln von keinem Humanitätsgebot motiviert, sondern fließe aus dem Bedürfnis nach narzisstischer Selbsterhöhung. Das Heilsangebot, das der bundesrepublikanische ***Staatsgott*** den ***Humanitäts-*** und ***Demokratiegläubigen*** macht, kann aus neurechter Perspektive der Wirklichkeit nicht standhalten und muss durch ideologische Luftschlösser und Glaubensdoktrinen wie ***Genderhokuspokus, Klimatheologie*** und ***„Nazi"-Schuldkult*** aufrecht erhalten werden. Die so herbeiphantasierte bundesrepublikanische Staatsreligion ist für Neurechte ein Popanz, den ***One-World-Hohepriester, Globalisierungs-*** und ***Umvolkungsteufel*** als ***Selbsthasskult*** begründet haben, um die Abschaffung alles Deutschen voranzutreiben.

Neurechte Religionskritik, für die die Diffamierung des Islam die Blaupause liefert, ist somit ein politisches Projekt, das humanistische und demokratische Grundwerte zur Disposition stellen will. Sie erlaubt es Neurechten, sich angesichts einer vermeintlichen Staatsreligion als aufgeklärte Atheisten zu fühlen. Eine Rolle, die – ins Politische übersetzt – die des Dissidenten in einem totalitären Regime ist.

Die neue Rechte diagnostiziert: Von Gutmenschenpest, Selbstabschaffungsviren und Multikultikrebsgeschwüren

Als der AfD-Vorsitzende Jörg Meuthen 2016 das ***links-rot-grün-verseuchte 68er-Deutschland*** zum Hauptgegner der AfD erklärte und im gleichen Atemzug von einem ***leicht versifften 68er-Deutschland*** sprach, griff er damit eine Formulierung auf, die in rechten Online-Medien schon länger die Runde machte. Was auf den ersten Blick wie ein Kommentar auf die Hygienegewohnheiten von Neulinken erschien, die in neurechten Augen das Erscheinungsbild der ganzen Republik prägen, hat in Wahrheit eine epidemiologische Dimension. Denn der Ausdruck *versifft* hat seine Wurzeln im Wort *Syphilis,* das ebenso einem epidemiologischen Kontext entstammt wie *verseucht.* Indem Jörg Meuthen die gesellschaftlichen Verhältnisse in der Bundesrepublik Deutschland mit dem Bild einer Krankheit beschreibt, beschwört er ganz bestimmte Emotionen, Bewertungs- und Deutungsmuster für diese Verhältnisse herauf.

J. Scharloth, *Hässliche Wörter,*
https://doi.org/10.1007/978-3-662-63502-5_8

Krankheiten nämlich sind etwas Schädliches, das in Bezug auf eine einzelne Person bekämpft und in Bezug auf eine Gesellschaft eingedämmt werden muss. Krankheiten schränken die Funktionen des Körpers ein und können im Extremfall sogar zum Tod ihres Trägers führen. Ohne eindämmende Maßnahmen breiten sich Krankheiten durch ungesteuerte Übertragung aus. Und sie machen Handeln dringend erforderlich, ja verengen den Handlungsspielraum auf eine einzige Alternative. Wer plausibel machen möchte, dass gesellschaftliche Zustände, Ideologien oder Personengruppen schädlich sind und bekämpft werden müssen, der beschreibt sie als Krankheit und sich selbst als Arzt, der über die Mittel zu ihrer Heilung verfügt. Deshalb werden Krankheitsmetaphern besonders von jenen verwendet, die gesellschaftliche Zusammenhänge gerne nach biologischen Gesetzmäßigkeiten erklären wollen. Ein politisches Gemeinwesen ist für sie ein Organismus, ein Staatsvolk verfügt über einen Volkskörper, Ideen können sich wie Viren verbreiten und Minderheiten können als Fremdkörper oder Parasiten schädliche Wirkung entfalten. Und weil die Bedeutung von Krankheiten gesellschaftlich kaum umstritten ist, sind Krankheitsvergleiche eine sichere Ressource beim Verpacken politischer Botschaften und der Plausibilisierung von drastischen politischen Maßnahmen mit vermeintlich therapeutischem Charakter. Krankheitsmetaphern haben daher im politischen Diskurs eine lange Tradition, auch und gerade in Deutschland. Nationalkonservative in der Weimarer Republik nannten die *Demokratie* einen ***Krebsschaden*** und auch in Adolf Hitlers *Mein Kampf* werden der Marxismus und die Juden als ***giftige Geschwüre, Geschwulste*** und als ***Pest*** bezeichnet oder als ***Erreger*** und ***Bazillen*** charakterisiert.

Die krankheitsbezogenen Schimpfwörter der neuen Rechten, die im Folgenden analysiert werden, weisen große Ähnlichkeiten zu diesen antidemokratischen und rassistischen Kampfvokabeln auf. Statt diese Schimpfwörter nun nach jenen Ideologien zu ordnen, die sie entwerten, und nach jenen Personengruppen zu klassifizieren, zu deren Herabsetzung und Ausgrenzung sie benutzt werden, soll im Folgenden ein Weg durch die endemischen Krankheitszuschreibungen geschlagen werden, der besser geeignet ist, die Denkweise der neuen Rechten freizulegen. Wir werden von den unterschiedlichen Krankheitstypen ausgehen, die von Neurechten besonders häufig zur Erweiterung ihres Schmähwortschatzes herangezogen werden. Dabei werden die Krankheiten, die die Neurechten der Gesellschaft attestieren, in die *Internationale statistische Klassifikation der Krankheiten und verwandter Gesundheitsprobleme* (ICD) eingeteilt und nach ihrer Häufigkeit daraufhin befragt, welche Symptome von den Schmähern relevant gesetzt werden. Dies lässt nämlich Rückschlüsse auf das Selbstbild der Neurechten zu, halten sie sich doch für gesund und glauben sich damit im Besitz all jener Eigenschaften, die den Kranken fehlen.

Seltene Krankheitsbilder

Von allen Krankheitstypen am seltensten greifen die Autorinnen und Autoren in rechten Onlinemedien auf die *Krankheiten des Muskel-Skelett-Systems* zurück. Dabei wird insbesondere die Deformation bzw. das Fehlen einzelner Skelettabschnitte zur Kritik an mangelnder Charakterfestigkeit benutzt. Die Krankheit tritt dabei in unterschiedlichen Schweregraden auf, von der ***Rückgraterweichung,*** über das ***Wackelpuddingrückgrat,*** das ***Quallenrückgrat*** bis hin zur ***Rückgratverkümmerung*** und dem Typus des ***Rückgratbefreiten.*** Die Zuschreibung der Krankheit ist demnach eine Reaktion auf enttäuschte

Erwartungen, die mit einer moralischen Selbsterhebung einhergeht. Mangelnde Courage und Kühnheit sind auch Symptome von *Krankheiten des Urogenitalsystems,* die Neurechte als Indizien für nachlassende Virilität und Manneskraft deuten. Auch hier variiert der Schweregrad von einer ***Hodenunterfunktion,*** über den ***Schrumpfhoden*** bis hin zur ***Hoden-*** oder ***Eierlosigkeit.***

Überraschend häufig finden sich in rechten Onlinemedien Diagnosen von *Krankheiten der Haut und der Unterhaut,* darunter auch *Virusinfektionen, die durch Hautläsionen gekennzeichnet sind.* Diese Krankheiten werden besonders an jenen vermeintlichen Patienten diagnostiziert, die Neurechten als überflüssig und verachtenswert erscheinen. Hier ist an erster Stelle das ***Regierungsfurunkel*** zu nennen, das zusammen mit der ***Gutmenschenkrätze*** auftritt, natürlich der ***Gender-Herpes*** und nicht zuletzt der ***Antifanten-Fußpilz.*** Die genannten Krankheiten sind jedoch nicht nur auf die Haut beschränkt, sondern beeinflussen auch die intellektuellen Fähigkeiten ihrer Träger. So leiden nach Auffassung vieler Neurechter Linke an einer hirnzersetzenden ***Rotweingürtelrose,*** an ***Gehirnkrätze/Hirnfraß*** und ***Gehirnherpes.*** Dies verbindet sie mit den *Krankheiten des Verdauungssystems,* die für Neurechte vor allem in einer in der Menge ungedrosselten, in ihrer Qualität aber minderen Aussonderung geistiger Produkte besteht. Sie begegnen rechten Autorinnen und Autoren als ***Gedankendurchfall*** und ***Sprachinkontinenz*** ihrer Gesprächspartner in sozialen Medien. Sie lassen sich weiter unterteilen in ***Gutmenschen-Verbaldurchfall, Linkssozen-Wortdurchfall*** und den ***Twitter-Text-Durchfall.*** Bei Kritik an Tabubrüchen attestieren Neurechte zudem schnell eine ***Empörungsinkontinenz.***

Die *Allergien* bilden eine besondere Klasse von Krankheiten, denn Neurechte diagnostizieren sie vor allem an sich selbst. So wie alte Bekannte, die sich zufällig im Wartezimmer ihres Hausarztes treffen, über ihre Krankheiten sprechen, so versichern sich Neurechte ihrer Leiden an den gegenwärtigen Verhältnissen. Besonders hoch ist die Prävalenz von religionsbezogenen Krankheiten in der Population neurechter Autorinnen und Autoren. Die allgemeine ***Religions-Intoleranz*** tritt oft als ***Islam-Allergie*** zusammen mit ***Scharia-Intoleranz, Muselallergie*** und ***Kopftuchallergie*** auf. Erwartungsgemäß attestieren sich Neurechte häufig auch migrationsbezogene Krankheiten wie bestimmte ***Kultur-Intoleranzen,*** etwa die ***Kuffnuckenallergie*** und die ***Nafriallergie.*** Neben islamophoben und rassistischen Krankheitsbildern verweisen Neurechte nicht ohne stolz auch auf homophobe Symptomatiken, etwa in der Form einer ***Regenbogen-*** und ***Homo-Allergie.*** In politischer Hinsicht leiden die Autorinnen und Autoren rechter Online-Medien häufig an ***Merkel-Allergie*** und ***EU-Intoleranz.*** Und sie weisen eine hochgradige ***Moral-Allergie*** auf, die durch Kontakt mit ***Gutmenschen*** auftritt. Gegen Mitgefühl und Menschlichkeit sind Neurechte durch ihre ***Kinderkulleraugen-Allergie*** immunisiert, auf die sie mit besonderem Stolz verweisen. Ihr politisches Selbstverständnis formulieren manche auch mit dem Krankheitsbild der ***Mainstream-Unverträglichkeit.*** Dem politischen Mainstream diagnostizieren sie nämlich Symptome von ***Nationalfarbenallergie*** und vermeintlicher ***Realitätsunverträglichkeit.*** Und Migrantinnen und Migranten diagnostizieren sie chronische ***Intelligenz-*** und ***Kulturallergie.***

Mit der Diagnose von Unverträglichkeiten und Allergien verorten Neurechte sich selbst und andere im politischen Raum. Politische oder kulturelle Unterschiede führen im Bild der Allergie zu natürlichen und deshalb unvermeidlichen Abwehrreaktionen. Weil allergische

Reaktionen sich gegen von außen kommende Stoffe richten, ziehen Neurechte durch Verweis auf Abwehrreaktionen Grenzen zwischen dem Eigenen und dem Fremden, das als grundsätzlich unverträglich erachtet wird.

Süchte und psychische Störungen

Auch wenn die *Verhaltenssüchte* erst in der kommenden Auflage der *International Classification of Diseases* berücksichtigt werden, soll ihnen hier ein Abschnitt gewidmet werden, da Neurechte in dem, was sie den gesellschaftlichen Mainstream nennen, eine hohe Verbreitung solcher Abhängigkeitserkrankungen ausmachen. Dabei identifizieren sie zwei Hauptstränge von Suchtkrankheiten. Der erste ist die krankhafte Befürwortung von Migration, für die Neurechte die Termini ***Menschensammelsucht, Bereicherungssehnsucht, Experimentiersucht*** oder einfach ***Migrationssucht*** geprägt haben und die oft zusammen mit ***Harmonie-Sucht*** und ***Toleranzsucht*** auftritt. Der zweite Hauptstrang der Abhängigkeitserkrankungen betrifft selbstauferlegte Sensibilitäten, die aus der deutschen Geschichte motiviert werden. Gegenwärtige Ausprägung dieser Abhängigkeitserkrankung ist die ***Political-Correctness-Sucht,*** die mit der ***NS-Aufarbeitungssucht,*** der ***Selbstbezichtigungssucht*** und der ***Erinnerungssucht*** verwandt ist. Beide Krankheitsbilder münden in ***Selbstkasteiungssucht*** und ***Opfer-Sucht,*** die letztlich in ***Gesellschaftszersetzungssucht*** und ***Selbstzerstörungssucht*** gipfeln.

Bei Abhängigkeitserkrankungen handelt es sich um eine Verhaltensstörung, die durch einen starken, nicht mehr kontrollierbaren Konsumdrang charakterisiert ist. Im Verlauf der Suchtausbildung stumpfen die Süchtigen gegenüber der Wirkung ihres Suchtmittels ab und vernachlässigen zunehmend andere Interessen. Trotz nachweislich schädlicher Folgen kann auf die suchtauslösenden Verhaltens- oder Konsummuster nicht mehr verzichtet werden. Toleranz, Willkommenskultur und die Aufarbeitung der deutschen Geschichte werden dadurch, dass sie als Suchtverhalten beschrieben werden, zu etwas Schädlichem umgedeutet. Sie sind in neurechten Augen nicht das Ergebnis wertegeleiteten Handelns, sondern verdanken sich der Irrationalität eines pathologischen Kontrollverlusts. Überlässt man die Süchtigen sich selbst, endet das selbstschädigende Verhalten in der Selbstzerstörung. Eine solche Diagnose macht eine argumentative Auseinandersetzung überflüssig und eröffnet für neurechte Therapeuten völlig neuartige Handlungsoptionen.

Besonders häufig diagnostizieren Neurechte freilich *psychische Störungen,* um politische Einstellungen ihrer Gegner als Ergebnis von Realitätsverlust, Selbstüberschätzung und krankhafter Selbstwidersprüchlichkeit zu diskreditieren. Dass rechte Thesen von vielen für nicht diskursfähig gehalten und vermeintlich harmlose Aussagen von rechten Politikern als Hetze kritisiert werden, gilt den Autorinnen und Autoren rechter Onlinemedien als sicheres Indiz für das Vorliegen von ***Alles-gegen-Rächts-Wahn, Rechtspopulismus-Paranoia, Rassismus-Paranoia*** und ***Anti-Nazi-Wahn.*** Analog behaupten Neurechte, dass sich Debatten über vermeintliche gesellschaftliche Missstände allein der Tatsache verdanken, dass ihre politischen Gegner überall Bedrohungen wahrnähmen, obwohl diese in Wahrheit gar nicht existierten. So diagnostizieren sie Störungsbilder wie die ***Antisemitismusparanoia,*** die ***Diskriminierungsparanoia,*** die ***Minoritätenparanoia,*** die ***Erderwärmungs-Paranoia,*** die ***Klima-Paranoia*** und sogar eine ***Globalisierungsparanoia.***

Erwartungsgemäß attestieren Neurechte besonders häufig Wahnkrankheiten, die von der Migrationspolitik und den ihr zugrundeliegenden Werten ausgelöst werden. Demnach führen der ***Alle-sind-gleich-Wahn*** und der ***Alles-Fremde-ist-gut-Wahn*** zu der in rechten Augen falschen, aber beim Träger der Wahnerkrankung nicht korrigierbaren Überzeugung, dass Zuwanderung eine Bereicherung für eine Gesellschaft darstellen kann. Diese Einschätzung führt bei den Experten neurechter Küchenpsychologie zum Befund des ***Multikulti-Weltumarmungs-Wahns*** bzw. des ***Multikulti-Einwanderungs-Toleranz-Wahns.*** Der daraus resultierende Krankheitskomplex lässt sich nach Schweregraden in den ***Flüchtlings-Willkommen-Wahn,*** den ***Refugee-Liebeswahn,*** den ***Asylschmarotzer-Wahn,*** den ***Einbürgerungswahn*** und den letalen ***Ersatzrassenwahn*** einteilen.

Das Befürworten von Zuwanderung, das in neurechten Augen einem krankhaften Realitätsverlust geschuldet ist, geht für rechte Kommentatoren oft einher mit einer pathologischen Ich-Übersteigerung, dem sogenannten ***Bessermenschen-Wahn,*** der ***Weltrettungs-Egomanie*** und dem ***Nächstenliebegrößenwahn.*** Wie schon bei den Suchterkrankungen bilden Menschen mit diesem Krankheitsbild auch geschichtspolitische Symptome wie den ***Kollektivschuldwahn,*** die ***Vergangenheitsbewältigungsneurose,*** den ***Schuldkultwahn*** oder den ***Holocaust-Wahn*** aus. Diese wiederum führen mehr oder weniger zwangsläufig zu ***Nationalitätsneurose*** und ***Deutschland-Verachtungswahn,*** die sich zu ***Deutschenzwangshasswahn*** und ***BRD-Selbstauslöschungswahn*** steigern können. Die neurechte medizinische Forschung konstruiert hier zudem Zusammenhänge zu sogenannten Tic-Störungen wie dem ***Gutmenschen-Tourette,*** dem ***Hatespeech-Tourette*** und dem ***Schuldkulttourette.*** Damit bezeichnen sie die unwillkürliche Äußerung von im jeweiligen Kontext bedeutungslosen Wörtern, die durch eine Störung des zentralen Nervensystems ausgelöst wird. Kritik wird so als Pathologie abgetan, eine alternative Weltsicht als Realitätsverlust diskreditiert und der persönliche Einsatz für humanitäre Ideale als manische Ichbezogenheit verspottet.

Infektiöse und parasitäre Krankheiten

Während die Wahnerkrankungen vor allem zur Diskreditierung von Personen und ihren Einstellungen verwendet werden, richtet sich die Diagnose *infektiöser und parasitärer Krankheiten* vornehmlich gegen Ideologien und Gruppen, die nicht als Träger von Krankheiten, sondern entweder als die Krankheit selbst oder ihr Erreger dargestellt werden. So schreiben die Epidemiologen der Neurechten gerne von einer ***Links-Grün-Pest,*** die durch den ***Links-Grün-Virus*** übertragen wird, obwohl Pesterreger Bakterien sind. ***Rotgrün-infizierte*** wählen entsprechend die ***Grünverblödete-Einheitsbrei-Pestilenz,*** bei atypischen Krankheitsverläufen machen bei einer Wahl zwischen den ***Pest-Cholera-Parteien*** viele ihr Kreuz auch bei der ***Merkel-CDU-Pest.*** Aber nicht nur das Wahlverhalten, sondern auch die massenhafte Verbreitung von Werthaltungen und Einstellungen, die nicht ins Weltbild der neuen Rechten passen, wird von diesen in der Sprache der Epidemiologie ausbuchstabiert. Menschen, die für das Recht auf Asyl eintreten, sind dann von ***Gutmenschenpest*** oder vom ***Bessermenschen-Virus*** befallen, Migrationsbefürworter leiden am ***Buntheits-*** und ***IslamgehörtzuDeutschland-Virus,*** Kritiker von Hassrede tragen das ***PC-Virus*** in sich oder leiden an der ***Blockwart-Pest.*** Und wer an das Grundrecht auf ein menschenwürdiges Leben erinnert, dem wird eine ***NGO-Menschenrechtspest*** attestiert. Politische Einstellungen und Werthaltungen werden so als schädlich und als Ergebnis ungesteuerter, irrationaler Übertragungen gedeutet. Dass sie auf Einsichten oder rationalen Argumenten beruhen könnten, schließt die epidemiologische Perspektive aus. Es liegt für Neurechte daher nah, auch Religion und Glauben durch die Brille einer infektiösen Krankheit zu deuten. ***Koraninfizierte*** leiden dann an ***Islamtollwut, Kopftuchpest*** oder ***ISlam-Pestilenz,*** wenn sich das ***Allah-Virus*** verbreitet.

Auch Migration wird als das Einsickern einer infektiösen Krankheit beschrieben. Dann ist von ***Flüchtlings-*** oder ***Massenzuwanderungspest*** die Rede und Migrantinnen und Migranten werden als ***Multipest-Träger*** und ***Tollwuthorden*** in Quarantäne gewünscht. Häufig wird auch das Bild der Zombieapokalypse heraufbeschworen, bei der ***Dritte-Welt-*** und ***Invasoren-Zombies*** antreten, die Welt, wie wir sie kennen, zu okkupieren. Im Weltbild der neuen Rechten ist auch die Presse eine infektiöse Krankheit. Bei ***Presse-Pest*** und ***Pestmedien*** fungieren (Falsch-)Informationen als Erreger, die von ***GEZ-Pestigen*** und ***Pestbeulenjournalisten*** übertragen werden. Infektiöse Krankheiten können lebensbedrohend sein. Besonders warnen neurechte Epidemiologen daher vor dem ***Anti-Deutschland-Virus,*** dem ***Selbstabschaffungsvirus*** und dem ***Selbstzerstörungsvirus,*** die das Potenzial haben, uns zu ***Endzombie-Einheitsweltbürgern*** zu machen.

Vom Krebsgeschwür und neuartigen Syndromen

Mit der Diagnostizierung von *Neubildungen* am Staats- oder Volkskörper schreiben sich Neurechte Quacksalber und Kurpfuscher in biologistische und rassistische

Traditionen des Sprachgebrauchs im Nationalsozialismus ein. Sie bezeichnen Geflüchtete als ***Invasoren-Krebs,*** der über den Familiennachzug ***metastasiere.*** Sie nennen deutsche Städte ***islam-verkrebst*** und den Islam ein wucherndes ***Krebsgeschwür.*** Das Eintreten für Frauenrechte ist für Neurechte ein ***Feminismusgeschwür*** und Aktivistinnen sind ***Femastasen.*** Die Regierung betreibt eine ***Krebsgeschwür-Politik,*** in der ***Links-grün-Metastasen*** wuchern, und die Kanzlerin selbst ist ein ***Merkelzellkarzinom.*** Auch in Hitlers *Mein Kampf* ist von ***giftigen Geschwüren*** die Rede, die die Nation anfressen und zersetzen, nur dass er die Krankheitsmetaphern auf Juden und nicht auf Muslime und Migranten anwendete.

Krebs ist das Wuchern bösartigen Gewebes. Gegen Krebs hilft keine sanfte Therapie. Er muss operativ entfernt und durch Tötung der verbleibenden Zellen bekämpft werden. Wer Krebsmetaphern benutzt, um Menschen zu charakterisieren, sehnt sich offenbar nach ähnlich radikalen Maßnahmen und muss sich nicht wundern, mit seinen historischen Vorbildern in einen Topf geworfen zu werden.

Zuletzt sollen noch einige Krankheiten Erwähnung finden, die sich einer Klassifizierung gemäß ICD verschließen, aber dennoch von Neurechten als abnorme Zustände beschrieben werden. So pathologisieren rechte Kommentatoren zum einen die Hilfsbereitschaft in der Mehrheitsgesellschaft als ***Bahnhofsklatschergutmensch-Syndrom, BärchenwerferInnen-Syndrom*** oder ***Mutter-Teresa-Syndrom*** und deuten diesen in ihren Augen pathologischen Altruismus als krankhaftes Bedürfnis nach Bestätigung, nämlich als ***Helfer-Syndrom-Autoerotik*** und ***Selbstvermarktungs-Helfersyndrom.*** Ein weiteres Feld, auf dem Neurechte neuartige Krankheiten konstruieren, ist das der abnormen Verhaltensweisen von Migrantinnen und Migranten. Hier behaupten sie die Existenz eines

Ficki-ficki-Syndroms, eines ***Messer-Asylanten-Tourette-Syndroms*** und eines ***Sudden-Jihad-Syndroms,*** das eine Prävalenz unter männlichen Neubürgern habe. Und natürlich fehlen auch hier nicht die erinnerungspolitischen Krankheiten, namentlich das ***Auschwitzsyndrom,*** das ***Vergangenheitsbewältigungssyndrom,*** das ***Selbstbezichtigungssyndrom*** und das ***Selbsthass-Syndrom,*** die letztlich in ein letales ***Selbstabschaffungssyndrom*** münden.

Krankheitsmetaphern – das zeigen die angeführten Beispiele – sind für Neurechte ein Vehikel der Gesellschaftskritik. Krankheiten des Muskel-Skelett-Systems werden den politischen Gegnern aufgrund mangelnder Prinzipientreue und Charakterstärke attestiert. Mit Hautkrankheiten bezeichnen Neurechte besonders verachtenswerte Gruppen und fruchtlose Kommunikationspraktiken. Mit Allergien zeichnen Neurechte ideologische Trennlinien und stilisieren sie zu grundsätzlichen Unverträglichkeiten in der Logik von Eigenem und Fremdem. Die Diagnostizierung von Verhaltenssüchten führt politisches Handeln der Mehrheitsgesellschaft auf pathologischen Kontrollverlust zurück. Psychische Störungen erklären Werthaltungen und Einstellungen politischer Gegner zum Ergebnis von Realitätsverlust und Wahn. Als infektiöse Krankheiten werden Ideologien oder Menschengruppen bezeichnet, die vorgeblich das gesamte Gemeinwesen existenziell bedrohen, wenn sie nicht eingedämmt werden. Und als Geschwüre werden schließlich Teile der Gesellschaft tituliert, die Neurechte gerne loswerden möchten. Insgesamt entwerfen die Schreiber rechter Onlinemedien durch den inflationären Gebrauch von Krankheitsmetaphern das Bild einer geschwächten, durch und durch morbiden und im Verfall begriffenen Gesellschaft. Sie bedarf dringend eines Arztes, denn viele der von Neurechten diagnostizierten Krankheiten führen zum Tod.

Sich selbst sehen Neurechte in der Rolle des Arztes, des Psychologen und Heilers. Ihre politischen Rezepte sind genau die Medizin, die Staat und Gesellschaft benötigen, um zu gesunden.

Gesellschaften freilich sind nicht krank. Sie werden bestenfalls krank geredet und geschrieben, um die Dringlichkeit drastischer politischer Maßnahmen zu rechtfertigen, ja sie als alternativlos erscheinen zu lassen. Es ist daher die gesündeste Weise des Umgangs mit gesellschaftlichen Problemen, sich so weit wie möglich von metaphorischem Denken zu lösen, statt auf das Schlangenöl von Wunderheilern zu vertrauen.

Der gesunde Menschenverstand: „1+1=2=Nazi" und andere Gleichungen, die nicht aufgehen

Wenn alle Autoritäten als befangen, unredlich und fremdgesteuert entlarvt sind, bleibt nur noch der gesunde Menschenverstand als Quelle der Erkenntnis. Angesichts der zahlreichen ideologischen Krankheiten, die Neurechte ihren politischen Gegnern attestieren, sehen sie sich selbst – und nur sich selbst – im Besitz dieses vermeintlich gesunden Menschenverstands. Den öffentlichen Gebrauch dieses Verstands sehen die Neurechten aber durch das bedroht, was sie als *politische Korrektheit* bezeichnen: Ein Denken, dass nur in politischer Hinsicht korrekt erscheint, gemessen an der neurechten Realität jedoch falsch ist. Dass der Gebrauch des gesunden Menschenverstands und das Aussprechen vermeintlich einfacher Wahrheiten von ihren politischen Gegnern kritisiert wird, ist Neurechten ein Beleg dafür, dass ideologische Weltsichten den Blick auf die Wahrheit verstellen. Seinen sinnhaften Ausdruck findet diese Berufung auf den „gesunden Menschenverstand" in pseudo-mathematischen Gleichungen.

J. Scharloth, *Hässliche Wörter*,
https://doi.org/10.1007/978-3-662-63502-5_9

Von der Überzeugungskraft einfacher Rechenexempel

Am häufigsten zitieren Neurechte die Gleichung ***1+1=2,*** die selbst den schlichtesten Gemütern unter ihren Co-Kommentatoren einleuchtet. Sie wird immer dann verwendet, wenn Aussagen des eigenen politischen Lagers als unmittelbar einsichtig und zwingend charakterisiert werden sollen, die des politischen Gegners hingegen als unlogisch, sinnwidrig und irrational. Aus neurechter Sicht argumentiert der Autor eines Onlinekommentars zu einem Messeranschlag in London überzeugend, wenn er schreibt: „So wie ***1+1=2*** so ist ein Musel auch psychisch krank", um dann der Politik mangelnde Wahrhaftigkeit zu attestieren, weil sie diese einfache Wahrheit nicht zugebe: „Leider will die Politik dieses nicht verifizieren da sie sonst das Land unter Seuchengefahr stellen und alle Infizierten unter Quarantäne festsetzen müsste." Aus neurechter Sicht verschweigt und leugnet die Politik Fakten nicht nur, sie verbreitet auch vernunftwidrige Falschheiten, mit Ausnahme der AfD versteht sich. Wenn die nämlich im Bundestag feststellen würde, 1 plus 1 sei 2, und Merkel behauptete vor den Volksvertretern, 1 plus 1 ergebe 3, dann bekäme die Kanzlerin und nicht die AfD parteiübergreifend Beifall. Das jedenfalls erwarten Neurechte, in deren Code die Gleichung ***1+1=3*** für Aussagen wie „Die Erde ist eine Scheibe", „Schweine können fliegen", „der Schnee ist schwarz und der Ruß weiß" steht, also für Aussagen, die mit der Wirklichkeit unvereinbar oder gar unlogisch sind. So untermauert ein rechter Kommentator seine These von der Unwandelbarkeit von Kulturen mit den Worten, dass auch wenn „die moslemischen und negroiden Gewaltorks sich ganz plötzlich zivilisieren sollten ***(1+1=3)***", sie trotz allem niemals die Berechtigung hätten, „in fremde Länder einzudringen“.

Einfache mathematische Gleichungen werden oft auch dann verwendet, wenn Neurechte sich als Nazis denunziert fühlen. Mit Gleichungen wie ***1+1=Nazi*** oder ***1+1=rassistisch*** stilisieren sie sich zu Opfern diffamierender Zuschreibungen, nur weil sie für alle einsehbare Wahrheiten aussprechen („***1+1=2.*** Sorry, ich weiß, das ist voll Nazi.“). Politische Gegner verfügen aus neurechter Sicht nur über mangelhaftes logisches Denkvermögen, aber bei einigen attestieren sie einen größeren Mangel als bei anderen. So sei die Rechnung ***1+1=3*** „CDU-Mathe“, ***1+1=11*** hingegen „Antifa-Mathe“ und bei *Geisteswissenschaftlern* müsse man mit ***1+1=viele*** rechnen. Auch Parteipräferenzen jenseits der AfD lassen sich mithilfe der Gleichung leicht als Mangel an gesundem Menschenverstand und logischem Denkvermögen deuten. So erklärt ein Forist, warum Beamte, Lehrer und Personen im öffentlichen Dienst grün wählen mit: „Bei denen ist ***1+1=3.***“

Nicht minder populär unter rechten Kommentatoren ist die Gleichung ***2+2=5.*** Mit ihr spielen sie auf George Orwells Roman *1984* an, in dem die Mechanismen totalitärer Herrschaft seziert werden. ***2+2=5*** ist eine Chiffre, die für eine realitätsentkoppelte, unlogische Konstruktion der Wirklichkeit steht, die gleichwohl Gültigkeit haben kann. Sie ist Teil von *Doppeldenk,* das es den Mächtigen erlaubt, je nach politischen Erfordernissen widersprüchliche Wahrheiten für gültig zu erklären, und den Untertanen die Zustimmung zu jeder Politik abzunötigen. Wenn Neurechte die Gleichung ***2+2=5*** benutzen, setzen sie die politischen Verhältnisse in der Bundesrepublik mit denen in Orwells totalitärem Überwachungsstaat Ozeanien gleich. So wurde die Umbenennung des Innenministeriums in *Bundes-*

ministerium des Innern, für Bau und Heimat von einem rechten Kommentator angesichts der Flüchtlingspolitik der Regierung als Ausdruck von Orwell'schem Doppeldenk gedeutet: „2 + 2 = 5, Krieg ist Frieden und Vielfalt ist Heimat". ***Vielfalt ist Heimat*** ist demnach in den Augen des Kommentators eine ebenso falsche Gleichung wie ***2+2=5.*** Ein anderer Kommentator ist der Ansicht, die Anmutung, das Kopftuch (er nennt es despektierlich ***Kopflappen***) als emanzipatorisches Kleidungsstück zu betrachten, sei gleichzusetzen mit der staatlichen Verordnung von ***2+2=5.***

Die Gleichung ***2+2=4*** wird demgegenüber verwendet, um das eigene, vermeintlich einzige realitätskompatible Weltbild gegen fehlgeleitete Ideologien zu verteidigen. Tatsachen wie ***2+2=4*** hielten jeder Revision stand, ideologische Trugbilder wie ***multikulti=gut*** hingegen nicht. Häufig wird die Gleichung auch im Gestus des *Das-wird-man-ja-wohl-noch-sagen-dürfen* verwendet, oft in Kombination mit einem Verweis auf die Nazi-Zeit. Bloß weil die Nazis meinten ***2+2=4,*** sei es deshalb noch lange nicht falsch. Solche Argumente dienen Neurechten dazu, Bestandteile der NS-Ideologie als vermeintlich natürlich gegebene Wahrheiten zu verharmlosen und sich gegen den Vorwurf rechtsextremer Gesinnung zu immunisieren. ***2+2=4*** gelte schließlich selbst dann, wenn Adolf Hitler dem zugestimmt hätte, und an der Richtigkeit der Gleichung ändere sich auch dann nichts, wenn unbestätigten Meldungen zufolge sogar Goebbels Kinder gelernt hätten, dass ***2+2=4*** sei. Meist werden so rassistische Aussagen als einfache, wenn auch tabuisierte Wahrheiten banalisiert. So wundern sich rechte Kommentatoren über die Kritik an Thilo Sarrazin, dass ein Mann „für den 2 + 2 = 4 ist und bleibt und der auch sonst nichts als Fakten, Fakten, Fakten zusammenträgt und vorträgt einen solchen Hass auf sich ziehen kann". Angela

Merkels Einschätzung, dass Sarrazins Thesen „nicht hilfreich" seien, gilt Neurechten als weiterer Beleg dafür, dass in „unserem 1984-Staat 2+2=5 ergeben muss". Und so wird die Gleichung zu einer Chiffre für ein universales *Es-kann-nicht-sein-was-nicht-sein-darf,* das das Denken und Handeln der Eliten in Deutschland präge. Davon betroffen seien insbesondere Aussagen aus dem rechten politischen Spektrum. Wenn die AfD sage, der Himmel sei blau, so ein rechter Kommentator, so habe man dem zu widersprechen und zu sagen, er sei grün. Entsprechend werde von den ***Altparteien*** jeder AfD-Antrag abgelehnt, auch wenn beantragt werde festzustellen, dass ***2+2=4*** ist.

Dass Neurechte kreativer mit Zahlen umgehen können als ihre politischen Gegner, zeigt so manche numerologische Spekulation. Da wird eine Wahlumfrage, in der den Grünen 18 % der Stimmen vorhergesagt werden, mit ***GRÜNE=18 %=6+6+6=666*** kommentiert, versehen mit dem Hinweis, die 666 sei die Zahl des Tieres bzw. des Antichristen aus dem 13. Kapitel der *Offenbarung des Johannes.* Aber auch die der ***Satanisten, Illuminati, Teufelsanbeter, Kinderschänder, Blutsäufer, Menschenopferer, Sexbesessenen, Freimaurer*** und der ***Baal-Shewiken*** aka ***Bolsheviki.*** Und nebenbei: Die Invasion der Alliierten in der Normandie 1944 begann man am 6. Juni. Und zwar exakt um 6 Uhr morgens. Zufall? – Nicht, wenn man rechten Foristen glaubt. Angela Merkel wurde am 22. November 2005 erstmals zur Bundeskanzlerin vereidigt – ein Vorzeichen der kommenden ***Merkel-Diktatur,*** denn ***22+11=33.*** Und damit nicht genug. Merkels 12. Amtsjahr und zugleich das Jahr ihrer zweiten Wiederwahl markiert den endgültigen Übergang Deutschlands in den Totalitarismus, denn ***1984+33=2017.*** Und angesichts repressiv empfundener Coronamaßnahmen finden einige Kommentatoren im Zahlenspiel ***1933+88=2021*** den Beleg dafür, dass Deutschland erneut zu einer faschistischen Diktatur geworden ist. Die *8* nämlich steht für den achten Buchstaben im Alphabet, die *88* für die Initialen des Hitlergrußes.

Die Gleichung als politische Gleichmacherei

Neben simplen numerischen Gleichungen und Fingerübungen in Zahlenmagie finden sich auch verbale Milchmädchenrechnungen im mathematischen Fundus neurechten Argumentierens. Begeben wir uns zuerst auf das Feld der Parteienpolitik. Hier bringen Neurechte ihre Abneigung gegenüber den etablierten Parteien in einfachen Gleichsetzungen zweier Terme zum Ausdruck. Die ***FDP=unwählbar, Grüne – Populismus=Pädophilie,*** die ***SPD=Armut+Schulden+Elend+Ausländergewalt,*** die ***CSU=Wählertäuschung*** und für die *CDU* gilt entweder ***CDU=Establishment*** oder einfach ***CDU=NSDAP.*** Großer Beliebtheit erfreuen sich auch Gleichungen, in denen mehrere etablierte Parteien auf der linken Seite des Gleichheitszeichens addiert werden und ihnen auf der rechten ein negativer Wert zugewiesen wird. Etwa im Fall von ***ROT+GRÜN+SCHWARZ=BRAUN, CDU+SPD+GRÜNE/LINKE= Politikversagen auf ganzer Linie*** oder ***C*DU/SPD/GRÜNE/LINKE/FDP=sinnloses ideologisch bedingtes Leid durch kriminelle illegale Ausländer.*** Mitunter sind es auch ganze Gleichungssysteme, die die Ähnlichkeit zwischen politischen Parteien und Koalitionen beweisen sollen. So gilt ***KPD+SPD=SED.*** Und weil ***SED=PDS=Die Linke,*** folgt für Neurechte schlüssig, dass ***SPD+CDU=DieRotGrünenChristlichsozialistischen*** sind, womit bewiesen ist, dass Deutschland wieder von einer Einheitspartei regiert wird.

Solche Gleichungen setzen in Wahrheit Ungleiches gleich. Sie sind Gleichmachungen, die Ununterscheidbarkeit der Positionen im politischen Spektrum jenseits der AfD suggerieren sollen. Kritik an der großen Koalition lässt sich dann auf die Formel ***SPD + CDU/CSU = alles eine Soße*** bringen. Kritik am gesamten Parteienspektrum wird in der prägnanten und zugleich ironisch-verspielten Gleichung ***Block-CDU + SEPD + LFDP + KPD + DEK* + RKK + *Rothgrüne Armee Fraktion = Volksfront*** verdichtet. Mit mathematischem Genie verpacken Neurechte auch kühne politische Thesen in die Form von Gleichungen wie im Fall von ***KPD + NSDAP = SED-CDU-CSU-FDP-die Linke-die Grünen*** und setzen die politischen Parteien der Bundesrepublik mit Vertretern jener Weltanschauungen gleich, die im 20. Jahrhundert totalitären Diktaturen den Weg bereitet haben. Entsprechend gilt für die etablierten Parteien in neurechter Logik ***Altparteien = peinlich = Volksverräter = Deutschhasser = überflüssig.***

Erwartungsgemäß werden aber besonders linke Parteien Gegenstand herabwürdigender Formeln. Linkssein wird dabei mit nicht weniger als dem Verderben in eins gesetzt, wenn Neurechte vorrechnen, dass **Links = *Fortschritt* + Progressivität + *vorauseilende Evolution = das Ende*** ist. Weniger extrem eingestellte Neurechte unterstellen Linken nur abgrundtiefe Dummheit und ein kriminelles Wesen, indem sie die Gleichungen ***Schwachsinnigkeit + Berufsverbrechertum = Linksgrün*** aufstellen. Auch ihrer zweiten Lieblingsfeindin, Angela Merkel, rechnen Neurechte in pseudo-mathematischen Kalkülen die Folgen ihrer Politik vor. Sie wird für die Ausbreitung des Islam in Europa ***(Merkel + DITIB + Islam + Gutmenschen = EU)*** ebenso verantwortlich gemacht wie für die Opfer von Gewaltkriminalität ***(Mehr-KILL wählen = Leichen zählen)***. Und auch in ihrem politischen

Handeln meinen Neurechte ideologische Spuren von Faschismus und Antifaschismus zugleich zu erkennen, wenn sie vorrechnen, dass ***Merkel + Altparteien = Antifa/Antidemokraten/Nazis*** ergibt. Indirekt wird die *AfD* zur einzigen Merkel-Alternative, wenn mit Blick auf die Grünen gesagt wird ***Merkelüberdrüssigkeit + AfD-Bashing + Medienmacht + Globalistenziele = Grüner (Schein-)Ausweg.*** Daneben benennen Neurechte mathematisch-präzise ihre Sündenböcke ***(Drecks-Antifa + Altparteien + System-Medien = Abfall der Nation)*** oder bringen die Ursachen für den vermeintlich schlechten Zustand unseres Landes auf eine prägnante Formel ***(Frauen + Politik + Medien = shithole country)***.

Kalküle mit Migration und Kriminalität

Auch im Bereich der *Kriminalität* rechnen Neurechte sich die Welt, wie sie ihnen gefällt. Hier gilt ***Bunt + Toleranz + Vielfalt = Gefährlicher Ort*** oder noch prägnanter ***bunt = blutig,*** und so wird Kriminalität durchweg nur als Folge von Migration gedeutet. In der Logik der Neurechten gehen daher die Gleichung ***Mann + Messer = Migrationsvordergrund*** und ihre rassistische Alternative ***Mann + Messer = Merkel-Affen-Mensch*** auf. Kritik an der Justiz, die gegenüber straffälligen Ausländern vermeintlich zu mild ist, kleiden sie in die Formel ***Einen Kulturbonuspunkt für die Krankheit + den verwirrten „Schutzsuchenden"-Status + schwere Kindheit = Bewährung + einen fetten Flachbildschirmfernseher zum Ablenken,*** wobei für Neurechte die Gleichung ***Bewährung = Freispruch*** gilt. Sie lässt sich auch bei der vermeintlichen Milde der Justiz gegenüber Tätern der linken Szene zur Auflösung der Gleichung ***Straftaten mit bis zu 5 Jahren Strafhöchstmaß + linke Gesinnungs-***

täter = Bewährung und/oder ein paar Sozialstunden anwenden.

Erwartungsgemäß ist *Migration* eines der Hauptanwendungsfelder rechter Mathematik. Hier dient sie der prägnanten Ausformulierung rassistischer Stereotype. Demnach gilt für Neurechte die einfache Formel ***Araber = Problem,*** die auch um eine antiislamische Komponente erweitert werden kann und dann ***Araber + Moslem = die schlechteste aller denkbaren Kombinationen*** lautet. Die falsche Behauptung, dass Zuwanderung ausschließlich in die Sozialsysteme erfolge, findet ihren Ausdruck in der Überschlagsrechnung ***Stütze + Kindergeld + Traumageld + Diebstahl + Schulgeld = Flüchtilanteneinkommen.*** Angeblich massenhaften Asylbetrug behaupten Neurechte mit der Gleichung ***Mann – Pass = Syrer.*** In Gleichsetzungsketten zeigen Neurechte, dass sie lieber simplifizieren als differenzieren, indem sie behaupten ***Islam = Dschihad = Islamismus = Faschismus.*** Dies erlaubt ihnen dann perfide Syllogismen wie ***Palästinenser = Moslems = Islamisten.*** Und einige national Gesinnte hoffen auf den *Tag X,* den Tag, an dem es zum Bürgerkrieg kommen wird, gemäß der Formel ***Diversity + Proximity = War.***

Ungleichungen: Durch Mathematik zum Opfer

Dass nicht alle zu diesen Einsichten kommen, liegt aus neurechter Sicht daran, dass die politischen Gegner sich unzulässiger Gleichsetzungen bedienen und dadurch rechte Kritik an gesellschaftlichen Verhältnissen als Nazi-Ideologie diffamieren. Mit anderen Worten: Neurechte werfen ihren Kritikerinnen und Kritikern vor, dieselben argumentativen Methoden zu benutzen wie sie selbst. Eine aus neurechter Sicht völlig unzulässige Gleichsetzung ist beispielsweise ***Islamkritik = Islamhasser = Ausländerfeind = Nazi.*** Und so behaupten Neurechte gern, nicht selbst zu diskriminieren, sondern Opfer von mangelnder Differenzierung und Diskriminierung zu sein, indem sie ihren Gegnern Formeln in den Mund legen wie ***Populismus = Nazipolitik, AFD = NAZI, Rechts = Nazi*** oder gar ***Deutscher = Nazi.*** Auch darüber, dass ihnen jede Kritik an Israel als antisemitisch ausgelegt wird ***(Antizionismus = Antisemitismus),*** mokieren sie sich mit Formeln wie ***Gen + Jude = Rassismus.*** Und sie zeigen in der ironischen Übersteigerung von ***Rechts = Nazi = Gaskammer, Patriotismus = Nationalismus = Holocaust*** und ***Waffen = Rassismus = rächtz = Nazi = Gefahr = Erderwärmung,*** dass ihnen solche Zuschreibungen zunehmend gleichgültig sind.

Die Schuld an der um sich greifenden *Political Correctness* geben die Neurechten ihren politischen Gegnern. Diese würden die Bevölkerung mit einfachen Schemata manipulieren, die sich entlang der Formeln ***links = Gutmensch = richtig*** und ***rechts = böse*** entfalten. Aus ihnen lassen sich verwandte Schemata ableiten, nach denen rechte Positionen immer negativ bewertet würden, linke hingegen immer positiv. Sie lassen sich auf Formeln wie ***antideutsch/sozialistisch = gut*** und ***prodeutsch/bürgerlich = doppelplusungut*** oder ***links = Klimaschutz*** und ***rechts = CO2-Mörder*** bringen oder noch zugespitzter auf die Gleichsetzungsketten ***Linke = friedlich = demokratisch = Meinungsfreiheit = Aktivisten = tolle Menschen*** und ***konservativ = rechts = rechtspopulistisch = rechtsextrem = rechtsextremistisch = rechtsterroristisch.***

Analog zu dieser Kritik an der herrschenden Semantik, nach der sie selbst die Prügelknaben der Nation sind, behaupten Neurechte, Deutsche und insbesondere deutsche Männer würden überall benachteiligt. So stellen sie Vergleichsrechnungen an, mit denen sie die doppelten Maßstäbe belegen wollen, nach denen in der bundesrepublikanischen Gesellschaft angeblich gemessen wird. Bei Verbrechen gelte beispielsweise ***Deutscher + Kratzer = Mord*** während bei Flüchtlingen das Kalkül ***Goldstück + Stichwunde inklusive Entnahme der Milz = Körperverletzung mit starker Tendenz zu einem unglücklichen selbstverschuldeten Missgeschick*** zur Anwendung komme, womit Neurechte die Blindheit der Justiz gegenüber Gewaltverbrechen von Asylbewerbern behaupten. Apologetisch gegenüber Migranten sei aber auch die Gesellschaft, in der einerseits gelte ***Minusdeutscher murkst Plusdeutschen ab = rassistisches Gewaltverbrechen im Geiste des Nationalsozialismus,*** wobei Zugewanderte als ***Plusdeutsche*** bezeichnet werden, andererseits aber die Gleichung gelte ***Plusdeutscher murkst Minusdeutschen ab = Schrei nach Hilfe und Anerkennung eines Benachteiligten.*** Auch beklagen Neurechte die Scheinheiligkeit von Frauen, denen sie unterstellen, Männer nach der Logik ***Südländer-Männer = „süüß“*** und ***Weißer = „Sexist“*** nach unterschiedlichen Maßstäben zu beurteilen. Zudem gerieten nicht-migrantische Männer gemäß der Gleichung ***weißer Mann mit schiefem Geschau = Sexualstraftäter = Anmache = Vergewaltigung*** leicht unter Verdacht, sexualisierte Gewalt auszuüben, während man bei sexueller Belästigung durch People of Color großzügig von einem kulturellen Missverständnis ausgehe ***(dunkler Mann holt sich „stinky fingers“ = Kulturirrtum = nothing)***.

Diese Vergleichsrechnungen sollen belegen, dass Deutsche in ihrem eigenen Land nicht mehr das Sagen haben, dass Migranten überall bevorzugt werden und weiße Männer grundlos zum Sinnbild von Sexismus geworden sind. Diese vermeintliche Diskriminierung gegenüber Deutschen interpretieren Neurechte als ein Indiz für eine umfassende *Umerziehung*, die jede Besinnung auf patriotische Werte diskreditiere. In der Logik der Linken gelte ***Kultur, Brauchtum, Tradition = Nation = Nazi = Rächz = Scheiße.*** Und jeder harmlose Bezug auf Deutschsein werden als diskriminierend ***(Feiern mit deutscher Fahne = Ausgrenzung = Nationalismus)*** oder gar als rassistisch ***(Eiche = doitscher Rassismus und Militarismus)*** denunziert. Kritik sei nicht mehr möglich ***(Kritik äußern = Hassrede),*** ja das Aussprechen der Wahrheit werde untersagt ***(Wahrheit sagen = Hassrede)***. Das Ziel dieser Umerziehung bringen sie auf die Formel ***dekadent + feige + wehrlos + strunzdoof = Deutscher.***

Wer aber ist verantwortlich für diese Umerziehung? Auch hierfür haben die neuen Rechten ein paar knappe Gleichungen, in die sie ihre Verschwörungsmythen pressen. Zunächst sind es natürlich die staatlichen Medien, die gemäß der Gleichung ***Media controll = Mind controll = Gehirnwäsche = Manipulation*** einen umfassenden Verblendungszusammenhang schaffen, der es dunklen Mächten ermöglicht, an der Abschaffung des deutschen Volkes zu arbeiten. Doch wer sind diese dunklen Mächte? Hierauf antworten Neurechte abstrakt-analytisch mit ***Links + Finanzkapital = Multikulti + Globalisierung,*** wobei *Globalisierung* ersetzt werden kann durch einen der Terme der Gleichsetzungskette ***Globalisierung = US-Alleinherrschaft = NWO = Bunte, kulturelle und vielfältige Kulturbereicherung.*** Den wahren Drahtzieher freilich erkennt nur der, der die Formel ***Amerika = Soros*** in das Gleichungssystem einführt. Für Neurechte nämlich ist *George Soros* der Anführer und Lenker der ***Masseninvasion, Internationalsozialist,*** ja der ***Teufel in Menschengestalt.*** Und wer sich wundert, was Soros mit Deutschland zu tun hat, dem wird die Formel ***Soros = Merkel (Open Society Institute) + Özdemir (European Council of Foreign Relations)*** Erleuchtung bringen. Um dieses Gleichungssystem zu lösen, muss man tief in den Kaninchenbau der Verschwörungserzählungen hinabgefallen sein, in dem alles mit allem zusammenhängt und am Ende alles in einem Punkt konvergiert: ***Scheindemokratie Diktaturausbau EUdssr = links Internationale Sozialisten Rassenvermischung Grüne SPD SED-linke CDU-FdJ-Merkel US-Demokraten Femen Antifa Bilderberg NGOs = Links-Faschismus + Islamfaschismus = Feinde der alten Demokratie = New World Order.*** Alles ist eins.

Gleichungen, die nicht aufgehen

Stellt man die Gleichungen auf den mathematischen Prüfstand, dann zeigen sich schnell Schwächen in der neurechten Rechenkunst. Eine Gleichung wie ***MERKEL + UMVOLKUNG = RASSISMUS + GENOZID*** lässt sich nach ***MERKEL = RASSISMUS + GENOZID – UMVOLKUNG*** umformen, ergibt dann aber noch nicht einmal vor dem verschwörungsmythisch-bizarren ideologischen Horizont der neuen Rechten einen Sinn. Oder nehmen wir die Gleichung ***Analphabet – Ausbildung = Fachkraft.*** Sie lässt sich nach *Analphabet* durch Addition von *Ausbildung* auflösen. Sie lautet dann ***Analphabet = Fachkraft + Ausbildung,*** verliert jedoch durch die Umstellung ihre zynisch-kritische Dimension. Solche Gleichungen gehen nicht auf, weil neue Rechte eben keine allgemeinen Gesetze von universaler Gültigkeit beschreiben, also Identitätsgleichungen aufstellen. Sie formulieren vielmehr sogenannte Definitionsgleichungen, also Gleichungen, die einen Sachverhalt erst bestimmen. Ihre Gleichungen sind Medien der Wirklichkeitskonstruktion. Wie im Lied der von ihnen als anarchistisch-linksverdächtig eingestuften Pippi Langstrumpf rechnen sich Neurechte die Welt, wie sie ihnen gefällt. Zweimal drei macht vier, widdewiddewitt und drei macht neune.

Und so sehnen sich Neurechte in ihren pseudomathematischen Konstrukten in eine Welt zurück, in der ***Vater*** + ***Mutter*** = ***Kind*** ergibt, ***national*** + ***sozial*** = ***okay*** ist und die trotzige Gleichung ***Negerkuss*** = ***Negerkuss*** gilt, was auch immer damit gemeint sein mag.

Wie Neurechte ihre Schimpfwörter machen 2: Verfremdung, Kontamination, Komposition

Im ersten Teil haben wir die Neurechten bereits als Sprachhandwerker kennengelernt, die aus harmlosen Wortkörpern durch gezielte Veränderungen und Hinzufügungen Schimpfwörter und Schmähausdrücke schaffen. Damit ist aber das Repertoire filigraner und brachialer Techniken der Herstellung von Wortinstrumenten zur Herabsetzung und Ausgrenzung noch nicht erschöpft.

Gegen Presse, Politiker und Fremde mit sprachlichen Verfremdungen

Oft bilden Neurechte Schmähwörter auch, indem sie Buchstaben oder Silben verändern oder hinzufügen, etwa wenn der Name der *heute-Journal*-Sprecherin *Marietta Slomka* in ***Marionetta Slomka*** abgewandelt wird. Ein so verfremdetes Wort bewertet dann das Referenzobjekt oder schreibt ihm negative Eigenschaften zu. Im Fall Slomkas

J. Scharloth, *Hässliche Wörter,*
https://doi.org/10.1007/978-3-662-63502-5_10

wird mit dem veränderten Vornamen die vermeintliche Gelenktheit der Fernsehjournalistin im Besonderen und der gesamten öffentlich-rechtlichen Medien behauptet. Namen werden von Neurechten besonders häufig verfremdet, allerdings nicht immer mit gesellschaftskritischer Absicht. Oft zielen die Schmähvokabeln einfach auf die Person, etwa wenn *Marietta Slomka* als ***Slomkäs*** oder ***Slumka*** bezeichnet oder die ehemalige SPD-Vorsitzende *Andrea Nahles* als ***A-Nahles*** bepöbelt wird. Bisweilen tritt zur Schmähung auch die Lust am Wortspiel, etwa wenn *Annegret Kramp-Karrenbauer* als ***Annekröt Krampf-Narrenbauer*** oder ***ArXXXkrampe-Karrenklau*** verunglimpft wird. Besonders häufiges Ziel von Schmähungen durch Namensverfremdung ist *Angela Merkel,* deren Name in ***Angela Ferkel*** zu einer Tierbezeichnung wird, die als ***Merkerl*** defeminisiert wird und der in Bezeichnungen wie ***Merkill*** oder gar ***Mehrkill*** die Verantwortung für die Kriminalität unter Zuwanderern zugeschrieben wird. Nicht selten werden Namen auch rassistisch verfremdet. So wird der ehemalige amerikanische Präsident *Barack Obama* wegen seiner Hautfarbe und wegen seiner vermeintlich nichtamerikanischen Herkunft als ***Baracke Obamba, OBanana*** und ***Obimbo*** rassistisch diffamiert.

Verfremdungen von Namen werden also dazu benutzt, vermeintlich definierende Aspekte im Handeln oder im Charakter von Personen des öffentlichen Lebens hervorzuheben. Doch nicht nur Namen sind das Ziel von Verfremdungen. Sie werden auf Ausdrücke aus allen Gesellschaftsbereichen angewendet. In Kommentaren zur Migration ist vom ***Mitwürger,*** vom ***Mordlem,*** vom ***Muhammeldaner*** und ***Vergewohltätigungen*** durch eben jene die Rede. Zentrale Institutionen der bundesdeutschen ***Dämokratie, Deppokratie, Dummokratie, Dhimmikratie*** sind den Neurechten die ***Reagierung,*** der ***Buntespräsident,*** die ***Volkszertreter*** im ***Buntestag*** und das ***Grunzgesetzgericht.*** Als ***Leidmedien*** gelten die Sender ***NDDR, MDDR*** und ***Kindymedia*** (manchmal auch schlicht ***Kinderanal***) und Nachrichtenplattformen wie die ***Huffington-Pest, T-Onleid,*** der ***Locus,*** der ***General-Verschweiger*** aus Bonn und der ***Tageslügel*** aus Berlin.

Verfremdet im doppelten Sinn werden Wörter auch dadurch, dass man in sie Pseudo-Interferenzen mit Sprachen von Migranten einbaut. Für das Türkische beispielsweise ein ***ü,*** oft um zu unterstellen, dass das Referenzobjekt nicht mehr deutsch, sondern bereits türkisiert ist. So sind in neurechten Augen lebensweltliche Orte wie der ***Süpermürkt*** oder das ***Üktübürfüst,*** Städte und Stadtteile wie ***Düsbürgük*** und ***Bürlün-Krüzbürg,*** ja die ganze ***Büntesrepüblük*** durch ***Angüla Mürküls*** Migrationspolitik zum Opfer von ***Moslemünkültür*** geworden. Solche in der Sprachwissenschaft *Xenismen* genannten Ausdrücke, finden sich kaum für andere Sprachen. Lediglich slawisch anmutende Endsilben in Namen wie ***Slomkaw(b)itsch, Merkolowitsch*** oder ***Merkelowa*** und ***Dummschwätzski*** oder ***Doppeldummname-Strohdummski*** für die Kolumnistin *Margarete Stokowski.*

Gegen Mischung mit sprachlichen Kontaminationen

Eine spezielle Form der Verfremdung von Wörtern ist die *Kontamination.* Damit bezeichnen Sprachwissenschaftler die Verschmelzung zweier Wortkörper. Wenn Neurechte Wörter zu neuen Schmähwörtern amalgamieren, dann referiert eines auf eine Person, eine Gruppe oder einen Sachverhalt, der von ihnen abgelehnt wird, das andere hat eine negative Bedeutung, die auf den Inhalt des ersten Wortes übertragen werden soll. So wird das abwertende Wort *Halunke* dazu benutzt, andere Wörter wie *Journalist* oder *Asylant* zu kontaminieren, wodurch Neuschöpfungen wie ***Journalunke*** (auch ***Lügen-Journalunke, Drecks-Journalunke*** oder ***Reichstags-Regierungs-Qualitäts-Propaganda-Journalunke***) und ***Asylunke*** entstehen. Analog wird das Schimpfwort *Lump* dazu eingesetzt, Wörter wie ***Journalump*** und ***Asylump*** zu formen. Auch *Demagoge* ist eine beliebte Vokabel, mit der das Wort *Journalist* zu ***Journagoge*** verschmolzen wird. Mit abwertenden Adjektiven wird der Wortbestandteil ***agoge*** (Führer, Leiter) von *Pädagoge* zu ***Blödagoge*** oder ***Dummagoge*** verschmolzen.

Natürlich wird dieses Wortbildungsmittel von Neurechten auch zur Herabwürdigung anderer ethnischer Gruppen eingesetzt. So begegnet man auf neurechten Nachrichtenseiten und Blogs ***Paläostinensern, Saudumm-Arabiern, Affrikanern*** oder ***Affghanen.*** Kontaminationen mit *Schädlingen* aus dem Tierreich haben ebenfalls Konjunktur, besonders solche mit dem Wort *Ratte.* So fallen häufiger die Wörter ***Migratte*** und ***Integratte,*** wenn von Zuwanderern die Rede ist, oder die Ausdrücke ***Demokratten, Pseudodemokratten, Sozialdemokratten, Christdemokratten*** oder ***Piratten,*** wenn Nicht-AfD-Politiker zum Thema werden. Auch ***Bürokratten*** und die offenbar unvermeidlichen ***Journaratten*** finden sich im neurechten Schmähwortvorrat.

Mit Wortmischungen werden häufig auch *Feministinnen* verhöhnt. Wegen des gesellschaftlichen Schadens, den sie vermeintlich anrichten, werden sie von Neurechten mit Krebsgeschwüren gleichgesetzt und als ***Femastasen*** bezeichnet. Auch wird feministisches Denken mit *faschistischer Ideologie* gleichgesetzt, was zu Bezeichnungen wie ***Femischist*** führt. Neurechte

Ängste vor einer Totalherrschaft der Frau werden in Bezeichnungen wie ***Feminat*** gegossen und jene, die für die Gleichstellung von Mann und Frau eintreten, werden folgerichtig als ***Feminatsi*** oder ***Feminazi*** betitelt.

Beliebtes Ziel für Kontaminationen sind schließlich auch die Namen von *Fernsehmoderatoren.* Der Nachname von *Sandra Maischberger* wird dann zu ***Kreischberger,*** *Jakob Augstein* wird zu Jakob ***Augschwein*** und *Jan Böhmermann* zu ***Böhmerdepp, Böhmeridiot, Böhmersau*** oder ***Böhmerlaus.***

Wörter werden auch dadurch um herabwürdigende Lesarten angereichert, dass Buchstaben oder Silben in Klammern ergänzt werden. Aus *Hannover* wird dann eine ***Messe(r)-Stadt,*** aus der *Europäischen Union* die ***EU(dSSR)*** und aus *Geflüchteten* werden ***Sch(m)utzsuchende.*** Die politischen Gegner der Neurechten sind im Medium dieser Wortbildungsstrategie die ***S(E)PD, Rot(z)grüne, Atlantikb(r)ücklinge, International(sozial)isten, Volksver(t)räter*** und anderes ***Politgesch(m)ei$$.*** In der ***degen(d)erierten Regierungsk(l)oalition*** herrscht eine ***Refugees-welcome-(un)Kultur*** und zu viel ***Tol(l)eranz*** gegenüber ***K(l)oran-Hörigen.*** Gerne werden auch Namen von Politikern mit Hilfe von eingeklammerten Buchstaben um eine Lesart erweitert. Die ehemalige Verteidigungsministerin *Ursula von der Leyen* wird dann zu ***Flinten(m)uschi,*** Regierungssprecher *Steffen Seibert* zu ***Steffen S(p)eibert,*** *Claudia Roth* zu ***Claudia Rot(z)h*** und der ehemalige Bundespräsident wird zum ***Gau(c)kler.***

Kurzwörter

Besonders viel Kreativität investieren Neurechte in das Auflösen von Kurzwörtern. So wird das Akronym *CDU* gerne zu ***C(haotisch)D(ebile)U(ndemokraten)***, die *FDP* ist eine

F(ast)D(rei)P(rozent)-Partei und die *SPD* ist für Neurechte die ***S(charia)P(artei)D(eutschland)***. Auch von den Akronymen der Rundfunkanstalten fühlen sich Neurechte zu Verballhornungen eingeladen. Der *WDR* gerät dann zum ***W(elt)D(emenz)R(undfunk)***, der *RBB* zum ***R(estlos) B(escheuert)B(erlin)*** und das *ZDF* zum ***Z(ottel)D(eppen) F(ernsehen)***, zum ***Z(entralen)D(himmi)F(ernguck)*** und zum ***Z(entralen)D(esinformations)F(ernsehen)***.

Umgekehrt schaffen Neurechte aber auch eigene abwertende Kurzwörter oder benutzen gerne solche, die ihrer ausländerfeindlichen Agenda förderlich erscheinen. Hierzu zählen Ausdrücke wie ***Nafri,*** das sich entweder neutral als *Nordafrikaner* auflösen lässt, aber längst durch die Ausbuchstabierung als *Nordafrikanischer Intensivtäter* eine negative Bedeutung hat. Beliebt sind auch die Ausdrücke ***Mufl*** für *minderjähriger unbegleiteter Flüchtling* und ***MiHiGru*** als Kurzwort für *Migrationshintergrund,* das allerdings von Neurechten nicht für eine Familiengeschichte mit Migrationserfahrung steht, sondern für die Person, die solche Erfahrungen hat. Für Medienschaffende werden verwandte Kurzwörter wie ***KoMiMigra*** (Kolumnistin mit Migrationshintergrund) gebildet.

Als allgemeine Bezeichnung für Migranten hat sich in Anspielung an die tumben gewaltaffinen Wesen aus der Herr-der-Ringe-Saga auch die Bezeichnung ***Orks*** in neurechten Foren und News-Seiten eingebürgert, was von einigen als Kurzwort für ***Offensiv-Rechtsbeugende Kriminelle Schutzsuchende*** ausbuchstabiert wird. Flüchtlinge werden dann als ***Merkel-O.R.K.S*** bezeichnet und muslimische Frauen als ***Ork-Biowaffen.*** Wer sich solchen Kategorisierungen verweigert, ist für Neurechte ein ***BuStaBra,*** ein Bunt-statt-Brauner. Auch die Politik bleibt von Kurzwortbildungen nicht verschont. In Anlehnung an die schon seit den 1930er bzw. 1960er Jahren populären satirischen Bezeichnungen *GröFaZ (Größter Feldherr aller Zeiten)* für Adolf Hitler und *GröVaZ (Größter Verleger aller Zeiten)* für Axel Springer wird Angela Merkel als ***GröKaZ,*** als ***Größte Kanzlerin aller Zeiten*** bezeichnet. Und die Grünen werden als ***KiFiPartei*** beschimpft, als ***Kinderficker-Partei.***

Von sprachlicher Kammermusik und Wortsinfonien

Die bei weitem produktivste Methode der Neubildung von Wörtern in der deutschen Sprache ist die Kombination von bereits existierenden Wörtern, ein Verfahren, das man in der Sprachwissenschaft als *Komposition* bezeichnet. Dieser Wortbildungsmethode verdanken wir auch die meisten Schmähwörter der neuen Rechten. Bei solchen zusammengesetzten Schmähwörtern ist es meist so, dass der erste Wortbestandteil die Bedeutung des zweiten näher bestimmt, wie etwa im Fall der Wörter ***Lügenpresse, Pinocciopresse*** und ***Manipulationspresse.*** Natürlich können auch Adjektive benutzt werden, um neue Schmähwörter zu bilden, beispielsweise ***Buntpresse, Blödpresse*** oder ***Linkspresse,*** ebenso wie Verben, was dann zu Ausdrücken wie ***Kotzpresse, Kriechpresse*** oder ***Hetzpresse*** führt. Es gibt aber auch zusammengesetzte Wörter, die aus einer Reihung ähnlicher Wörter bestehen. Auch hierfür finden sich viele Beispiele im rechten Schimpfwörterbuch. Neurechte reihen Ausdrücke zur politischen Orientierung und abwertende Adjektive zu ***dumm-rot-links-grün,*** stellen mit Ausdrücken wie ***multi-kulti-ficki-ficki*** sprachlich einen Zusammenhang zwischen Gesellschaftskonzepten und Sexualdelikten her, ziehen Gruppenzugehörigkeiten zu einem Ausdruck wie ***islamisch-türkisch-afrikanisch-***

afghanisch zusammen und konstruieren so Gemeinsamkeiten oder nennen alle von ihnen verachteten ***Altparteien*** in einem Atemzug ***C*DUSPDCSUFDPLinkeBürgerkrieg90/DiePädophilen,*** um ihre Ununterscheidbarkeit zu betonen.

Die Vielfalt der Mehrwort-Kompositionen kennt kaum Grenzen, auch deshalb, weil sie mit anderen Wortbildungstechniken kombiniert wird. Hier findet sich lexikalische Kammermusik, in der vielfältige Themen zu hochartifiziellen Bedeutungskompositionen verdichtet werden. Etwa im Wort ***Strunzbuntland,*** in dem ethnische Vielfalt *(bunt),* Dummheit *(strunzdumm)* und Deutschland *(Buntland)* enggeführt werden. Oder im Wort ***aRAFat-aNahles,*** in dem *Andrea Nahles* (deren Name klanglich zu *anal* verunglimpft wird) eine ideologische Nähe zu dem früheren Palästinenser-Führer *Jassir Arafat* unterstellt wird, den sie 1996 getroffen hatte, und an dem wiederum seine Verbindung zur deutschen *Roten Armee Fraktion (RAF)* hervorgehoben wird. Oder der Ausdruck ***SSozial(ismus)kundelehrer,*** der unterstellt, bei den Bezeichneten handele es sich um Vermittler sozialistischen Gedankenguts *(Sozialismuskunde),* das wiederum mit nationalsozialistischer Ideologie *(SS)* gleichgesetzt wird. Oder der Ausdruck ***SEXno(r)MADENfamilie,*** mit dem Flüchtlingen aus Nordafrika *(Nomaden)* unterstellt wird, sie seien Schädlinge oder Parasiten *(Maden),* für die es die *Norm* sei, ihren Wirt mit erzwungenem Sex *(Sexmaden)* auszubeuten. Oder die Bezeichnung ***Buntstift-Außen-MinisterIx*** für Heiko Maas, dem offenbar aufgrund seiner geringen Körpergröße Kindlichkeit *(Buntstift),* Unerfahrenheit (*Stift* als Synonym für Auszubildender), Unmännlichkeit (Feminisierung durch Genderschreibung *Ix*) und eine deutschenfeindliche Haltung *(bunt)* angedichtet wird. Wer den Gehalt dieser Kompositionen in Gänze auskosten will, muss lange in neurechten

Online-Gemeinschaften unterwegs gewesen sein, viele Verschwörungstheorien kennen und sich so zur Kennerschaft jener Codes hochgearbeitet haben, die eine Teilnahme an rechten Diskursen überhaupt erst ermöglichen.

Neben diesen kleinen Formen finden sich auf neurechten Plattformen aber auch wahre Wortsinfonien, die kunstvolle Variationen über ein Thema enthalten wie das Wort ***Schwule-Lesben-Transgender-Kinderficken-Früsexualisierung-Genderisierung-JedeWeiterBescheuerteMinderheit-UndNatürlichMoslemfreundlich.*** In ihm werden mehrere (vermeintliche) soziale Phänomene aneinandergereiht, von denen Neurechte überzeugt sind, dass sie Menschen, die sie für links halten, befürworten. Gleichzeitig wird den genannten Phänomenen durch ihre Reihung eine gemeinsame ideologische Basis unterstellt, die dadurch, dass sie Sympathie für Pädosexualität einschließt, skandalisiert wird. In gleicher Manier werden im Wort ***Pädoterror-ziegenundkinderficker-frauernvergewaltigerund-gliedmassenabschneider*** solche Eigenschaften zusammengetragen, die Neurechte für typisch muslimisch halten. Und auch wenn Neurechte die christlich-jüdische Kultur Europas allen anderen Kulturen als überlegen erachten, so halten sie diese Kultur inzwischen für degeneriert, wenn sie Europa als ***Swingerklub-Love-Parade-Jesus-ist-schwul-Theaterstück-serielle-Monogamie-Frauen-sind-das-starke-Geschlecht-Patchworkfamilie-Europa*** bezeichnen. Auch Deutschland wird durch Reihung mehrerer neurechter Projektionen als ***buntsozialistisch-gender-multikulti-lala-demokratur-Schland*** verunglimpft. Und die Quadriga der politischen Talkshows im deutschen Fernsehen wird als ***Kreischberger-Willnicht-Blaszwerg-Illness-Eintopf*** verballhornt.

Neben Kompositionen, die ein Thema variieren und die gereihten Phänomene als Wirkung einer ihnen zugrundeliegenden abwegigen und schädlichen Ideologie charakterisieren, gibt es auch sinfonische Dichtungen, in denen ganze Erzählungen in ein einzelnes Wort konzentriert werden. Beispielsweise im Wort ***„Ich-reise-um-die-halbe-Welt-durch-zig-sichere-Länder-zielgerichtet-in-das-Land-mit-dem-besten-Sozialsystem"-Flüchtlinge,*** das die vermeintlichen Beweggründe von Schutzsuchenden in Deutschland zu einer kompakten Geschichte verdichtet. Oder das Wort ***Barcelona-Brüssel-Paris-London-Berlin-Stockholm-Helsinki-Ansbach-Nizza-Madrid,*** das die Orte islamistischen Terrors in Europa chronologisch anordnet. Auch für *Angela Merkel* findet sich mit ***Staasihaasimausishuggardaddydoktorvater-Aktenverschwindemirnixdirnix„niemandem-geschadet"klüngelwaschmichhier-waschmichda-Händchen*** ein solches Wortungetüm, das die in rechten Kreisen oft kolportierte Stasivergangenheit der Bundeskanzlerin komprimiert. Es finden sich auch Wortsinfonien, die Presseberichte, in denen Flüchtlinge in ein positives Licht gerückt werden, als Lügen darstellen wollen. Dies ist der Fall beim Wort ***Flüchtling-Findet-Gefüllte-Geldbörse-Und-Gibt-Sie-Dem-Eigentümer-Zurück-Aktion,*** das auch als ***Flüchtling-findet-Portemonnaie-mit-Tausenden-Euro-Bargeld-und-gibt-es-ab-Fake-News,*** als auf den Kern des Geschehens konzentriertes ***Flüchtling-findet-XY*** oder satirisch als ***Flüchtling-in-Berlin-findet-Bernsteinzimmer-und-gibt-es-bei-der-Polizei-ab*** vorkommt.

Mitunter verdichten sich in Komposita auch komplexe neurechte Welterklärungen. So findet die Ansicht, Deutschland nehme deshalb Flüchtlinge auf, weil es sich von der Schuld der Naziverbrechen reinwaschen wolle, in dem Wort ***Multi-Kulti-Heil-den-Flutlingen-Selbsthass-ist-unsere-***

Erlösung-von-dem-phösen-Nazi-Deutschland ihren sinnhaften Ausdruck. Die Kritik an dieser Haltung wird in den abwertenden Ausdrücken ***Flutling,*** der Flüchtlinge als Naturkatastrophe darstellt, ***Heil,*** das eine pseudo-religiöse Verehrung unterstellt, und ***phöse,*** das als Anspielung auf eine Monty-Python-Persiflage die ausschließliche Bösartigkeit *Nazi-Deutschlands* relativiert, sichtbar. Auch die Gleichsetzung von Islam und Islamismus wird im Wort ***Betroffenheits-Zusammenrück-Einzelfall-Je-suis-xxx-Hat-Nichts-mit-yyy-zu-tun-Orgie*** verdichtet, das zugleich die vermeintliche Heuchelei der Mehrheitsgesellschaft anklagt. Kürzer, aber nicht weniger gesättigt mit neurechter Ideologie, ist der Ausdruck ***Islamisierungsgebärapparat*** für *muslimische Frauen.* Er führt das Phantasma des Bevölkerungsaustauschs ***(Islamisierung)*** mit einer entmenschlichenden Beschreibung der vorgeblichen Funktion von Frauen im Islam ***(Gebärapparat)*** zusammen.

Oft werden Komposita auch zur Steigerung der Ausdrucksintensität gebildet, indem Neurechte verstärkende Adverbien und Absolutheit kodierende Endungen mit Hochwertwörtern kombinieren. Aus *Moral* wird dann ***Moralismus, Hochmoral, Hochmoralismus, Obermoral, Höchstmoral, Supermoral, Supermoralismus, Hypermoral*** bis hin zum ***Hypermoralismus,*** der die Politik beherrsche. Ein weiteres Beispiel: Statt einfach nur von *Medien* sprechen Neurechte ironisch gerne von ***Top-Medien, Supermedien, Hypermedien, Bestmedien, Qualitätsmedien, Qualitätskonzernmedien, QualitätsTradeMarkmedien, Qualitäts-Wahrheitsmedien, Hochqualitätsmedien, Nichtlügen-Hochqualitätsmedien, Mainstream-Hochqualitäts-Nichtlügen-Medien, Elite-Qualitätsmedien, Superhochqualitätsmedien*** oder gar ***Superhochqualitätsunfehlbarkeitsmedien.***

Neben der ironischen Übersteigerung haben solche Wortkolosse eine weitere Funktion: Sie binden die allzu disparaten ideologischen Enden der Neurechten zusammen, in deren Gedankenwelt Gender-Mainstreaming, Zuwanderung von Muslimen, Gedenken an die Opfer des Nationalsozialismus, Kritik an Hassrede, die GEZ-Gebühren und der Klimaschutz am Ende allesamt das Gleiche sind und George Soros, Greta Thunberg, Anne Will und die CIA-Marionette Angela Merkel daran arbeiten, Deutschland abzuschaffen. So bizarr die Schimären auch sein mögen, sobald sie in ein Wort gegossen sind, das benutzt und beklatscht wird, werden sie zum unhinterfragbaren Ausdruck eines vermeintlich realen Sachverhalts. Solche Vokabeln können als argumentative Abkürzungen verwendet werden. Wer statt von *Geflüchteten* von ***In-Deutschland-kriegt-jeder-ein-Haus-Flüchtlingen*** spricht, der hat automatisch Recht, wenn er sagt, dass Armutsmigranten mit falschen Versprechungen absichtlich nach Deutschland gelockt wurden, denn die Bewertung und die Folgen sind schon im Wort enthalten. Wer solche Wörter verstehen und gebrauchen oder noch besser, wer solche Wörter bilden kann, der beweist, dass er wie Neo im Film *Matrix* die rote Pille geschluckt und den universellen Verblendungszusammenhang durchschaut hat. Er hat eine Perspektive erlangt, von der aus sich der (für Normalsterbliche verborgene) Zusammenhang der Dinge erschließt und alles einen Sinn ergibt. Wer so redet und schreibt, der ist kein ***Die-Flüchtlinge-kotzen-mich-an-aber-ich-will-kein-Nazi-sein-Hasenfüßchen,*** sondern ein ***aufrechter Gegner der Nationalen Abschaffungsfront*** und verkündet den Verblendeten die Wahrheit.

Umdeutungen: Gut ist schlecht und Bereicherung macht arm

Wird ein neutrales oder positives Wort allzu häufig dazu benutzt, um mit ihm neue Schmähwörter zu bilden, kann es sein, dass sich seine Bedeutung ins Negative kehrt.

Dieser Bedeutungswandel ist auch bei solchen Grundwörtern zu beobachten, mit denen Neurechte gerne Schmähwörter bilden. Beispielsweise beim Wort *gut.* Mit ihm werden abwertende Bezeichnungen durch Anhängen einer Endsilbe gebildet, etwa ***Gutling, Gutist, Gutie, Gutifant*** oder ***Gutone,*** die allesamt synonym zu ***Gutmensch*** verwendet werden. Daneben gibt es aber eine große Vielfalt an zusammengesetzten Wörtern, in denen *Mensch* durch eine andere Gruppenbezeichnung ersetzt wird wie ***Gutdeutscher, Gut-Bürger, Gut-Twitterer*** oder ***Gut-Volk,*** aber auch solche, in denen *Gute/r* als Grundwort verwendet wird wie ***Allzu-Gute, Gender-Gute*** oder ***Rotwein-Gute.*** Schließlich geraten auch etablierte Wörter in den Negativierungssog und werden abfällig gebraucht. Beispiele sind ***Gutwilliger, Sich-gut-fühlen, gut gemeint*** oder ***herzensgut.***

Ein weiteres Beispiel für die negative Kontamination einer ganzen Wortfamilie, deren Grundwort eigentlich positiv besetzt ist, sind die Komposita mit den Wörtern *Fachkraft, Bereicherung* und *Goldstück.* Bei all diesen Ausdrücken handelt es sich um aneignende Umdeutungen von Wörtern, die während der Flüchtlingskrise von Politikern gebraucht wurden, um die positiven Aspekte der Zuwanderung zu beschreiben. In neurechten Debatten werden sie freilich ausschließlich in einem negativen Sinn verwendet, wenn mit Blick auf *Asylbewerber* von ***Shithole-Fachkraft, Sexualstraftäter-Fachkraft, Messer-Fachkraft*** oder ***Enthauptungs-Fachkraft*** gesprochen oder *Schutzsuchende* als ***Bereicherungs-Fachkraft-Goldstücke, Merkel-Plusdeutsch-Goldstücke*** oder ***Ficki-Ficki-Rapefugee-Bereicherer*** bezeichnet werden.

So wie sich Neurechte einzelne Wörter aneignen und in ihrem Sinn umdeuten, praktizieren sie es auch mit ganzen Phrasen. So werden Artikel über migrantische Kriminalität gerne mit ***Die Regeln des Zusammenlebens täglich neu***

verhandeln überschrieben, was an eine Aussage der ehemaligen Beauftragten der Bundesregierung für Migration, Flüchtlinge und Integration Aydan Özoguz anknüpft. Und ***#WertvollerAlsGold*** und ***#NunSindSieHaltDa*** sind beliebte Hashtags auf Social Media. Ersteres nimmt Bezug auf eine Aussage des damaligen SPD-Kanzlerkandidaten Martin Schulz, der sagte „Was die Flüchtlinge mit zu uns bringen, ist wertvoller als Gold", letzteres soll Angela Merkel in einer CDU/CSU-Fraktionssitzung geäußert haben. Als für die Schmähwortbildung besonders fruchtbar hat sich Angela Merkels Aussage von den *Menschen, die schon länger hier leben,* erwiesen, die von Neurechten so gedeutet wird, als vermeide es die Kanzlerin, das Wort *Deutsche* zu benutzen, weil sie die Existenz eines deutschen Volkes leugne. Entsprechend wird die angestammte Bevölkerung in neurechten Foren sarkastisch als die ***Hierschonlängerlebenden*** oder gar als ***nicht-mehr-lange-hier-Lebenden*** bezeichnet und den ***Nichtschonlängerhierlebenden,*** bzw. den ***Schon-Länger-Dort-Lebenden*** oder den von nun an ***noch-länger-hier-Lebenden*** gegenübergestellt. Für diese aus neurechter Sicht missliche Lage zeichnen die ***Schon-Länger-Hier-Regierenden*** oder genauer die ***Schon-viel-zu-lange-hier-Regierenden*** verantwortlich.

Das Ziel, eigentlich neutrale Wörter negativ umzudeuten und so letztlich in Schmähwörter zu verwandeln, erreichen Neurechte auch dadurch, dass sie diese wiederholt im Kontext von negativen Wörtern nennen. Wenn die Vokabel *Türke* beispielsweise häufiger in einem Atemzug mit anderen abwertenden Ausdrücken für ethnische Gruppen gebraucht wird, erhält sie selbst eine negative Bedeutung. So findet man in neurechten Texten häufig Aufzählungen wie ***Italos, Türken und Jugos,*** in der Italiener und Jugoslawen mit gängigen Schimpfwörtern belegt werden. Oder Reihungen wie ***Afrikaner, Türken***

und Zigeuner, ***Neger, Türken und Islamisten*** und ***Neger, Arabs und Türken,*** in denen (in neurechten Augen) negative religiöse, kulturelle und rassifizierende Merkmale mit Türkeistämmigkeit in ein Verhältnis gesetzt werden. Die Aufzählung suggeriert, dass die genannten Gruppen trotz aller Unterschiede etwas gemeinsam haben, und so färbt die negative Bedeutung der anderen Wörter auf das Wort *Türke* ab. Noch deutlicher wird dies, wenn die Aufzählung mit wertenden Eigenschaften angereichert wird, etwa wenn von ***bettelnden Zigeunern, finsteren Türken und Arabern*** oder von ***Araberclans, Türkenbanden und Zigeunerhorden*** die Rede ist.

Erwartungsgemäß ist der migrationsbezogene Wortschatz besonders häufig Ziel solcher Umdeutungspraktiken. Indem beispielsweise das Wort *Asylant* in Aufzählungen immer wieder in einem Atemzug mit Wörtern für *religiösen Extremismus* oder *Kriminalität* genannt wird, werden Asylbewerber generell verdächtig gemacht. So ist oft die Rede von ***Asylanten, Schmarotzern und Kriminellen***, ***Flüchtlingen, Asylanten und Islamisten***, ***Asylanten, Sharia-Praktikern und Jihadies***, ***Asylanten, Psychopaten & Terroristen*** und ***Vergewaltigern, Spannern und Asylanten.*** Aber auch sexuelle Minderheiten werden mit der gleichen Strategie abgewertet. In Reihungen wie ***Schwuchteln, Lesben und Kinderschänder*** oder ***Schwule, Lesben und Perverse*** werden sie mit Abnormen und Kriminellen in Beziehung gesetzt und in Aufzählungen wie ***Lesben, Krüppel und Idioten*** und ***Schwule, Lesben und Behinderte*** erscheinen sie im Kontext (geistiger) Behinderung. Nicht selten werden sie auch in einem Atemzug mit weiteren, von Neurechten negativ bewerteten Minderheiten genannt. So finden sich Auflistungen wie ***Lesben, Schwule und Ausländer***, ***Lesben, Asylanten und Sozialbetrüger*** oder ***Lesben, Terror-Islamer und Medien-Proleten.*** Auch die

Aufzählung kann also dazu dienen, thematisch eher entfernte Debatten in einen gemeinsamen thematischen Horizont zu rücken. So ist für Neurechte die Reihung von ***offenen Grenzen, Gender und Schwulen-/Lesbenwahn*** offenbar sinnvoll. Es steht freilich dem Leser frei zu beurteilen, wer hier welchem Wahn verfallen ist.

Die Umdeutung von Wörtern ist ein Angriff auf die herrschende Semantik. Doch nicht nur das: Die Art, wie wir über die Welt sprechen, wie wir sie in Wörter und Begriffe fassen, hat auch einen Einfluss darauf, welche Handlungen uns plausibel erscheinen. *Schutzsuchenden* hilft man, um *Fachkräfte* wirbt man und *Türken* begegnet man genauso freundlich oder unfreundlich, wie man Italienern, Spaniern und Deutschen begegnet. Wenn aber ***Schutzsuchende*** verdächtigt werden, gar keinen Schutz zu suchen, sondern nur die bequemste soziale Hängematte, wenn *Fachkräfte* eigentlich ***Analphabeten*** sind und *Türken* in einem Atemzug mit ***Kriminellen*** und ***Schnorrern*** genannt werden, dann begegnet man ihnen anders. Und wenn man erst einmal pauschal alles, was die Mehrheitsgesellschaft für etwas *Gutes* hält, für dumm oder gar schlecht erklärt hat, dann ermöglicht und legitimiert dies ein radikal anderes Handeln.

Wirtschaft: Zur Ökonomie von Sarkasmus, Ironie und Zynismus

Wussten Sie, dass wir in Boomzeiten leben? Die Wirtschaft floriert! Überall herrscht Hochkonjunktur! Neue Wirtschaftszweige entwickeln sich aus bahnbrechenden Innovationen und entfesseln ein wahres Wirtschaftswunder. Viele Branchen vermelden neue Beschäftigungsrekorde und sogar das Fachkräfteproblem ist dank der Attraktivität des Standorts Deutschland gelöst. Nie ging es uns wirtschaftlich so gut wie heute! – Glauben Sie nicht? Es steht aber so auf rechten Nachrichtenseiten, wo sich Kommentatoren an den positiven Meldungen aus der deutschen Wirtschaft regelrecht berauschen. Diese Begeisterung ist natürlich nicht ernst gemeint. Denn das Wirtschaftswunder, das Neurechte in Deutschland ausmachen, gibt es gar nicht im Sinne einer materiellen Wertschöpfung. Es ist vielmehr ein ***Asylindustrie-Boom,*** ein ***Flüchtlings-Wirtschaftswunder*** und ein ***Merkel-Flüchtilanten-Job-Wunder,*** das von Neurechten sarkastisch gefeiert wird. Denn, so fragt man sich, wo

J. Scharloth, *Hässliche Wörter,*
https://doi.org/10.1007/978-3-662-63502-5_11

werden reale Werte geschaffen, wenn die ***Moscheebauindustrie*** aufblüht, das ***Messerhandwerk*** eine Renaissance feiert, ***muslimische Geburtsfabriken*** auf Hochtouren laufen und die ***Anti-Hass-und-Hetze-Branche*** dank vermeintlicher ***Hatespeech-Hochkonjunktur*** prosperiert?

An diesem Gedankengang sind zwei Dinge bemerkenswert. Zum einen, dass Asyl, Religion, Geburten, Kriminalität und Minderheitenschutz von Neurechten aus einer wirtschaftlichen Perspektive bewertet werden, obwohl sie zunächst einmal humanitäre und gesellschaftliche Phänomene sind. Und dass sich die Legitimität dieser gesellschaftlichen Zustände und der sie moderierenden politischen Maßnahmen aus ihrem ökonomischen Wert ergibt. Bemerkenswert ist zum anderen die Paarung von Ironie und Sarkasmus, von Uneigentlichkeit und beißendem Spott also, die so häufig in neurechten Debattenräumen anzutreffen ist. Sie fungiert als eine Produktivkraft radikaler Kritik an vermeintlich linker Ideologie und dem als repressiv empfundenen Normalzustand der bundesrepublikanischen Gesellschaft. Dabei gilt: Je unappetitlicher der Witz, desto höher der Wert dessen, der ihn erdacht hat. Und so haben einige neurechte Autoren wie Akif Pirinçci die kunstvoll-sarkastische Beschimpfung zu ihrem Markenkern gemacht. Anders als bei emanzipativen Bewegungen freilich beschränkt sich die Kritik nicht auf die Privilegierten und Mächtigen, sondern nimmt auch und gerade die Machtlosen ins Visier. Es ist ein Humor nach unten und nach außen, ein Humor, der auf die sozial Schwachen und ohnehin Ausgegrenzten und auf ihre Unterstützer zielt. In der neurechten Ökonomie des Sarkasmus ist keine Randgruppe bedürftig genug, keine Minderheit hinreichend missachtet, um nicht auf ihre Kosten hetzerische Witze zu machen. Und so verbindet sich die Ökonomie von Sarkasmus und Ironie, die das ökonomisch Wertlose und Belastende zum humoristischen Abschuss freigibt, mit der neurechten Ökonomisierung von Gesellschaftspolitik und Moral.

Die Ökonomisierung von Flucht und Migration

Am deutlichsten wird dies in der ökonomischen Betrachtung von Migration, Flucht und Asylwesen. Dass Geflüchtete als ***Wirtschaftsflüchtlinge, Wirtschaftsfluchtilanten*** und ***Wirtschaftsnomaden*** bezeichnet und ihnen damit ausschließlich ökonomische Fluchtgründe unterstellt werden, ist kaum neu. Neu ist freilich die Schärfe, mit der dieser Vorwurf von Neurechten erhoben und mit einem Schaden für die einheimische Bevölkerung verquickt wird. So ist auf rechten Onlineplattformen etwa von ***Asylbetrüger-Raubnomaden, Wanderheuschrecken, Austauschnomaden,*** einer ***Wirtschaftsflüchtlingsinvasion*** und vom ***Wirtschaftsnomadenkrebs*** die Rede. In den Augen neurechter Kommentatoren sind Asylbewerber auch keine Gesuchsteller, sondern ***Wirtschaftsasylforderer,*** die eine ganze ***Rechte-Einforderungs-*** und ***Anspruchsindustrie*** um sich herum gegründet hätten. Der Wortbestandteil *Industrie* insinuiert dabei ein planmäßiges und massenhaftes, auf Gewinn zielendes Handeln der Geflüchteten und ist insgesamt der häufigste Bestandteil wirtschaftsbezogener Schmähwörter der neuen Rechten.

Die Entstehung der vermeintlichen ***Asyl-Schmarotzer-Industrie*** und ***Asylabzockindustrie*** wäre in den Augen der neuen Rechten allerdings nicht ohne gezielte Förderung durch eine andere Branche, die ***Schlepper-***, ***Schleuser-*** und ***Seenotrettungsindustrie*** möglich gewesen. Erst die ***Flüchtlingsrettungs-Industriellen*** und

EU-Schlepper-Taxi-Unternehmer von der *Alan Kurdi* oder der *Ocean Viking* und ihre ***Open-Border-Komplizen*** in der Politik hätten eine umfangreiche ***Einwanderungs-Bewirtschaftung*** möglich gemacht, in deren Kontext sich neue Industrie- und Dienstleistungssektoren etablieren konnten. Unter ihnen die ***Helfer-*** und ***Bemutterungs-industrie,*** die ***Anti-Abschiebe-Industrie,*** die ***Anti-Dis-kriminierungs-Industrie*** und die ***Islam-Industrie,*** deren volkswirtschaftlicher Nutzen im Folgenden vorgestellt werden soll.

Zuerst allerdings müssen diejenigen benannt werden, die in neurechten Wirtschaftstheorien als die größten Profiteure von Flucht und Migration gelten: die Vertreter der ***Großkapital-Migrations-Industrie,*** der ***Eine-Welt-Wirtschaftsordnung*** und der ***Soros-Silicon-ValleyIndustrie-USEU-Eliten-Fraktion,*** deren Ziel die Optimierung ihrer ***Migrationsprofite*** mittels nationaler ***A$$$$ylindustrien*** ist. So zumindest raunt es aus neurechten Kommentarspalten. Die Gewinnoptimierung fällt den Verschwörern des Großkapitals auch deshalb so leicht, weil die Kosten für die ***Fassadenindustrien,*** die zur Bewältigung der gesellschaftlichen Folgen von Migration notwendig sind, auf die Steuerzahler umgelegt werden. Diese Umlage werde auch zur Querfinanzierung fragwürdiger zivilgesellschaftlicher Organisationen verwendet, mithin zur Förderung von ***NGO-Migrations-Industrie, Raffzahn-NGOs*** und ***Irgendwas-für-Afrika-Industrie.***

Einwanderungsbewirtschaftung

Ein besonders großer Dorn in den Augen von Neurechten ist die ***Multi-Kulti-Integrationsindustrie,*** weil in ihrer Logik Integration nicht wünschenswert ist und ohnehin scheitern muss. Sie gilt ihnen daher als ***Selbstbedienungs-Stellenschaffungsindustrie*** für den ***Gutmenschensektor.*** In der ***Afrikaner-Bespaßungsindustrie, Flüchtulantenbespielungsindustrie*** und ***Ausländerbetüddelungsindustrie*** degeneriert der Anspruch auf Integration zur reinen Unterhaltung von ***Fluchttouristen.*** Und zur Arbeitsbeschaffung für ***Invasoren-EventmanagerInnnen, Feelgood-Managern*** und ***Gut-Kräften.*** Für Neurechte machen diese sich als Teil der ***Täterversteher-***, ***Täterbemutterungs-*** und ***Axtschwinger-Betüddelungsindustrie*** gar zum Komplizen von ***SprengFACHkräften*** und ***Machetenchirurgen.*** In Bezeichnungen wie ***Betreuungs-*** und ***Asyl-Pamper-Industrie*** werden Geflüchtete zudem als Unselbstständige und dauerhaft Hilfsbedürftige dargestellt, die ökonomisch niemals auf eigenen Beinen stehen können.

Eine weiterer Teil der ***Steuergeldabzockerindustrie*** wird von jenen Juristen gebildet, die abgelehnte Asylbewerber dabei unterstützen, gegen ihre Bescheide Widerspruch einzulegen. Sie werden als ***Asylanwaltsklageindustrie, Abschiebe-Verhinderungs-*** oder beschönigend als ***Rückführungsverhinderungsindustrie*** verunglimpft, auch deshalb, weil sie sich der Rückendeckung der Politik gewiss sein können, die angeblich eine ***Merkel-Nicht-Abschiebe-*** oder gar ***Merkel-Rückholindustrie*** fördert.

Vermeintliche Profiteure der Migration sind nach Meinung der Neurechten auch jene zivilgesellschaftlichen Akteure, die sich gegen Hassrede und für eine Zivilisierung politischer Debatten einsetzen. Bei den als ***Anti-Hass-und-Hetze-Branche*** oder ***Anti-Diskriminierungs-Industrie*** lächerlich gemachten Initiativen handelt es sich nach neurechter Ansicht natürlich in mehrfacher Hinsicht um eine ***Illusions-*** oder gar ***Surrealwirtschaft.*** Denn erstens sind diese Initiativen nutzlos und schaffen keinen Mehrwert (***NGO=Nutzlos gegen Onlinehass***), das soziale Phänomen gibt es gar nicht (***Hatespeech-Wahn, Hate-Speech-Heißluft, Hate-Speech-Gedöns***) und überhaupt kommt Hassrede nur vom politischen Gegner (***Linken-Hate-Speech, Hate-Speech-Journalisten, Feministen-Hate-Speech***). Fragen Sie nicht nach der Logik.

Wenn es aber Hassrede gar nicht gibt, welche Funktion haben dann Stiftungen, wie die in neurechten Kreisen verhasste *Amadeu Antonio Stiftung*? Wie die Schmähnamen ***STASI-Amadeu-Kahane-Denunzianten-Stiftung, Maastasi-Kahanestapo-Meinungsvernichtungsschutzstaffel*** oder ***Denunziations-Stasi-Kahane-Giftspritzen-Brigade*** verraten, unterstellen Neurechte, bei ihnen handle es sich um Tarnorganisationen der Regierung zur Kontrolle der öffentlichen Meinung. Nicht jeder Meinung, versteht sich. Vielmehr sei die Stiftung Teil der ***Gegen-Rechts-*** und ***Nazijägerindustrie,*** die dank staatlicher Förderung floriere. Für Neurechte ist dies ein klarer Fall von ***Gesinnungsbewirtschaftung,*** denn nur wer die richtige Gesinnung hat, komme in den Genuss der Förderung und dürfe in der ***Bewusstseinsbildungs-*** und ***Belehrungsindustrie*** tätig werden. Weil der Vorwurf der Hassrede und Hetze für Neurechte offenbar doch schwer wiegt, erklären sie zivilgesellschaftliche Vereine, die über Diskriminierung aufklären und Gegenstrategien empfehlen, zu einem Teil der ***Verleumdungs-***, ***Diffamierungs-*** und ***Ächtungsindustrie.***

Neurechte sind überzeugt, dass anstelle von Schutzsuchenden mehrheitlich islamistische Terroristen nach Deutschland gekommen sind. Für das Ankurbeln der ***Terrorislam-Importwirtschaft*** und die Steigerung der ***ISlam-Importe*** ist in ihren Augen Angela Merkel verantwortlich, die folgerichtig als ***Islamterror-Importtrulla*** beschimpft wird. Die hier lebenden muslimischen Neubürger gründen dann Familien, die Neurechte als

Moslemfabriken bezeichnen, weil in ihnen bald die ***Geburtenfließbandproduktion*** anlaufe, um die Nachfrage im ***Islamisten-Kriminalitätssektor*** zu befriedigen. Daneben sorgen ***Islamindoktrinationsfachkräfte*** durch ihre Arbeit in den als ***Islam-Hassfabriken*** diffamierten Moscheen dafür, dass der ***Islam-Boom*** nicht abflaut.

Ökonomie, das zeigen diese Beispiele, ist eine mächtige Metapher. Sie wird von Neurechten zum einen dafür eingesetzt, gesellschaftliche Entwicklungen, die nicht in die neurechte Agenda passen, als das Ergebnis nutzenoptimierten zielgerichteten Handelns zu fassen, um sie so in Verschwörungserzählungen einbetten zu können. Dies betrifft insbesondere neurechte Deutungen von Flucht, Migration und Religion. Das häufig verwendete Sprachbild der *Industrie* dient dazu, die so in einen Deutungshorizont eingebetteten Entwicklungen als Massenphänomene zu kennzeichnen, die auf Hegemonie oder – in ökonomischer Diktion – Marktbeherrschung zielen. Neurechte benutzen ökonomische Bilder zum anderen dafür, gesellschaftliches Handeln, das auf humanitären und demokratischen Grundwerten fußt, als Ausdruck persönlichen Gewinnstrebens zu denunzieren. Arbeit in der Flüchtlingshilfe oder zivilgesellschaftliches Engagement werden dann als Selbstbedienung an den ***Multikulti-Dauersubventions-Futtertrögen*** verunglimpft und moralische Motive als Schutzbehauptung von ***Subventionsschmarotzern*** diskreditiert. Betroffen von diesen Abwertungsstrategien sind aber längst nicht nur jene Politikbereiche, die mit den Themen Asyl und Migration verschaltet sind. Betroffen sind vielmehr all jene Gesellschafts- und Politikfelder, in denen Neurechte linke Ideologie und eine Verschwörung von Eliten gegen das deutsche Volk wittern und die daher leidenschaftlich mit sarkastischen Schmähausdrücken belegt werden.

Boomende Sektoren der linksgrünen Fassadenindustrie

An erster Stelle ist hier das Feld der ***Meinungsbewirtschaftung*** zu nennen, zu dem Neurechte all jene Aktivitäten zählen, die einen Beitrag zur öffentlichen Meinungsbildung leisten, der nicht mit ihrer eigenen Meinung im Einklang steht. Wichtigster Sektor der ***Meinungswirtschaft*** ist die ***Hournalistenbranche*** aus ***Fake-News-Fabrikanten*** und ***Lügenhandwerkern.*** In ihren ***Desinformationsfabriken*** kommen bevorzugt Verfahren der ***Verschleierungs-***, ***Verschweigungs-***, ***Vertuschungs-*** und ***Zensurindustrie*** zum Einsatz. Neben den industriellen Techniken des Weglassens wird in ***Tatsachen-*** und ***Meinungsmanufakturen*** aber auch die hohe Kunst der ***Nachrichtenfabrikation*** praktiziert. Es geht freilich auch ohne direkte Manipulation, denn auch die seichte Unterhaltung der ***Verdummungs-***, ***Volksverblödungs-*** und ***Propagandaunterhaltungsindustrie*** domestiziere die Menschen zu willigen ***Steuersklaven.*** Unternehmenszweck der zur ***Wahrheitsindustrie*** gehörenden ***Propaganda-Fabriken*** ist aus Sicht der Neurechten die ***Gesinnungsfabrikation. Konsensfabrikanten*** und ***Mainstream-Industrie*** wollen in ihren ***Ideologiefabriken*** Bürgerinnen und Bürger mit Einheitsmeinung produzieren, die jeder politischen Maßnahme zustimmen, ganz gleich wie sehr sie gegen ihre eigenen Interessen gerichtet ist.

Als Teil des ***Manipulationssektors*** gelten für Neurechte auch die ***Denkmanipulations-*** und ***Denkvermeidungsfabriken*** der ***Regierungs-Denkbeschränkungsfabriken-Industrie.*** Sie verbinden sich mit den Universitäten und ***Soros-„Think"tanks*** zum ***Akademisch-Industriellen-Indoktrinationskomplex.*** In ihm arbeiten ***Umerziehungs-***

und ***Gehirnwäschefabriken*** mit Subunternehmen aus der ***Erinnerungs-*** und ***Vergangenheitsbewältigungsindustrie*** zusammen, um mit ***Schuldkultunternehmen*** und ***Holocaust-Industrie*** gutes Geld mit der ***Vergangenheitsbewirtschaftung*** zu machen. So zynisch sprechen Neurechte über deutsche Geschichte und den Umgang mit ihr und verdecken, dass der Holocaust nicht nur ein monströses Verbrechen gegen die Menschlichkeit war, sondern auch ein Projekt zur industriellen Vernichtung und gewerblichen Verwertung von Menschen.

Auch auf dem Feld der Klimapolitik erkennen Neurechte nicht an, dass ein von Menschen gemachter Klimawandel schwere ökologische und soziale Krisen zur Folge haben wird und energie- und umweltpolitische Maßnahmen zwingend erforderlich macht. Sie vermuten vielmehr wirtschaftliche Interessen am Werk, denn einen menschengemachten Klimawandel gibt es in ihren Augen nicht. Vielmehr hätten sich etablierte Parteien und linksnahe Wirtschaftszweige zusammen mit der ***Klimapanikwissenschaftsbranche*** dazu verabredet, einen Klimawandel als Tatsache erscheinen zu lassen, um eine Rechtfertigung dafür zu haben, für teure Maßnahmen zur Weltrettung den Steuerzahlerinnen und Steuerzahlern noch tiefer in die Taschen zu greifen. Entsprechend spinnen Neurechte an der Verschwörungslegende vom ***Klima-Industriellen-*** oder ***ökologisch-alarmistisch-industriellen Komplex.*** Alle ***Klimawandel-Gewinnler*** von den großen Energieunternehmen bis zu den Grünen, denen sie ***Klimavetternwirtschaft*** vorwerfen, zählen Neurechte zur ***Klimaalarm-***, ***Klimaangst-***, ***Klimakatastrophen-*** und ***Klimawahnindustrie.*** Staatliche Unterstützung habe auf dem Markt nicht überlebensfähige Scheinindustrien entstehen lassen, die verächtlich als ***Windrad-Subventionsindustrie, Wind-***

mühlenindustrie und ***Solarschwindlerbranche*** tituliert werden. Die Klimapolitik gibt Neurechten zudem Anlass, die Bundesrepublik in die Nähe der DDR-Diktatur zu rücken, indem sie die Maßnahmen als Ausdruck einer ***Klimazwangswirtschaft*** und ***Strom-Planwirtschaft*** darstellen.

Wenig überraschend stehen auch Gender-Theorie, Feminismus, sowie Homosexuellen- und Transsexuellen-Interessenverbände bei Neurechten unter dem Verdacht, nicht nur für das Ideal einer Gesellschaft zu kämpfen, die eine gleichberechtigte Teilhabe aller Menschen ermöglicht, sondern dem Ideal einer pekuniären Selbstversorgung der Aktivistinnen und Aktivisten zu dienen. Gender Studies etwa werden als ***Jobmaschine für meschuggene Akademikerinnen*** abgetan. Und vom als ***Gender-Geldstreaming*** bezeichneten *Gender-Mainstreaming* wird behauptet, es habe lediglich zum Ziel, Frauen gleiche Bezahlung bei weniger Leistung zu verschaffen. Abfällig munkeln Neurechte, die aus ***Berufstranssexuellen*** bestehende ***Transenlobby*** werbe in der Politik gezielt für die ***Geschlechtsumwandlungsindustrie.*** Analog wird insinuiert, die in der ***BRD-Homo-Lobby*** organisierten ***Berufshomoletten*** arbeiteten mit der ***Homoindustrie*** an der ***Verschwulung*** Deutschlands.

Innere Sicherheit und Kriminalität als Importindustrien

Das am stärksten mit sarkastischen Schmähausdrücken aus dem Bereich von Ökonomie und Wirtschaft belegte Politikfeld ist jedoch das der inneren Sicherheit und Kriminalität. Und zwar vor allem auch deshalb, weil Neurechte es so obsessiv mit Zuwanderung verknüpfen, dass man den Eindruck haben könnte, Kriminalität von Deutschen gebe es gar nicht. Die ***Kriminalitätsindustrie*** ist für sie daher stark importorientiert. Einzelne Sektoren sind beispielsweise der ***Vergewaltigungs-Massen-Import,*** der ***Gewaltunkulturimport,*** der ***Killermaschinen-Import,*** der ***IS-lam-Import*** und der ***Import-Terrorismus.*** Ihren Boom verdankt die Branche den ***Importkriminalitäts-Kollaborateuren*** in der Politik, allen voran der ***Kriminellenimport-Chefin*** Angela Merkel. Vom ***Kriminellen-*** und ***Terroristenimport*** profitieren in der zynischen Sichtweise der Neurechten auch Zulieferer aus der ***Passfälscher-***, ***Messer-*** und ***Sprengstoffindustrie.*** Auch die Serviceindustrie und ihre Zulieferer machen Profite: Die ***Betonklotz-***, die ***Grenzsicherungs-*** und ***Heimatsicherheitsindustrie,*** die ***Pfefferspray*** und ***Schusswaffenindustrie*** und schließlich auch die ***Justiz-Industrie*** können fette Gewinne einstreichen.

Schier unerschöpflich ist das Reservoire an herabwürdigenden Sarkasmen, die Neurechte mit dem Grundwort *Fachkraft* bilden. Damit keine Missverständnisse aufkommen: Für Neurechte handelt es sich bei Zuwanderern, besonders bei jenen aus Afrika und dem Nahen und Mittleren Osten um ***Elendsimport, Drecksimport, Abschaum-Import*** und ***Import-Parasiten.*** Sie nennen sie nur deshalb *Fachkräfte,* weil die Politik auf dem Höhepunkt der sogenannten Flüchtlingskrise die Zustimmung zur Aufnahme von Geflüchteten aus Sicht der neuen Rechten mit der Lüge erkauft habe, es würden vor allem Fachkräfte nach Deutschland fliehen, die sich problemlos in den Arbeitsmarkt integrieren ließen. In dem ***Facharbeiter-Märchen,*** wie es sich Neurechte erzählen, versprach die ***Gottkönigin*** eines reichen Landes ihren Untertanen, man müssen zur Sicherung des Wohlstands dringend benötigte ***Atomwissenschaftler*** und ***Raketentechniker*** ins Land holen. Diese seien so wertvoll wie

Gold, ja noch wertvoller. Wie der Frosch, der sich in einen Prinzen verwandelt, nur eben umgekehrt, verwandelten sich diese ***Bereicherungs-Fachkraft-Goldstücke*** jedoch in betreuungsbedürftige ***Sozialhilfefachkräfte*** und hochqualifizierte ***Asyltechniker,*** die in der ***Sozialamtsbranche*** ihre berufliche Erfüllung fanden. Seither sprechen die Bewohner des Märchenlandes sarkastisch von ***Menschen mit Fachkraft-Hintergrund*** und ***Fachkraftolanten,*** wenn der ***Humankapitalimport*** sich als Fehlinvestition entpuppt. Und wenn sie nicht zum Opfer von ***Messerfacharbeitern*** geworden sind, dann leben sie noch heute.

Merken Sie es? In diesem Märchen geht es nicht um Verfolgung und Flucht, um das Recht auf Schutz und Asyl, um humanitäre Hilfe und die Ermöglichung eines menschenwürdigen Lebens. Es geht allein um ökonomischen Nutzen und Verwertbarkeit. Und es geht natürlich um Verallgemeinerungen: Die Geflüchteten sind faul, aufgrund ihrer kulturellen Herkunft nicht-integrierbar und kriminell. Derlei rassistische Vorurteile finden sich zuhauf in den sarkastischen Fachkraft-Schmähnamen. Beispielsweise das Vorurteil von der ungezügelten Sexualität, das in Bezeichnungen wie ***Sex-***, ***Trieb-*** und ***Unterleibsfachkraft*** seinen Ausdruck findet, aber auch in Verunglimpfungen wie ***Begattungs-***, ***Schnacksel-*** und ***Fick-Ficki-Fachkraft.*** Zu potentiellen Sexualstraftätern werden Geflüchtete durch Bezeichnungen wie ***Fummelfacharbeiter, Busengrapsch-***, ***Vergewaltigungs-*** und ***Rapefugee-Fachkraft*** abgestempelt. Die Unterstellung, sie seien nur nach Deutschland gekommen, um den Islam zu verbreiten, wird in höhnische Bezeichnungen wie ***Religions-*** und ***Friedensfachkraft*** sowie ***Moscheebaumeister*** verpackt. Weil die Verbreitung des Islam nicht friedlich und im Einklang mit den Gesetzen der Bundesrepublik erfolgen könne, bezeichnen Neurechte muslimische Zuwanderer als ***Scharia-Gliedmaßenchirurgen, Dschihad-*** und ***ISIS-Fachkräfte.***

Und weil für Neurechte Kriminalität und Herkunft aufs Engste miteinander verknüpft sind, verallgemeinern sie Zuwanderer zu ***Kriminalitätsfacharbeitern,*** die als ***Drogenfachkräfte*** und ***Eigentumsübertragungsfachkräfte*** (vulgo ***Einbrecherfachkräfte***) arbeiten, häufig aber auch im Bereich der Gewaltkriminalität tätig sind. Für sie haben Neurechte Bezeichnungen wie ***Kopftreter-Fachkraft, Würgermeister*** und ***Rasierklingen-Fachkraft,*** aber auch Berufsbezeichnungen wie ***Messer-Chirurg, Machetenfacharbeiter, Axt-*** und ***Enthauptungsfachkraft*** ersonnen. Zu den ***Totschlag-Fachkräften*** und ***Gewalt-Facharbeitern*** zählen Neurechte auch die ***Terrorfacharbeiter,*** die als Flüchtlinge angeblich in großen Scharen nach Deutschland gekommen sind. Als ***Schläfer-Fachkräfte, Attentats-*** und ***Musel-Sprengmeister, Bomben-***, ***Schnellkochtopf-*** und ***AK47-Fachkräfte*** tituliert, sollen Geflüchtete insgesamt als Gefahr für Leib und Leben aller Deutschen dargestellt werden.

Der voller Sarkasmus ausgerufene Wirtschaftsboom führt zu Rekordüberschüssen, aber auch zu einigen Defiziten. So sprechen Neurechte menschenverachtend von ***Überschussmenschen, Überschusspopulationen,*** ja von einer ***Überschussbrut,*** die nach Deutschland importiert worden sei, mit ***Hygiene-***, ***IQ-*** und ***Demokratie-Defizit.***

Von humorlosen Empörungsfachkräften der Mitleidindustrie

Sie können über diese Art von Humor nicht lachen? Ich auch nicht. Für Neurechte sind wir damit Geschädigte der in den letzten Jahren expandierenden ***Empörungsbewirtschaftung.*** Unsere überspannte Empfindlichkeit verdankt sich der Manipulation durch die ***Tränendrüsen-***, ***Mimimi-*** und ***Mitleidindustrie.*** Mitleid aber, so wird von neurechten Kommentatoren kolportiert, ist ein schlechter Ratgeber und keine politische Kategorie. Und moralische Empörung ist kein Argument, sondern die Standardstrategie von Idioten, um sich selbst Würde zu verleihen.

Dabei übersehen Neurechte, dass sie selbst Fachkräfte einer Skandalisierungs- und Empörungsindustrie sind, die jeden illegalen Grenzübertritt zur ***Invasion*** und jedes Gewaltverbrechen zum ***Genozid am deutschen Volk*** hochjazzt. Der Sarkasmus, der uns in der menschenverachtenden ökonomischen Bildsprache der Neurechten entgegentritt, soll diese Mechanismen aber maskieren. Mit ihm stilisieren sich Neurechte zu Zynikern, die aus Einsicht in die Widersinnigkeit der gegenwärtigen kulturellen und staatlichen Ordnung die geltenden Wert- und Moralvorstellungen verachten und sich im Medium beißenden Spotts in einer gleichgültig-distanzierten Lebensweise üben. In der Politikwissenschaft gilt politischer Zynismus als Entfremdung von Staat, politischem System, seinen Institutionen und Akteuren. Diese Entfremdung hat ihre Ursache darin, dass der Politik Inkompetenz und mangelnde moralische Integrität unterstellt werden. Die Forschung zeigt, dass ein Bombardement mit populistischen Nachrichten bei politischen Zynikern eine Spirale der Unzufriedenheit in Gang setzt, die zu immer extremeren Ansichten führt. Und so bemäntelt der neurechte Sarkasmus nicht nur die Ökonomie neurechter Emotionen, sondern befeuert Hass und Radikalisierung.

Familie: Mit Bevölkerungspolitik gegen den Geburtendschihad

Es ist eine Lehre aus der Zeit des Nationalsozialismus, dass sich der Staat aus der Familienplanung herauszuhalten hat. Damals wurden im Namen der sogenannten Rassenhygiene Eheverbote erlassen, Zwangssterilisationen durchgeführt, Zwangsabtreibungen vorgenommen und Menschen mit körperlichen, geistigen und seelischen Behinderungen und andere als minderwertig eingeschätzte Menschen ermordet. Erhaltung und Entwicklung der Rasse wurden zum obersten Staatsziel erklärt. Steuerbegünstigungen für Kinderreiche, Kindergeld für weniger wohlhabende Familien ab dem dritten Kind und öffentliche Belobigungen für Mutterschaft wie die Verleihung des Mutterkreuzes sollten die Gebärleistung deutscher Frauen erhöhen. Es galt als Pflicht „erbgesunder" deutscher Frauen, Kinder zu gebären und zu erziehen, um über genügend Menschenmaterial für die Expansion des Deutschen Reiches und der arischen Rasse zu verfügen. Der einzelne Mensch wurde so

J. Scharloth, *Hässliche Wörter*,
https://doi.org/10.1007/978-3-662-63502-5_12

primär zum Träger von Erbmasse degradiert. Was wie familienpolitische Maßnahmen aussah, war in Wahrheit Bevölkerungs- und Rassepolitik.

Die Rückkehr der bevölkerungspolitischen Familienpolitik

Nicht zuletzt wegen der inhumanen und verbrecherischen Konsequenzen der als *Rassenhygiene* beschönigten Maßnahmen gehört es zum Grundkonsens bundesrepublikanischer Politik, dass die Entscheidung für Kinder eine höchst individuelle Entscheidung ist, bei der der Staat Frauen und Familien allerhöchstens beratend zur Seite stehen darf, ansonsten aber das Selbstbestimmungsrecht in der Familienplanung zu respektieren hat. Familienpolitik hat demnach die Funktion, Bedingungen zu schaffen, die eine freie Entscheidung für ein bestimmtes Familienmodell ermöglichen. Sie hat nicht das Ziel, die Geburtenrate zu erhöhen, schon gar nicht das Ziel, die Reproduktionsrate eines wie auch immer bestimmten Teils der Bevölkerung zu fördern. Dieser Grundkonsens freilich wird neuerdings von den neuen Rechten in Frage gestellt.

Sie wollen eine bevölkerungspolitische Familienpolitik wieder hoffähig machen und berufen sich dabei direkt oder indirekt auf die eugenisch inspirierten Thesen des ehemaligen SPD-Mitglieds Thilo Sarrazin und verquicken diese mit der Verschwörungserzählung vom großen Austausch. In Deutschland bekommen nach ihrer Ansicht die falschen Menschen zu viele Kinder. Die Falschen, das sind in neurechten Augen Migranten und Flüchtlinge aus der Türkei, dem Nahen und Mittleren Osten und Afrika, Muslime sowie bildungsferne sozial Schwache. Weil diese Gruppen geringere kognitive Fähigkeiten hätten als der Rest der Bevölkerung, jedoch eine höhere Fertilität, erhöhe sich auf längere Sicht ihr Anteil an der Gesamtbevölkerung und führe letztlich zu gesellschaftlichem Verfall. Diese häufig kritisierten Thesen sind problemlos anschlussfähig an die Erzählung vom großen Austausch, der zufolge sich Eliten verschworen hätten, die weiße deutsche Mehrheitsbevölkerung aus Profitinteresse und antideutscher Gesinnung durch muslimische und afrikanische Einwanderer auszutauschen. Um dieser Entwicklung entgegenzusteuern, müssten bevölkerungspolitische Maßnahmen ergriffen werden. Dazu zählen einerseits Anreize, die die Geburtenrate der deutschen Bevölkerung steigern sollen, wie die Förderung dauerhafter heterosexueller Partnerschaften, der Ausbau der Kinderbetreuung, finanzielle Anreize für Familien mit mehr als zwei Kindern und Gebärprämien für Akademikerinnen. Dazu zählen aber auch Maßnahmen, die darauf zielen, die Anzahl der Geburten in bestimmten Teilen der Bevölkerung zu verringern, etwa durch Reduzierung von Sozialleistungen und die Begrenzung des Zuzugs von Migranten. Man muss diese hier nur in aller Kürze skizzierten ideologischen Fäden im Hinterkopf haben, um die familienbezogenen Schmähausdrücke der neuen Rechten verstehen zu können, aber auch um die Auswirkungen zu taxieren, die ihre bevölkerungspolitischen Maßnahmen hätten, wenn sie denn jemals in die Realität umgesetzt würden.

Die Rassifizierung der Intelligenz

Dass sich der gesellschaftliche Wert von Menschen an ihrer Intelligenz bemisst und die Intelligenz eines Menschen genetische Ursachen hat, steht für Neurechte jedenfalls fest, auch wenn Wissenschaftlerinnen und Wissenschaftler längst belegen können, dass Bildungserfolg zum allergrößten Teil das Ergebnis von Umgebung und gezielter Förderung ist. Weiter sind Neurechte davon überzeugt, dass die für die Intelligenz verantwortlichen genetischen Veranlagungen an Ethnien, Kulturen und bestimmte äußere Merkmale wie Hautfarbe gebunden sind. Dies hat unmittelbare Auswirkungen auf ihre Wahrnehmung von Flucht und Migration. So formuliert ein Kommentator beispielsweise folgenden Eintrag zum Lemma *Flüchtling* in einem fiktiven Wörterbuch *Deutsch für politisch Unkorrekte:* „Aus einem armen in ein (relativ) wohlhabendes Land einreisende Menschen mit sehr niedriger Intelligenz, bei gewissen Ethnien bis in den Bereich des Schwachsinns (IQ kleiner 70)". Entsprechend werden bestimmte Migrantengruppen als ***Minder-beIQte, UnterIQige*** oder ***Niedrig-IQler*** bezeichnet oder als ***IQ-Arme, IQ-Ferne*** und ***IQ-Fremde*** abgewertet. Dabei liefern sich Kommentatoren einen Unterbietungswettbewerb in der Zuschreibung von Intelligenzquotienten, wenn sie von ***IQ80-Menschen, IQ-unter-75-Herren, IQ-60-Aspiranten*** und sogar von ***IQ-Null-Dummen*** fabulieren. Selbstverständlich fehlen auch sarkastische Bezeichnungen wie ***IQ-80-minus-Hochbegabte*** oder ***IQ-65-Bereicherer*** nicht im Schimpfwortrepertoire.

Dass die Zuschreibungen geringer Intelligenz an Herkunft und Rassifizierungen geknüpft werden, belegen Ausdrücke wie ***„Subsahara"-IQ, Niedrig-IQ-Länder*** und Rassismen wie ***IQ-60-Neger*** und ***IQ-75-Afrikaner.*** Für Neurechte ist der durchschnittliche Intelligenzquotient bestimmendes Merkmal von Ethnien und den Kulturen, die diese Ethnien prägen. So sprechen sie von ***LowerIQ-Kulturen*** und einem ***Islamo-*** oder ***Musel-IQ.*** Dass die pauschale Abwertung ganzer Ethnien, Kulturen und Religionsgemeinschaften anhand von biologistisch begründeten Intelligenzzuschreibungen auf direktem Weg in die Entmenschlichung führt, zeigen rassistische Beleidigungen wie ***Schimpansen-*** oder ***Primaten-IQler.***

Anklänge an nationalsozialistische Vorstellungen von lebensunwertem Leben bleiben auf neurechten Plattformen notorisch unwidersprochen. Etwa wenn ethnische oder religiöse Zugehörigkeiten mit Geisteskrankheiten in Verbindung gebracht werden wie in der Rede von ***Moslemschwachsinnigen*** oder einer ***bunt-braunen Mischrasse mit Schwachsinns-IQ.*** Oder wenn die vermeintliche mindere Intelligenz ganzer Volksgruppen in Ausdrücken wie ***IQ-Inzuchtgeschädigte*** auf Gendefekte zurückgeführt wird. Im neurechten Dreiklang von Rasse, Kultur und Religion beziehen Neurechte ihr Überlegenheitsgefühl aus der Konstruktion von ***Inzestrassen, Inzest-Sippen-Kulturen*** und ***Inzestmoslems,*** die sie als ***Inzestbarbaren, -affen*** und ***-bestien*** entwerten. Es ist die gleiche Verachtung, die sie von ***Migrations-, ISlam-*** und ***Kulturbehinderten*** sprechen lässt.

Neurechte Gebärängste, Islamisierung und Rassenkrieg

Dass ausgerechnet Menschen aus diesen, als intellektuell unwert oder gar als krank stigmatisierten Gruppen sich dafür entscheiden, Kinder zu bekommen, stilisieren Neurechte zu einer Bedrohung für die Existenz des als homogen imaginierten deutschen Volkes. Weil in Zuwandererfamilien im Durchschnitt mehr Kinder geboren werden, sprechen Neurechte dramatisierend von ***Gebärschwemme, Geburtenflut*** oder gar einem ***Geburtentsunami,*** der Deutschland überrolle. Die Frauen aus diesen Bevölkerungsgruppen seien im

Dauergebärmodus und werden in der maßlosen Aufbauschungsrhetorik der neuen Rechten als ***Seriengebärende, Dauergebärende*** und ***Nonstop-Gebärende*** mit ***Turbogebärleistung*** und ***Geburtenflatrate*** bezeichnet. Daneben bedienen sich Neurechte auch restlos enthemmter Sprachbilder aus dem Bereich der industriellen Produktion, um nicht-deutsche Frauen zu einer bevölkerungspolitischen Bedrohung zu erklären. Sie werden als ***Geburten-Fachkräfte*** verhöhnt oder als ***Geburtenfabriken*** bezeichnet. Oder gleich als ***Gebärautomaten, Gebärmaschinen, Gebärroboter*** oder ***Gebärmutterwurfmaschinen,*** die in der ***Geburtenfließbandproduktion*** zur Steigerung des ***Gebär-Auswurfs*** eingesetzt werden. Dass damit eine bevölkerungspolitische Kettenreaktion in Gang gesetzt wird, insinuieren Neurechte in der Rede von weiblichen ***Gebärreaktoren.*** Verächtliche Ausdrücke wie ***Inzest-Brutkästen*** und ***Inzuchtgebärmaschinen*** belegen, welchen (Un-)Wert sie dem neugeborenen Leben in ihrer auf das Biologische beschränkten Sichtweise zuschreiben. Dass Kinder Ergebnis und Ausdruck der Liebe zweier Menschen sind und dass eine Geburt für viele eine beglückende Erfahrung ist, die das gesamte Leben verändert, das alles wird in der Bildsprache der neuen Rechten negiert. Die Geburt eines Kindes wird vielmehr zu einem technischen Vorgang in einem auf Massenfertigung angelegten Produktionsprozess. Doch was sind die marktstrategischen Ziele einer so aggressiven Flutung des Geburtenmarkts, um in der neurechten Bildsprache zu bleiben?

Die erste Antwort, die Neurechte auf diese Frage geben, lautet Islamisierung. Muslimische Frauen sind für sie ***Kopftuch-*** oder ***Kopfwindel-Gebärmaschinen,*** die ihren Glauben gewissermaßen mit der DNA auf ihre Kinder übertragen. Entsprechend gebären sie keine Kinder, sondern Muslime und werden daher als ***Musel-Geburtsmaschinen, Islam-Brutmaschinen, Islamisierungsgebärapparate*** oder ***Allah-Brutreaktoren*** entmenschlicht. Und weil der Islam für Neurechte gleichbedeutend mit Heiligem Krieg ist, bezichtigen sie Mütter mit muslimischem Glauben, einen ***Gebärmutter-*** und ***Nonstop-Geburten-Dschihad*** zu betreiben und beschimpfen sie als ***Dschihad-Kämpfer-Geburtsmaschinen, Geburten-Dschihad-Dampfwalzen*** oder ***Islamisten-Gebärmaschinen-Konglomerate.*** Und obwohl Neurechte sonst Bestrebungen zur Gleichstellung von Mann und Frau als ***Selbstverwirklichungsmanie*** von ***Gleichheitsfeministinnen*** denunzieren, kritisieren sie den Islam als ***Gebärzwangsreligion,*** in der Frauen angeblich als ***Gebärsklavinnen*** und ***Gebärzwangsmaschinen*** unterjocht werden.

Die Schmähausdrücke zeigen weiter, dass Neurechte die Geburten von rassifizierten Migrantinnen und Musliminnen als bevölkerungspolitische Kriegserklärung in einem Kultur- und Rassenkampf deuten. Demnach befinden sich Deutsche in einem ***Geburtenkrieg*** in dem ***Kampfgebären*** an der ***Gebärfront*** die hauptsächliche Waffe ist. Nicht-deutsche Frauen werden als ***Gebärschleudern, Geburtenkanonen*** und ***Schwarzkuttengeburtsexplosionistinnen*** bezeichnet, die durch ***Geburten-Beschuss*** mit ***Gebärmutterbomben*** letale ***Geburten-Explosionen*** auslösen und so die Bedingungen für die ***Geburteninvasion*** schaffen. Das Endziel im Sinn des Großen Austauschs ist für Neurechte der ***Geburten-Ethnozid*** bzw. ***Geburten-Genozid*** am deutschen Volk.

Eine solche Sprache macht sprachlos. Ausgerechnet die neuen Rechten, deren bevölkerungspolitisches Gedankengut in der Tradition jener Ideologie steht, mit der der schlimmste Völkermord in der Geschichte der Menschheit gerechtfertigt wurde, stilisieren sich zu Opfern eines

Genozids. Eines Genozids freilich, der ohne Gewalt und Tote auskommt, und deshalb zum ***schleichenden Völkermord*** erklärt werden muss, damit die Hirnrissigkeit und Absurdität dieser monströsen Erfindung nicht allzu offensichtlich wird.

Der geburtsbezogene Schmähwortschatz wurde hier in seiner vielfältigen Widerwärtigkeit ausgebreitet, um zu zeigen, dass es sich bei diesem Narrativ nicht um die Spinnereien einiger weniger handelt, sondern dass es sich dabei um eine unter Neurechten weit verbreitete und allseits akzeptierte Deutung der Bevölkerungsentwicklung handelt. Und diese Deutung hat Auswirkungen auf die Wahrnehmung von Familien und Familienbildern.

Von Großfamilien, Clans und Sippen

Wenn Neurechte über Familien mit Migrationsgeschichte schreiben, dann werden diese häufig als Großfamilien, Clans oder Sippen dargestellt, um Familien als Teil eines größeren ethnischen, religiösen, kulturellen, ökonomischen oder kriminellen Familienverbandes darzustellen. Dann ist im üblichen Modus maßloser Übertreibung etwa von ***28-Personengroßfamilien, Mega-Großfamilien, Mammutfamilien, Riesenfamilien*** oder ***Gigafamilien*** die Rede. Auch werden die Familien nach Herkunft ***(„Subsahara"-Großfamilien, Bulgaren/Rumänengroßfamilie, Zigeunergroßfamilie, Balkan-Großfamilie)*** und Religion ***(Mohammedaner-Großfamilie, Musel-Großfamilie)*** und in unterschiedliche Kriminalitätsklassen eingeteilt ***(Asylmissbrauchsfamilie, SEXnoMADENfamilie, Mafia-Großfamilie***). Migrantische Familien werden dabei stets mit Vermehrung durch Fortpflanzung ***(Dschihad-Karnickelfamilien)*** oder

Familiennachzug ***(Islamfamiliennachzugfamilie, Großfamiliennachzugsvortrupps)*** in Verbindung gebracht.

Mit besonderer Vorliebe beschreiben Neurechte Familien mit Migrationsgeschichte als *Clans* oder *Sippen,* um damit zu unterstellen, dass ähnlich wie in vermeintlich primitiven Kulturen familiäre Netzwerke, die auch entferntere Verwandtschaftsstrukturen umfassen, zur ökonomischen Sicherung dienen. Dabei steht immer der Vorwurf im Raum, dass die Sicherung des Lebensunterhalts nicht mit legalen Mitteln erfolgt. Entsprechend häufig finden sich auf rechten Plattformen Verweise auf ***Banditen-***, ***Drogendealer-***, ***Schläger-***, ***Messerstecher-*** und ***Killersippen,*** auf ***Krimigrantenclans, Schwerverbrecher-Mafia-Clans, Riesen-Zigeunerclans, Raubnomadenclans*** und ***Muslim-Clan-Abschaum.*** Die Liste wäre beliebig verlängerbar. Zuwanderung – das ist die Botschaft dieser Bezeichnungspolitik – ist Zuwanderung krimineller Familienstrukturen, die aufgrund ihrer Fertilität die deutsche Bevölkerung ersetzen, vorher aber noch durch kriminelle Machenschaften um ihre materiellen Güter erleichtern. Parallel sorgen ***Radikalen-*** und ***Extremistenfamilien, Gefährderfamilien, IS-Kämpferfamilien*** und ***Terroristen-Sippen*** für die Verbreitung von Angst und Terror.

Von Asozialen-, Misch- und Linksfamilien

Es ist freilich nicht so, dass Neurechte nur Migrantinnen und Migranten die Schuld am vorgeblichen ***Reproduktions-Desaster*** geben. Denn auch unter den Deutschen bekommen die vermeintlich falschen Mütter viele Kinder, insbesondere jene aus ***Problem-, Sozial-***

fall- und ***Sozialhilfekarrierefamilien.*** Das Credo vieler Neurechter lautet entsprechend: Statt langfristig in die ***HartzIV-Karrieren*** der Kinder von ***Unterschichtenmüttern*** zu investieren, sollte Deutschland lieber ***Gebärprämien*** für Akademikerinnen ausloben, weil deren Kinder langfristig eine höhere Bildungsrendite versprächen und damit einen größeren volkswirtschaftlichen Nutzen. Dass der Wunsch, akademisch gebildete Frauen zu bevölkerungspolitischen Produktivkräften zu domestizieren, im Widerspruch zum ansonsten mit Leidenschaft gepflegten Feindbild der ***Links„akademiker"Xinnen*** und ***Bunt-Wahnakademikerinnen*** steht und so gar nicht zum rechtspopulistisch-anti-elitären Habitus passen mag, in dem Frauen mit Studium ***Useless-Akademikerinnen*** oder einfach nur ***Kakademikerinnen*** sind, fällt keinem der neurechten Kommentatoren auf.

Ziel neurechter Anfeindungen werden auch jene, die gemeinsam mit Zuwanderern Familien gründen, und zwar in derselben herabwürdigenden Diktion, die schon die Nationalsozialisten für unerwünschte und später gesetzlich verbotene Eheschließungen zwischen Juden und sogenannten *Deutschblütigen* verwendet hatten. Sie werden abfällig als ***Mischehen, Mischehefamilien, Mischmaschfamilien*** oder, gänzlich befreit von jeder positiven Assoziation, die Wörter wie *Ehe* oder *Familie* transportieren könnten, als ***Mischkinderverbindungen*** bezeichnet. Kinder aus solchen Partnerschaften belegen Neurechte mit in ihren Augen herabsetzenden Ausdrücken wie ***Mischehe-Kinder*** oder ***Mischvölklinge.*** Für ihre Existenz machen sie von der Politik verordnete ***Mischvölker-*** und ***Mischrassen-Züchtungsprogramme*** verantwortlich, die der Schaffung eines ***NWO-Mischvolkes*** dienen sollen. Damit gemeint ist eine ***Einheitsbevölkerung,*** die der von Neurechten halluzinierten Weltregierung der ***New World Order*** gefügig ist.

Kaum weniger Kritik üben Neurechte an Familien, die sie für links halten, weil sie sich beispielsweise in der Geflüchtetenhilfe engagieren. Sie werden sarkastisch als ***Gutmenschenfamilien, Bestmenschfamilien*** oder ***Edelmenschenfamilien*** beschimpft oder in Bezeichnungen wie ***WirOpfernUnsereTochterGerne-Familien*** als dumm-naive Opfer diffamiert. Besonders Frauen, die sich als Flüchtlingshelferinnen engagieren, werden auf rechten Plattformen häufig zum Ziel von Verbalinjurien, etwa als ***Welcome-Refugee-, Äfflings-Welcome-*** oder ***Bahnhofsklatscher-Gutmenschenweiber.*** Häufig wird ihr Engagement als Folge sexueller Frustrationen diskreditiert und ihnen unterstellt, sie hofften, durch ihren Einsatz endlich einmal einen willigen Partner zu finden. ***Fremdlingsweiber, Flüchtlingsweibchen*** und ***Ficki-Ficki-Weiber*** sind Schmähausdrücke, die diese perfide Unterstellung in Worte kleiden sollen. Auch Familien, die aufgrund linker Gesinnung verdächtig sind, Zuwanderung nicht gänzlich abzulehnen, werden als ***Kinderladen-, Kommunisten-*** und ***Zeckenfamilie*** abqualifiziert, in denen ***Hippieväter*** und ***Alt-68er-Mütter*** Kinder mit ihrer ***antideutsch-sozialistischen*** Gesinnung indoktrinieren.

Jenseits von Vater, Mutter, Kind

Überhaupt provoziert jedes Familienmodell, das nicht dem neurechten Ideal einer *Vater-Mutter-Kind(er)-Familie* entspricht, eine Beschimpfungskaskade auf rechten Plattformen. Davon betroffen ist die ***Einelternfamilie,*** der als vaterloser ***Scheidungs-*** oder ***Restefamilie*** vorgeworfen wird, ***antiautoritär erzogene*** und ***emotional verstümmelte*** Kinder hervorzubringen. Auch ein Dorn in neurechten Augen sind als ***Pseudofamilienkonstrukte*** missbilligte ***Patchworkfamilien*** oder – weil sie für die

Autorinnen und Autoren den Namen *Familie* nicht verdienen – ***Patchwork-Zellen*** oder ***Patchwork-Verbünde.*** Als ***Viel-*** oder ***Mehreltern-Familien,*** womöglich auch noch nach dem Muster ***Vater-Vater-Mutter-Mutter-Kind,*** führen sie aus neurechter Sicht zu orientierungslosen und bindungsgestörten Kindern, die zu Hyperaktivität, Lernschwierigkeiten und Drogenmissbrauch neigen. Natürlich ist auch die alltagssprachliche Bezeichnung *Regenbogenfamilie* für Familien, in denen Kinder mit zwei gleichgeschlechtlichen Partnerinnen oder Partnern leben, für Neurechte ein Schimpfwort, das synonym zu diffamierenden Ausdrücken wie ***Homofamilie, Lesben-Ehe*** oder ***Schwuchtel-Lebensgemeinschaft*** verwendet werden kann. Dabei sind es insbesondere die unkonventionellen Elternrollen, die Neurechten Probleme machen, wie sarkastische Bezeichnungen wie ***Drei-Eltern-Baby, Elternteil-eins-Elternteil-zwei*** und ***Vater_*In*** oder ***Mutterer*** zeigen. Von den Widerlichkeiten, die Neurechte Regenbogenfamilien andichten, soll hier nur der Vorwurf erwähnt werden, sie führten zu einer Verwischung von Geschlechteridentitäten, der im Schmähausdruck ***Transgender-Kinderfabriken*** seinen Ausdruck findet.

Der Feminismus ist (nicht nur hier) schuld

Es sind solche vermeintlichen Entartungen des traditionellen Familienbildes, die für Neurechte dazu führen, dass Deutschland im ***Geburtenkampf*** ins Hintertreffen gerät und statt viriler Männer und reproduktionswilliger Frauen ***genderfluide Einheitswesen*** produziert. Die Schuld an dieser Entwicklung geben Neurechte der Gendertheorie und dem Feminismus. An dieser

Stelle kann der große Reichtum antifeministischer Schmähausdrücke und der mit ihnen transportierten Ideologien nicht in Gänze wiedergeben werden. Für Neurechte handelt es sich dabei um ein Querschnittsthema, das in beinahe alle Politikfelder ausstrahlt, wie die teils kuriosen, teils befremdlichen Wortzusammensetzungen ***islamisch-feministisch, jüdisch-feministisch, zionistisch-homo-feministisch, feministisch-globalistisch, ökosozialpazifeministisch, autoritär-feministisch*** oder ***feminazistisch*** belegen.

Für die Rolle, die Neurechte dem Feminismus im Bereich der Bevölkerungspolitik zuschreiben, sind die angegrauten Vorstellungen vom Feminismus als männerverachtender Weltherrschaftsideologie zentral. Analog zum *Kalifat* behaupten neurechte Kommentatoren, Deutschland sei auf dem Weg in ein ***Feminat.*** In diesem als totalitär phantasierten, auf der Staatsdoktrin des ***Männerhasserfeminismus*** fußenden Staat liegt alle Macht bei den Frauen. Angesichts des vermeintlich totalen Herrschaftsanspruchs sprechen Neurechte gerne von einem ***Femi-Faschismus*** oder ***Femi-Nazismus.*** Total ist der ***Unterwerfungsfeminismus*** insofern, als er auch in das Privatleben und die Beziehungen der Menschen eingreift, um diese radikal umzugestalten. In ihm unterwerfen ***Emanzen-*** und ***Feminazidominas*** devote ***Fem-Männchen,*** die in der schönen neuen Welt für die Reproduktion überflüssig geworden sind. Entsprechend projizieren Neurechte ihre Kastrationsängste auf ***„Schwanz ab"-Gender-Emanzo-Feministinnen.*** Der so imaginierte Feminismus kann zum Strohmann eines ***Familiezerstörungsfeminismus*** aufgebaut werden, der sich negativ auf die Geburtenrate auswirkt. Dabei greifen Neurechte die politischen Debatten um den Paragraph 218 auf, in dem vor beinahe 30 Jahren Frauen die letzte Entscheidung für eine Abtreibung innerhalb einer Zwölfwochenfrist zuerkannt wurde. Obwohl das Gesetz auch von CDU-Abgeordneten unterstützt wurde, gilt es Neurechten als Ausgeburt des Feminismus und Feministinnen als ***Abtreibungsfans, Abtreibungsfanatikerinnen*** oder als ***Altweiber-Schrumpelar$ch-Wohlstands-Abtreibungs-EmanzIxen,*** die aktiv an der Abschaffung des deutschen Volkes arbeiten.

Feminismus und Gendertheorie sind für Neurechte zwei Seiten einer Medaille. Denn, so geht die Erzählung, der Feminismus habe insbesondere die männliche Geschlechtsidentität aufgeweicht und einst stolze deutsche Recken zu ***Feminat-Schoßhündchen, Feministengutmenschschwuchteln*** und ***Feministenmännchen*** domestiziert. Als ***wirbellose Luschen einer geschlechtslosen Gesellschaft*** und schlaffe ***Femerichs*** seien die ***Weichei-gegenderten-deutsch-Männin*innen*** Opfer von ***Schwanz-ab-Feminismus*** und vorauseilender ***Selbstkastration.*** Der zwar biologisch als Mann angelegte, aber – damit letztlich die Theorie des sozialen Geschlechts bestätigende – ***vollkommen unmännliche Auswuchs grüner Gehirnwäsche*** ist in den Augen der neuen Rechten nur noch eingeschränkt zeugungsfähig. Und hier schließt sich dann der Kreis: Aus Einsicht in das selbst geschaffene Problem der deutschen Reproduktionsschwäche, importiere die Politik ***testosteronüberschüssige Kriminelle aus afrikanischen Gefängnissen,*** die sich der ***Nacktemanzen, Non-Frauen*** und ***Naiven*** annähmen. Und so bezichtigen Neurechte die politische Klasse, das deutsche Volk in einen ***Multikulti-Selbstvölkermord*** zu führen. In besonderem Maß verantwortlich sind in ihren Augen die ***Völkermord-am-eigenen-Volk-Parteien,*** die ***Linksgrün-Genozidalen*** und ***Bürgerkrieg 90 / Genozide.***

An den Schmähausdrücken mit Familienbezug wird deutlich, dass die neuen Rechten eine fundamental andere Perspektive auf Familie haben als der Rest der Gesellschaft.

Während hier die Familie als Keimzelle der Gesellschaft gilt, in der Kinder zu gesellschaftsfähigen Individuen gebildet werden und gegenseitige Fürsorge zu Existenzsicherung und Ausbildung sozialer Identitäten führt, rückt für Neurechte die reproduktive Funktion der Familie für den Erhalt des Volkes in den Mittelpunkt. Kinder aus Ehen zwischen Deutschen sind erwünscht, weil sie hohe Intelligenz und wirtschaftlichen Erfolg versprechen, Kinder aus migrantischen Ehen oder anderen Familienkonstellationen hingegen unerwünscht. Denn auch wenn Neurechte mit heimlichem Neid auf die angeblich so kinderreichen Großfamilien der sonst verachteten Migrantinnen und Muslime schielen, so fürchten sie nichts mehr, als dass Deutsche allmählich durch minderintelligente, sozial inkompatible, sozialhilfebedürftige und kriminelle Neubürger ersetzt werden. Die mit dem Deutschsein verbundenen positiven Projektionen werden so letztlich zu biologisch codierten Eigenschaften, die durch Reproduktion unter Gleichartigen weitergegeben werden. Wer Familien- und Bevölkerungspolitik auf diese Weise miteinander verquickt, frönt einem völkischen Rassismus, der sich nicht lange nur mit pronatalistischen Maßnahmen wie Gebärprämien zufriedengeben dürfte. Schließlich haben Neurechte die rhetorische Schraube schon bis zum vermeintlichen Genozid am deutschen Volk gedreht.

Schule und Erziehung: Integrationsunwillige Problemkinder im Umerziehungsgulag

Er ist notorisch aufmüpfig, hat Schwierigkeiten, sich an Regeln zu halten und Grenzen zu akzeptieren, opponiert rebellisch gegen jede Autorität, bedient sich einer vulgären Sprache, wertet Frauen pauschal ab und lebt eine archaische Maskulinität, verachtet Schwule und Lesben, verabscheut Transsexuelle und ist fixiert auf das Thema Sexualität. Kurzum: Er hat Schwierigkeiten, sich in die Mehrheitskultur zu integrieren. Die Rede ist nicht etwa vom Stereotyp des ***migrantischen Problemkinds,*** sondern vom prototypischen Kommentator auf neurechten Plattformen. Dass sich so manche neurechte Kritik an den Zuständen an deutschen Schulen und ihren Schülern wie eine Selbstbeschreibung liest, liegt daran, dass das Thema Erziehung hier auf zweierlei Weisen verhandelt wird. Zum einen haben Neurechte am deutschen Erziehungssystem viel zu mäkeln. Von der ***Kuschelpädagogik,*** über ***linke Indoktrination*** und ***Frühsexualisierung*** bis hin zur ***Leistungsverwässerung aus Minderheitenschutz*** reichen

J. Scharloth, *Hässliche Wörter*,
https://doi.org/10.1007/978-3-662-63502-5_13

die Vorwürfe, die sie den Schulen machen. Darüber hinaus ist Erziehung für Neurechte aber auch eine Metapher für das, was den Boden für jene gesellschaftlichen Veränderungen bereitet, die sie so vehement bekämpfen. Demokratieförderung, Kampf gegen Rechtsextremismus, einseitige Medienberichterstattung, ja das Unterhaltungsprogramm im Fernsehen – das alles ist für Neurechte Erziehung. Oder in der maßlosen Überspanntheit rechter Rhetorik ***staatliche Volkserziehung, Re-Education*** und ***Gehirnwäsche*** im ***Umerziehungsgulag.*** Und weil sich Neurechte in der Rolle des rebellischen Dissidenten gefallen, der sich nicht mit dem System arrangieren will, werden sie jenem Zerrbild des schwer erziehbaren und integrationsunwilligen Problemschülers mit Migrationshintergrund ähnlich, das sie in ihrem Hass auf alles vermeintlich Fremde entwerfen. Doch der Reihe nach.

Von Multi-Kulti-Terror-Schulen, Kuschelpädagogik und Gleichmacherterror

In ihrem Hang zur Apokalyptik malen Neurechte den Zustand des Bildungssystems in den schwärzesten Farben. Der Begriff der ***Bildungsmisere*** ist dabei noch beschönigend, treffender bezeichnen ***Bildungs-Waterloo, -Desaster*** und ***-Katastrophe*** in neurechten Augen die Situation. Statt mit Stolz auf die Bildungstradition ihres Heimatlandes zu verweisen, schmähen sie die Bundesrepublik als ***Bildungs-Unland, PISA-Entwicklungsland*** und ***Bildungsnotstandsland.*** Die vermeintlich desolate Verfassung des Bildungssystems findet für Neurechte ihren sinnhaften Ausdruck im katastrophalen

Zustand der Schulen. Auf rechten Plattformen ist fast ausschließlich von ***Problemschulen, Schulklitschen*** und ***Elendsschulen*** die Rede, von ***HORROR-Grundschulen, Höllenschulen*** und ***Multikulti-Schrottschulen*** oder vom ***Schultrümmerhaufen,*** den linksgrüne Politik hinterlassen habe. Ein besonderer Dorn im rechten Auge ist der wachsende Anteil an Kindern mit sogenanntem Migrationshintergrund, die als ***MiHiGru-Schüler*** bezeichnet oder in Anführungszeichen als ***Immigranten-„Mitschüler"*** von ihren deutschstämmigen Klassenkameradinnen und -kameraden segregiert werden. Für sie haben rechte Kommentatoren noch ganz andere Schmähnamen parat, mit denen sie ein ganzes Tableau rassistischer Vorurteile entfalten. Dann ist von ***Barbaren-*** und ***K*ffn*ckenkindern,*** von ***Bereicherer-Schülern, Besatzerkindern, Invasionsschülern, Kameltreiberkindern,*** ja ***Affenmenschen-Kindern*** die Rede, deren Beschulung ohnehin zum Scheitern verurteilt sei. An den als ***Ausländer-*** oder ***Schmelztiegelschulen*** verunglimpften Bildungseinrichtungen lassen Neurechte auch sonst kein gutes Haar. Inspiriert von Ghetto-Klischees zeichnen sie ein Bild von ***Moslemschlägerschulen,*** in denen ***Multikulti-Verbrecherkinder*** und ***arabische Schulhofkriminelle*** täglich ***Schulhofschlägereien*** und ***Schul-Messerstechereien*** anzetteln. Und sie projizieren ihre Phantasien vom bevorstehenden Rassenkrieg auf die Schule, wenn sie behaupten, dass in ***95 %-Muslimanteil-Schulen*** Deutschen nur noch die Rolle des ***Punchingballs*** und des ***Vergewaltigungsopfers*** bleibe.

Dass gegen diese behaupteten Missstände nicht entschieden vorgegangen wird, lasten Neurechte dem Popanz der ***Kuschelpädagogik*** an. Statt Regeln mit Härte, Konsequenz und Strafe durchzusetzen, machten sich ***Engelslehrer*** mit ***Soft-*** und ***„Zero-Frustration"-Pädagogik*** zum Gespött ihrer migrantischen Klienten. An

Harmony-Schulen und ***Supi-Multikulti-Ham-uns-alle-lieb-tralala-Bildungseinrichtungen*** gebe man sich der falschen Illusion hin, man könne mit ***Multikultihopsassa-Erziehung*** und ***Bärchen-Kuschelweich-Pädagogik*** ***Schul-Schläger*** und ***Kinder-Gangster*** auf den Pfad der Tugend führen. Stattdessen aber produziere man einerseits autoritätsentwöhnte ***Schläger-Jugendliche*** und andererseits wachsweiche ***Opfakinda*** und künftige ***Schlaffi-Studenten. Kuschellehrer*** sorgen im Weltbild von Neurechten auch dafür, dass selbst ***Sonderschulabbrecher*** noch mit ***Gefälligkeits-Hauptschulabschlüssen*** und Kinder von Geflüchteten mit einem ***Willkommens-Schulabschluss*** versorgt werden. Und an Gymnasien sind ***Abi-Durchwinker*** dafür verantwortlich, dass die Angehörigen der ***Abitur-für-alle-Generation*** auch tatsächlich ihr ***FLACH-abitur*** erhalten. Dass Frauen und Migranten dabei sogar noch bevorzugt werden, steht für Neurechte außer Frage. In der neurechten Phantasiewelt erhalten Schülerinnen ***Frauen-Förder-Abiturnoten,*** ein Migrationshintergrund begründet einen ***Abiturvollkasko-anspruch*** und Menschen muslimischen Glaubens werden im deutschen Schulsystem zu ***Islambonus-Abiturienten. Fairness-Gratis-Abitur*** und ***Willkommenskultur-Abi*** werden aus neurechter Sicht deshalb vergeben, damit die Politik die Bevölkerung mit vermeintlichen Bildungserfolgen von Migrantinnen und Migranten belügen kann. Ein ***Nafri-Abi,*** so unterstellen Neurechte, ist für die Politik daher wertvoller als eine ***Türken-Abi,*** da es eine größere propagandistische Wirkung verspricht. Kinder aus Familien mit Migrationsgeschichte sind für Neurechte jedoch per se dauerhaft bildungsfern, schwer erziehbar und gewaltaffin. Und das obwohl sich der Anteil der Abiturienten unter Jugendlichen mit und ohne Migrationshintergrund immer mehr angleicht. Aber wie immer, wenn die Wirklichkeit sich nicht mit ihren

Ansichten in Einklang bringen lässt, greifen Neurechte zu Verschwörungstheorien: Migrantische Bildungserfolge werden dann einfach als das Ergebnis politisch gewollter Niveaureduzierung für propagandistische Zwecke gedeutet.

Doch hat die vermeintliche Absenkung des Anforderungsniveaus an höheren Schulen für Neurechte noch einen weiteren Grund, der nicht weniger nach Verschwörung klingt: Die Bildungspolitik nämlich ziele auf die Schaffung von Einheitsmenschen. Ein Faktum, das für Neurechte aus der Einrichtung von Einheitsschulen zweifelsfrei abgeleitet werden kann. In diesem Schultyp, in dem Schüler länger gemeinsam in der gleichen Schule und teils in Gruppen mit unterschiedlichen Leistungsniveaus lernen, ist die Durchlässigkeit zwischen den Bildungsgängen größer und auch die Integration von Migrantinnen und Migranten kann effektiver erfolgen. Neurechte deuten diese *Eine-Schule-für-Alle* zur ***Gleichstellungsschule*** um und wittern ***Bildungsgleichmacherei, Kollektiv-Erziehung*** und ***Bildungssozialismus.*** Weil Gemeinschaftsschulen auch Ganztagesschulen sind, werfen Neurechte den ***Eintopfschulen*** vor, auf eine ***Ganztages-Gemeinschaft-Schul-Indoktrination*** zu zielen. Und obwohl es bislang nur eine überschaubare Menge von Modell-Gemeinschaftsschulen gibt, schreiben rechte Kommentatoren von ***Zwangs-Einheitsschulen*** und ***Erziehungstotalitarismus.*** Einen besonderen Anlass für verächtlichmachende Ergießungen finden Neurechte in Politikerinnen und Politikern, deren Kinder nicht in einer ***Multikulti-Kita*** betreut werden oder eine ***herunternivellierende Gleichmacherschule*** besuchen, sondern in eine ***Luxuskita*** in privater Trägerschaft oder auf ein ***elitäres Privatgymnasium*** gehen. Dann werden schnell Schmähnamen wie ***Privatschul-Schwesig*** oder ***Privatschul-Küsten-Barbie*** geprägt und

Schulnamen wie ***Ypsilanti-Privatschule*** kreiert, mit denen etwa die ehemalige hessische SPD-Vorsitzende aufs Korn genommen werden soll. Die wenigen Exempel werden dann in Ausdrücken wie ***Privatschulen-Genossen*** auf alle SPD-Politiker projiziert. Einzig auf die als ***Waldorfdeppenschulen, Waldoofschulen*** oder ***Waldorf-Pädo-Schulen*** diffamierten privaten Steiner-Schulen können Linke ihre Kinder schicken, ohne dass sie sich den Vorwurf der Doppelmoral einhandeln oder rechten Sozialneid provozieren.

Die Schuldigen an der Bildungs-Verdummung

Für die vermeintliche Bildungsmisere haben Neurechte eine einfache Erklärung parat: Deutschland werde von notorischen Schulversagern und Studienabbrechern regiert. Besonders hoch ist die Konzentration an ***Schulbankflüchtlingen, „Bildungs"-Krüppeln, Waldorfschulabbrechern*** und sonstigen Politikern mit ***StudienabbrecherInnenhintergrund*** aus ihrer Sicht bei SPD und Grünen. Diese Parteien werden daher als ***Schulabbrecher-*** und ***Studienabbrecherparteien*** bezeichnet, die Grünen sogar noch mit dem Ehrentitel ***Genozid90/Studienabbrecher.*** Und unter Rechten als besonders links geltende Bildungsprojekte erhalten Namen wie ***Studienabbrecher-Umvolker-Beck-KiTa, Katrin-Göring-Eckhardt-Sonderschuluniversität*** oder ***StudienabbrecherIn-Claudia-Fatima-Roth-Gesamtschule.***

Neben Politikerinnen und Politikern müssen auch Lehrerinnen, Erzieherinnen und Pädagogen als Sündenböcke für alle möglichen Missstände an deutschen Bildungseinrichtungen herhalten. Das Repertoire der Schmähnamen für diese Berufsgruppe macht die Pädagogen zu Witzfiguren ***(Lehrerdepp, Lehr-Fuzzie, Lehrerclown),*** Widerlingen ***(Lehrerdreck, Lehrergeschmeiß, Lehrer-Abschaum),*** Asozialen ***(Lehrergesindel, Lehrergesocks, Lehrerpack)*** und zu willigen Erfüllungsgehilfen des Systems ***(Lehrer-Schreibtischtäter, System-Büttel-Beamten-Lehrersau, Systempädagogin-Nutte).*** Dabei versteht sich, dass für Neurechte alle Lehrer tief im linken Milieu verwurzelt sind. Und so imaginieren sie sich den idealtypischen Pädagogen als ***Alt-68-***, ***Müsli-*** und ***Jesus-Latschen-Lehrer*** und bemühen das Klischee der emanzipierten ***Doppelnamen-Lehrerin*** oder der ***sozial-laber-wissenschaftlich*** geschulten ***Rotwein-Päd-Psych-Soz-Lehrerin.*** In ihrem Faible für Übertreibungen erscheint ihnen die Bezeichnung ***Links-Lehrer*** kaum mehr als Schimpfwort. Es muss schon ein ***Linksaußen-Klassenlehrer, Antifa-Lehrer*** oder ***Zecken-Lehrer*** sein, der die Kleinen indoktriniert. Offenbar haben Neurechte aber auch eine weniger undogmatisch-linke Variante des ***Agitprop-Pädagogen*** ausgemacht: Den ***Lehrer-Genossen, Lehrer-Apparatschick, Rot-Front-Schulleiter*** und die revolutionären ***Lehrer-Kampftruppen.*** Anstoß nehmen Neurechte auch daran, dass Lehrkräfte in Schulen Werte vermitteln sollen. Dann ist schnell die Rede von ***Bessermensch-Klugscheißer-Lehrern*** oder ***BestmenschIn-Lehrerinnen,*** die sie in ihrer verzerrten Wirklichkeitswahrnehmung als ***HetzlehrerInnen*** diffamieren.

Eltern, ganz gleich welcher Couleur, sind ebenfalls Schuld an der Malaise deutscher Bildungseinrichtungen, zumindest wenn man rechten Kommentatoren Glauben schenken will. Da sind die ***Hardcore-Eltern, Klammeraffen-Eltern*** und ***Helikopter-Eltern,*** die ihre Kinder als ***Elterntaxiunternehmen*** bis direkt vor die Schule chauffieren und am liebsten auf ***Dauer-Elternabenden*** jedes noch so kleine Problem zerreden wollen. Dass auch ***Asylanten-*** oder ***Invasoren-Eltern*** aus der Sicht rechter Kommentatoren keinen Beitrag zum gedeihlichen Miteinander von Schülern, Eltern und Lehrern leisten, kommt in pauschalisierenden Schmähausdrücken wie ***Scharia-Eltern*** und ***Ehrenmord-Eltern*** zum Ausdruck. Mit nicht weniger Verachtung begegnen Neurechte den bildungsfernen und sozial Schwachen, die als ***Unterschicht-Eltern, Analphabeten-Eltern*** und ***Asi-Eltern*** verunglimpft werden. Ein rotes Tuch sind für Neurechte aber auch die Eltern der sogenannten höheren Kreise, die ***RotweingürtelelterInnen*** und ***SUV-Mütter*** aus der ***Latte-Macchiato-Bourgeoisie.*** Von hier ist es nicht weit zu den von Neurechten mit besonderer Leidenschaft geschmähten ***Alt-68er-*** oder ***Althippie-Eltern, Öko-Eltern*** und ***Vegan-Muttis*** aus der ***Bionade-Waldorfschulen-Linksbourgeoisie.*** Auch hier bemühen Neurechte das reichlich strapazierte Klischee der ***Doppelnamen-Mutter,*** die mit ihrer ***Mutter-ist-Feministin-Erziehung*** ihre Söhne angeblich zu ***genderkastrierten Weichflöten*** machen. Im Schreckenskabinett neurechter Hassfiguren dürfen natürlich auch die ***Multikulti-Gutmenschen-Eltern*** und die ***Flüchtlingsfee-Mutter*** nicht fehlen, die versuchen, durch vermeintliche Wohltaten in Asylunterkünften wenigstens für ein paar Stunden in der Woche ihrer ***Latte-Macchiato-Hölle*** zu entkommen.

Links-grüne Elternhäuser bringen in der Vorstellungswelt neurechter Kommentaravantgarden aber auch Schüler hervor, für die die Schule keine Bildungseinrichtung ist, sondern Experimentierfeld für Verhaltensauffälligkeiten, Geschlechtsidentitäten und politische Extremismen. Da sind etwa die ***Liberalala-Zöglinge,*** deren Unfähigkeit, Grenzen zu akzeptieren, von Schulpsychologen als Verhaltensstörung entschuldigt wird, obwohl Neurechte die Bezeichnung ***ADHS-Halbaffenkinder*** für treffender halten. Da sind die ***Weicheier-Schüler, Pony-***

hofkinder und ***SJW-Schneeflöckchen,*** die sich keinen kontroversen Meinungen mehr aussetzen wollen. Da sind die ***Antifa-Bonzenzöglinge, Nomenklaturakinder*** und ***Antifantenweltrettungskinder,*** die durch Schulstreiks das Klima retten wollen. Da sind jene Kinder, die als ***Gutmenschnazikinder*** und ***Denunziantenschüler*** die Gesinnung ihrer Eltern auf rechte Ideologien prüfen und sie gegebenenfalls bei der Schulleitung anschwärzen. Und in der bizarren Vorstellungswelt neurechter Kommentatoren sind ***Regenbogenkinder*** und ***Transgender-Kinder*_Innen*** die Stars auf dem Schulhof, weil sie überkommene Geschlechterrollen und Geschlechtsidentitäten sprengen.

Weltanschauungslehrer, linksgrüne Rotwein-Viertel-Eltern und ***Gender-Multikulti-Schüler*** haben nach neurechter Meinung das Bildungssystem gekapert und nutzen es zur systematischen Umerziehung. Diese beginnt mit ***Kita-Politerziehung*** in ***Indoktrinationskindergärten*** und ***Front-Kitas,*** setzt sich an ***Bekenntnis-*** und ***Toleranz-Grundschulen*** fort und mündet in die ***Systemgymnasien, Gutmenschen-Erziehungsanstalten*** und weiterführenden ***Manipulationsschulen.*** Das Bildungssystem ist für Neurechte daher ein ***Gehirnwäschezwangsschulsystem.*** Doch was steht im Lehrplan der schulischen ***Gesinnungserziehungspropaganda,*** das Neurechte so sehr in Harnisch bringt?

Aus dem Lehrplan der Erziehungspropaganda

An erster Stelle sind es die im Curriculum als Leitziele formulierten Normen und Werte, die in rechten Debatten zum Ziel verächtlicher Kritik werden. Etwa, dass Schülerinnen und Schüler im Umgang mit fremden Wertvorstellungen zur Toleranz erzogen werden sollen. Denn Toleranz ist für Neurechte Selbstaufgabe, Unterordnung und ein Verzicht auf den Anspruch, dass sich die vermeintlich Fremden an ihre Wertvorstellungen anzupassen hätten. Und so kritisieren sie die ***Toleranz(um)-erziehung,*** spotten über ***Multikulti-Kindermusicals, Schule-ohne-Rassismus-Tanzmäuse*** und ***„Diversity"-Villa-Kunterbunt-Kinderkram*** und erklären die Schule zum ***Vielfalts-Umerziehungslager.*** Eine ***Multi-Kulti-Erziehung*** fürchten sie auch deshalb, weil sie Integration fördert. Staatliche Bildungseinrichtungen haben für Neurechte daher den Charakter von ***Willkommenskitas*** oder ***Einbürgerungsschulen*** – in neurechten Kreisen sind diese Bezeichnungen Schimpfwörter. Als vermeintliche Folge falscher Toleranzerziehung behaupten Neurechte eine umfassende Islamisierung der Schulen. So geraten ihnen ***Halal-Schulessen, Kopfwindelweiberlehrerinnen*** und ***Kinder-Burkinis*** zu ersten Anzeichen eines ***Bildungs-dschihad,*** der bald in ***Scharia-Schulordnungen, Djihad-Schulungen*** und ***Enthauptungslehrgängen*** seinen Ausdruck finden werde.

An der Toleranzerziehung kritisieren Neurechte zudem, dass sie Schülerinnen und Schüler auch für sexuelle und geschlechtliche Vielfalt sensibilisieren soll. Homosexualität als Unterrichtsthema etwa macht die Schule für sie zur ***Schwulenschule,*** in der Kindern das Ideal des ***verschwulten Mannes*** eingebimst werden solle. Die ***Homo-Erziehungsdiktatur*** lässt grüßen. Natürlich missfällt es Neurechten auch, wenn Geschlechterrollen auf dem Lehrplan stehen. Dann hetzen sie gegen ***Gender-Mainstreaming-Umerziehungsprogramme*** und ***Genderwahnideologie-Erziehung*** und erklären die Schule zum ***Gender-Umerziehungslager.*** Auch das

Thema *Transgender* hat in neurechten Augen nichts an der Schule zu suchen, auch wenn linke ***Erzieher*Innen*Ixer*** oder ***Schulleiter/Schulleiterinnen/Schulleiterdingsdas*** es propagierten. Für rechte Kommentatoren handelt es sich dabei im besseren Fall um eine ***ideologische Schluckimpfung gegen die Normalität,*** im schlechteren um ***Genderumschulungen*** zur Produktion von ***Transgender-Kinder*_Innen.***

Überhaupt wird das Thema Sexualität auf neurechten Plattformen viel häufiger behandelt als in der Schule. Die vermeintliche ***Frühsexualisierung*** ist hier ein Dauerbrenner. Sie begegnet uns auch im sprachlichen Gewand des ***Sexual-Umerziehungswahns,*** des ***Kindergartenfickis,*** des ***Pornolehrplans*** und der ***Zwangsschulsexualisierung.*** Die Schule degeneriert für Neurechte zur ***Fummelschule*** und zum ***Pädo-Umerziehungszuchthaus.*** Vermeintliches Ziel dieses ***Schulsexualerziehungsprogramms*** sei es, Heterosexualität und mit ihr das traditionelle Familienmodell zu diskreditieren und im Verein mit schulischen ***Verschwulungsoffensiven*** die Reproduktionsfähigkeit der Deutschen weiter zu schwächen.

Daneben sind es die üblichen Themen, an deren Behandlung im Schulunterricht Neurechte Anstoß nehmen. Neben der religionsunterrichtlichen Vermittlung der ***Klima-Heilslehre*** ist es vor allem die ***Political-Correctness-Erziehung,*** die mit den Methoden der ***Kinderbücher-Verbrennung*** auf dem Schulhof und der ***Elterndenunziation*** erreicht wird. Auch der Lehrplan im Fach Geschichte bleibt nicht unkommentiert. Hier diffamieren Neurechte die ***Holocaust-Education*** als ***Selbsthass-Reeducation-Indoktrination,*** die ***Selbsterniedrigung-und-Schuldkult-Kinder*** hervorbringe.

Die Schule der Nation

Die Schulen in der Bundesrepublik sind für Neurechte damit ***Regimeschulen,*** die wie in totalitären Staaten ***Kinder-Gehirnwäsche*** und ***Totalumerziehung*** betreiben. ***Agitprop-Pädagoginnen*** und ***Blockwartlehrer*** sorgen in diesem ***Schul-Faschismus*** für ***Schul-Gleichschaltung*** und für systemkompatible ***Konformitäts-Erziehung.***

Die totalitäre Schule ist freilich nur die Miniatur eines viel größeren totalitären Systems. Wie in einem Fraktal, in dem ein Objekt aus verkleinerten Kopien seiner selbst zusammengesetzt ist, ist der Staat für Neurechte im Großen, was die vielen Schulen in der Bundesrepublik im Kleinen sind: Ein Erziehungssystem zur Gefügigmachung der Bürger. Demnach leben wir in einer ***Erziehungs-Diktatur*** im ***NSDAP-SED-Volkserziehungsstil,*** die uns zu ***obrigkeitshörigen Staatssklaven*** machen will. Die Politiker der ***Systemparteien*** spielen sich als ***Demokratie-Lehrmeister*** und ***Links-Grüne-VolkserzieherInnen*** auf und plagen die ihnen anvertrauten Bürgerinnen und Bürger mit ***Neusprech-Umerziehung, Rassismusbelehrung*** und ***Multikulti-Volksumerziehung.*** Als ***Umerziehungsgouvernanten*** betätigen sich auch die Medien. So wird das Fernsehen als ***Erwachsenenschulfunk, Umerziehungs-Bevormundungs-Bildungsfernsehen*** oder ironisch als ***Feierabend-Umerziehung*** geschmäht und einzelne Moderatorinnen als ***GEZ-Belehrer, GEZ-Erzieherinnen*** und ***Oberlehrer-Journalistinnen*** verunglimpft. Jede Sendung steht bei Neurechten unter Erziehungsverdacht und so avanciert das Wort *Umerziehung* auf rechten Plattformen zu einem beliebten Bestimmungswort in abwertenden Ausdrücken zur Bezeichnung von TV-Formaten wie ***Umerziehungs-Show, Umerziehungs-Film, Umerziehungs-Sendung,***

Umerziehungs-Preisverleihung, Umerziehungs-Komödie, Umerziehungs-Werbespot. Und auch vom ***Umerziehungs-Polizeiruf*** und vom ***Umerziehungs-Tatort*** ist die Rede, wenn der Täter mal wieder einen Neonazihintergrund hatte.

Doch manchen Neurechten ist die Schule eine zu harmlose Vergleichsgröße, um die Monstrosität der Manipulation und Gehirnwäsche in Worte zu fassen, der die deutsche Bevölkerung unterzogen wird. Für sie ist Deutschland ein ***Freiluft-Umerziehungslager, NWO-Erziehungslager*** oder ein ***Umerziehungsgulag,*** und nicht einmal vor der Bezeichnung ***PC-Umerziehungs-KZ*** schrecken sie zurück. Es ist diese grotesk verzerrte Sichtweise auf Politik und Öffentlichkeit in der Bundesrepublik, die es Neurechten erlaubt, sich als Opfer, Dissidenten, ja als Teil des Widerstands gegen ein totalitäres Regime zu fühlen. Ein Widerstand, der allerdings vorwiegend darin besteht, sich wie perspektivlose Teenager mit pubertären Zoten auf dem Schulhof zu profilieren und an der Wand der Schultoilette ein Graffito mit einer Unartigkeit über eine Lehrerin zu hinterlassen, statt in der Schülervertretung konstruktiv an der Verbesserung der Schule mitzuarbeiten.

Freund und Feind: Mit Carl Schmitt gegen Angela Merkel, Politiker und Journalisten

In einer demokratischen Gesellschaft, die gemeinsame Werte und Normen hat, sind Konflikte unvermeidlich, sie verfügt jedoch über Verfahren, die dabei helfen, diese Konflikte zu bearbeiten und in Konsens oder Kompromiss zu überführen. Für Neurechte allerdings sind diese Verfahren bedeutungslos. Denn die Vorstellung von einem sich im Ausgleich der Interessen formierenden Gemeinwohl hat für sie keine Gültigkeit, nicht einmal als regulative Idee. Konsequenterweise lehnen Neurechte ab, am Maßstab einer konstruktiven Beteiligung an öffentlichen Debatten gemessen zu werden. Denn dies würde voraussetzen, dass es so etwas wie eine gemeinsame Basis gibt, auf der eine Verständigung mit den politischen Gegnern möglich und gewollt ist. Doch nicht einmal in den Formen der politischen Auseinandersetzung – in der Anerkennung der Anderen als Gesprächspartner, in der Selbstverpflichtung auf Rationalität und in der Bereitschaft zur Anerkennung des besseren Arguments – ist

J. Scharloth, *Hässliche Wörter*,
https://doi.org/10.1007/978-3-662-63502-5_14

eine solche Basis gegeben. Der alte bundesrepublikanische Konsens, dass man trotz politischer Gegnerschaft zum Wohl der Gemeinschaft kooperieren müsse, ist von Neurechten aufgekündigt worden. Für sie nämlich hat der politische Wettstreit eine Qualität angenommen, die eine Orientierung an einem gesellschaftlich Gemeinsamen obsolet macht. Oder genauer: Mit ihrem Verhalten und ihren Äußerungen in Parlamenten und öffentlichen Arenen erklären sie die politische Einheit für beendet.

Die Feinde im Bürgerkrieg

Das Skript für dieses Schisma liefert der politische Philosoph und Staatsrechtler Carl Schmitt. Wenn sich neurechte Diskursverächter nicht mehr an die Normen einer konsensorientierten politischen Auseinandersetzung gebunden fühlen und sich damit auch davon verabschieden, Teil einer dem Gemeinwohl verpflichteten Gemeinschaft zu sein, dann konstruieren sie sich die Welt nach einer Unterscheidung, die Carl Schmitt für das Wesen des Politischen hielt: die Unterscheidung zwischen Freund und Feind. Der Feind, das ist nicht irgendein Konkurrent oder ein Gegner, sondern ein existenzieller Antagonist. Feindschaft, heißt es bei Schmitt, ist die „seinsmäßige Negierung eines anderen Seins".

Nach dieser Grundunterscheidung konstruieren Neurechte ihre Welt. Politische Gegner sind Feinde, die in ihren Augen die Existenz jener Gemeinschaft bedrohen, als deren Teil sie sich empfinden und für deren Interesse sie zu sprechen glauben: Deutsche ohne Migrationshintergrund. Das Phantasma vom großen Austausch und vom Genozid am deutschen Volk ermöglicht es ihnen, in ihren politischen Gegnern Feinde zu sehen, die die Existenz des deutschen Volkes negieren und deshalb abgewehrt und bekämpft werden müssen.

Feindschaft materialisiert sich im Krieg. Ist der Feind ein innerer Feind, dann ist die Folge der Bürgerkrieg. Und tatsächlich leben viele Neurechte in Erwartung auf den *Tag-X,* jenen schwärmerisch herbeiphantasierten Tag der Erhebung der Deutschen gegen Ungemach und Unterdrückung. Auch rechte Meinungsplattformen, die sich für liberal-konservativ halten, behaupten pausenlos den Verfall staatlicher Ordnung und beschwören den geistigen, sprachlichen, medialen oder kulturellen Bürgerkrieg. Für etliche rechte Kommentatoren ist der Bürgerkrieg sogar längst in vollem Gange. Der Feind in diesem Bürgerkrieg, das sind Politiker, Medien, der Islam und die Hintermänner und -frauen an den Schaltstellen der Macht. Dem Feind wird gedroht. Etwa indem Redner auf Kundgebungen der Menge zurufen: „Merkt Euch die Namen! Merkt Euch die Gesichter!" Oder indem in Online-Kommentaren festgestellt wird, Politikerin X oder Journalist Y würden sich dereinst vor einem Volksgericht verantworten müssen. Und im Netz kursieren Feindeslisten, in denen ganz weit Rechte sich auf ein ***Nürnberg 2.0*** vorbereiten, in dem die Anklagen auf ***korrupter Volksverräter, Linksfaschist, Kommunistenabschaum, Deutschlandhasserin, Verschwörungspraktiker, Islam-Lobbyist, Abtreibungsextremistin*** und ***sozialer Abschaum*** lauten. Dem Feind droht Vernichtung und bis es soweit ist, wird er diffamiert, beschimpft und zum Unmenschen erklärt. Und zwar nicht nur insofern, als der Feind Inhaber einer politischen Funktion, Verfechter einer verhassten Ideologie oder Repräsentant einer als machtvoll wahrgenommenen Institution ist, sondern als Person, als Mensch. Und so widmet sich dieses Kapitel der personenbezogenen Beschimpfung.

Gottseibeiuns Merkel

Eine Person, die für Neurechte wie keine zweite das existenziell Andere, ja das absolut Böse verkörpert, ist Angela Merkel. Der Schimpfwortschatz, den die Autorinnen und Autoren rechter Plattformen für sie erdacht haben, ist so ausufernd und variantenreich, dass es den Anschein hat, der echte Name der Kanzlerin dürfe unter Neurechten gar nicht mehr genannt werden. So wie man den Teufel den *Leibhaftigen* oder den *Gottseibeiuns* nennt, um mit der Nennung seines Namens nicht sein Erscheinen zu provozieren, so wird Angela Merkel mit weit über 1000 herabwürdigenden, beleidigenden und entmenschlichenden Umschreibungen bezeichnet.

Bei der Bildung von Schmähnamen für Angela Merkel benutzen Neurechte nicht nur das politische Handeln als Inspirationsquelle, sondern bevorzugt auch äußere Merkmale, die entweder per se eine herabwürdigende Bedeutung haben oder in Kombination mit abwertenden Ausdrücken zu Schimpfwörtern werden. So werden *Hosenanzug* und *Raute* zu Signalwörtern und Symbolen für die in ihrem Amt erstarrte Bundeskanzlerin, die durch Hinzufügung weiterer Wortbestandteile zu Schmähnamen wie ***Hosenanzügliche, Hosenanzug-Pappaufsteller, Rautenhexe*** oder ***Terror-Raute*** zusammengesetzt werden. Wie in neurechten, notorisch frauenfeindlichen Kreisen üblich, wird Angela Merkel als Frau zudem durch Bezüge auf ihr Äußeres beschimpft, als ***hässliche GroKo-Fratze, Heißlufthosenanzugballon, Presswurst-Hosenanzug*** oder ***Kanzler-Speckbacke.*** Und obwohl Neurechte in ihrem Furor gegen die Gender Studies die Zweigeschlechtlichkeit mit heiligem Eifer verteidigen, stellen sie die Geschlechtszugehörigkeit der Bundeskanzlerin in Frage, damit implizierend, dass Menschen mit uneindeutigem

Geschlecht per se weniger wert sind. Dies geschieht etwa durch Integration eines maskulinen oder neutralen Artikels in den Namen ***(DasMerkel, DerMerkel),*** durch Hinzufügen von Endungen, die einen Bezug auf mehrere Geschlechter signalisieren ***(BundekanzlerIn, Bundeskanzler*in, Bundeskanzler_x_Inn)*** oder explizit durch Hinzufügung von Ausdrücken oder Vermischung mit Wörtern, die Geschlechtlichkeit thematisieren ***(Merkerl, Merkelteil, Kanzlerzwitter, Trans-Merkel).***

Daneben sind Verfremdungen und Verballhornungen von Name und Amt wichtige Zutaten bei der Beschimpfung der Bundeskanzlerin. Als politische Pfuscherin weisen sie Namensverfremdungen wie ***Murksel, Murkseline*** oder ***Murkselinchen*** aus, als geistig zurückgeblieben, kindlich und unansehnlich zeichnen sie Namen wie ***Murkel*** und ***Mörkel*** und Bezeichnungen wie ***Mürkel, Mürkül*** oder ***Mürksel*** versuchen sie als Vertreterin türkischer Interessen zu denunzieren. Freunde präpubertären Schulhofhumors wandeln den Namen der Bundeskanzlerin in ***Ferkel*** ab oder sprechen vom ***Merkel-Ferkel.*** Andere machen Angela Merkel durch Verfremdung ihres Namens pauschal für Gewaltverbrechen von Migrantinnen und Migranten verantwortlich, indem sie sie ***Merkill*** oder ***Mehr-Kill*** nennen. Statt der geschlechtsspezifischen Bezeichnung ***Bundeskanzlerin*** nutzen Neurechte häufig despektierlich gemeinte Ableitungen wie ***Bundeskanzleristin, Kanzlerina*** und ***Bundeskanzleuse*** oder das an Trash-TV-Formate erinnernde ***Kanzlette*** und ***Bundeskanzlerette.*** In verfremdenden Amtsbezeichnungen wie ***Bunzelkanzlerin*** und ***Bunzkanzlin*** klingt zudem das schweizerische Adjektiv *bünzlig* an, das so viel wie *spießig* bedeutet.

Äußere Merkmale und Verballhornungen von Namen und Amtsbezeichnung kombinieren Neurechte mit bewährten Vokabeln aus dem beleidigungsaffinen Wortschatz. Als Krankheit charakterisieren die Bundeskanzlerin beispielsweise Schmähnamen wie ***Pest-Merkel, Rautenpest, Regierungsfurunkel, Kanzler-Psychopathin*** oder ***Merkelkrebs.*** Auch Tiervergleiche scheuen Neurechte nicht. Die von Tieren auf die Kanzlerin übertragenen Eigenschaften sind häufig Körperfülle und vermeintlich geschlechtsspezifische Verhaltensweisen. So wird Angela Merkel als ***Schweinchenrosa-Merkel, CDU-Mastferkel, Mastganskanzlerin, Skifahrende-Hosenanzugs-Qualle*** oder ***Kanzlerinnentrampeltier*** geschmäht oder zur ***Merkelwachtel*** und ***Uckermark-Muttersau*** erklärt. Weitere von Tieren abgeleitete Eigenschaften, die Neurechte dem ***Kanzler-*** und ***Rautenvieh*** zuschreiben, sind geheuchelte Anteilnahme ***(Merkelkrokodil),*** Phrasendreschen ***(Papagei, der nur sozialistische Humanismus-Parolen säuselt)*** und störrische Uneinsichtigkeit ***(Merkel-Esel).***

Sarkastischen Spott und heftigen Widerspruch löst unter Neurechten auch die Stilisierung von Angela Merkel zur fürsorglichen Landesmutter oder Mutter von Geflüchteten aus. Sind Bezeichnungen wie ***Bundeshosenanzugs-Mutti*** und ***Rauten-Mother-Merkel*** noch vergleichsweise harmlos-sarkastische Bezugnahmen auf das Image der Kanzlerin, rücken sie Schmähnamen wie ***Sugar-Mama-Merkel*** oder ***Bundespuffmutter*** in die Nähe von Prostitution und sexuell motivierter Ausbeutung. Ihre humanitäre Haltung in Flüchtlingsfragen hat ihr sarkastische Bezeichnungen wie ***Merkel-Mutter-Teresa, Mutter-Teresa-Kanzlerin*** oder ***Mama-Afrika-Merkel*** eingebracht. Allerdings auch Namen wie ***Mutter Terroresia*** und ***Zombie-Mutti,*** denn in der neurechten Apokalyptik sind Geflüchtete mordende Untote, die in Horden nach Europa drängen. Die vermeintlich übertriebene Humanität hat ihr das Prädikat ***Mutti der***

Migranten und böse Stiefmutter der Deutschen eingebracht, das auch zu ***Landesstiefmutter*** verdichtet wird. Für Neurechte ist ***Mad Mama Merkel*** entsprechend keine fürsorgliche Wohltäterin, sondern ***Mutter aller Probleme.*** Überhaupt bilden sarkastische Bezeichnungen innerhalb der Merkel-Beschimpfungen ein eigenes Genre. Das Spektrum ironischer Herabwürdigungen reicht von übersteigertem Lob ***(Super-Bundeskanzlerin, Großkanzlerin, Überkanzlerin, Super-Duper-Überkanzlerin),*** über die Anmaßung von demokratisch nicht kontrollierter Machtfülle ***(Sonnenkanzler_In, Universumskanzlerin),*** bis hin zu religiösen Vergleichen ***(Kanzler-Päpstin, Rautenheilige, Gottkönigin Angela, Gottkanzlerin)*** und Wortbildungen, die Angela Merkel als Märchen- oder Superheldin charakterisieren ***(Märchen-Kanzlerin, Weltrettungskanzlerin, Wunder-Kanzlerin)***.

Die bislang aufgelisteten Schmähnamen für Angela Merkel kommen beinah ohne Bezüge zur Politik der Kanzlerin aus. Sie belegen damit, dass Neurechte längst über den Punkt hinaus sind, in denen die Schmähungen noch als Ausdruck des Unmuts mit einzelnen politischen Maßnahmen oder dem Regierungsprogramm verstanden werden könnten. Die Kritik zielt auf die Person, die als Verkörperung der Politik gilt. Und nur mit der ***Entsorgung*** der Person kann auch die vermeintlich falsche Politik überwunden werden. Das heißt freilich nicht, dass Neurechte darauf verzichten würden, Schmähnamen für Angela Merkel auch aus politischen Themen abzuleiten. So ist beispielsweise die politische Verortung der CDU-Politikerin ein beständiger Quell herabwürdigend intendierter Bezeichnungen. Aus neurechter Sicht ist Angela Merkel nämlich keine konservative Politikerin, sondern bestenfalls noch ***Mitte-Links-Kanzlerin*** oder

Sozen-Merkel. Viele verorten sie auf der Links-Rechts-Skala freilich noch weiter entfernt von der politischen Mitte, indem sie sie als ***Grün-Rot-Merkel, Links-Grün-Merkel*** oder ***Linksgrün-Vermurkselte*** beschreiben. Damit ist die Skala politisch linker Positionen noch nicht ausgereizt, die auf rechten Plattformen der Kanzlerin zugeschrieben werden. Im neurechten Wettkampf um die noch-extremere und für Außenstehende noch-abwegigere politische Verortung gerät Angela Merkel zur ***Marx-Murks-Murksel,*** zur ***Kommunismus-Kanzlerin,*** zum ***Sozialisten-Merkel-Troll*** und sogar zum ***Maoisten-Ferkel.*** Als Beobachter fragt man sich freilich, wie weit rechts man stehen muss, um Angela Merkel für eine Maoistin zu halten – oder für eine Antifa-Aktivistin, für die findige Rechte die Bezeichnung ***AngieFa*** geprägt haben.

Doch noch immer ist das politische Spektrum nicht in seiner ganzen Breite ausgeschöpft. Angela Merkel gilt in neurechten Kreisen nicht nur als linksextrem, sondern zugleich als rechtsextrem! Denn obwohl Neurechte die *CDU* bisweilen als ***Angiefaschisten*** verhöhnen, werfen sie ihr vor, mit Angela Merkel dem ***Adolf Hitler des 21. Jahrhunderts*** zur Kanzlerschaft verholfen zu haben. In Bezeichnungen wie ***Gleichschaltungskanzlerin*** und ***Kanzler-Führerin*** wird ihr Führungs- und Politikstil in die Nähe nationalsozialistischer Usurpationspraktiken gerückt. Mit Schmähnamen wie ***Hitler-Merkel, Adolfina, Adolfa, Adolf-Merkill*** oder ***Adolfela-Ferkel*** wird sie direkt mit Hitler gleichgesetzt. Wie hoffähig derlei NS-Vergleiche unter den neuen Rechten sind, zeigt sich auch darin, dass die AfD in einer Pressemitteilung die Kanzlerschaft Angela Merkels als ***das dunkelste Kapitel in der Geschichte der Bundesrepublik Deutschland*** bezeichnet, analog zur Bezeichnung der NS-Zeit als dunkelstem Kapitel der deutschen Geschichte.

Diejenigen, denen der Hitler-Vergleich doch zu gewagt ist, sprechen desto unbefangener von Angela Merkel als ***Kanzler-Diktatorin, Demokraturkanzlette*** und ***Murksel-Despotin,*** die in Deutschland eine ***Mörkel-***, ***Mürkül-***, ***Murkseldiktatur*** etabliert hat. Als Inspirationsquelle für den Diktaturvorwurf dienen dabei Falschbehauptungen über die DDR-Vergangenheit Angela Merkels. So genügt ein Hinweis auf ihr Engagement im kommunistischen Jugendverband *Freie Deutsche Jugend,* um sie als ***FDJ-Barbie, FDJ-Blutraute*** oder ***FDJ-Kanzlerette*** politisch zu diskreditieren. Beliebt unter Neurechten sind auch Vergleiche von Angela Merkel mit altkommunistischen Herrschern. Dann wird sie als ***Politbüro-SED-Kanzlerin, Betonkopfkanzlerin, Hohnekler-Nachfolge-Kanzlerin*** oder gar ***Stalin-Merkel*** diffamiert. Auch der Verschwörungsmythos, nach dem Angela Merkel als ***IM Erika*** für den Staatssicherheitsdienst der DDR tätig gewesen sein soll und daher jetzt erpressbar sei, findet seinen Niederschlag in Schmähausdrücken wie ***Stasi-Murksel, FDJ-EriKanzlerIn, IM-Erika-FDJ-Propagandistin*** oder ***Agitprop-Erika.***

Überhaupt bilden Verschwörungserzählungen ein reiches Reservoir für Schmähnamen. So wird Angela Merkel beschuldigt, Handlangerin der geheimen Weltregierung zur Errichtung einer neuen Weltordnung zu sein ***(One-World-Kanzlerin, NWO-Merkel, Bilderberger-Hosenanzug),*** im Sinn von Freimaurern und Geheimbünden zu handeln ***(Illuminati-Kanzlerin),*** abhängig von jüdischem Finanzkapital ***(NWO-Soros-Kanzlerin, SOROS-Merkel)*** und aufgrund ihrer Stasi-Vergangenheit eine CIA-Marionette zu sein ***(AMerika, AmErika-Bomber, CIA-Merkel).*** Die ***Deutsche-hassende-Kanzlerin*** verrate die Interessen des eigenen Volkes. Mit Schmähnamen wie ***Dolchstoß-Merkel*** und ***oberster Deutschlandschädling*** ziehen Neurechte Parallelen zwischen Angela Merkel und der Legende von den inneren Feinden, die im Ersten Weltkrieg der deutschen Armee kriegsentscheidend in den Rücken gefallen wären – eine grobe Geschichtsfälschung. Sie schreiben sich mit dieser Sprache auch in eine ideologische Tradition ein, die von den Nationalsozialisten dankbar aufgegriffen wurde und ihren politischen Aufstieg beförderte. Mit der Beschimpfung Angela Merkels als ***Deutschlandvernichtungskanzlerin*** knüpfen Neurechte also bewusst an Elemente nationalkonservativer und faschistischer Geschichtspolitik an.

Zum neurechten Bild der ***Es-war-einmal-Deutschland-Kanzlerin*** passt auch der in zahlreichen Schmähausdrücken formulierte Vorwurf, Angela Merkel arbeite daran, Deutschland zu islamisieren. Er materialisiert sich in Namensabwandlungen wie ***Musel-Mürkül*** und ***Moslem-Muttchen-Murksel,*** die unterstellen, die Kanzlerin mache Politik für Muslime, aber auch in Bezeichnungen wie ***Kopftuch-Murksel*** und ***Scharia-Ferkel-Merkel,*** die behaupten, Angela Merkel unterwerfe sich selbst den Regeln des Islam oder verschaffe ihnen zumindest Gültigkeit. Die Schmähnamen eskalieren in neurechten Diskursen schnell von ***„Islam-gehört-zu-Deutschland"-Kanzlerin,*** über ***Islam-*** und ***Islamisierungs-Kanzlerin*** bis hin zu ***IS-Kanzlerin.*** In der blühenden Phantasie Neurechter steht die politisch korrekt mit Halbmond und Stern geschriebene ***C*DU-Kanzlerin*** längst einem islamischen Staatswesen vor, in dem sie wahlweise die Position der ***Grossmufti-Merkel*** oder der Kalifa ***al-Merkel*** einnimmt.

Der Vorwurf der Islamisierung steht natürlich im Zusammenhang mit der Kritik an der Migrations- und Fluchtpolitik Angela Merkels, die von Neurechten in Schmähnamen wie ***Migrantenkanzlerin, Masseneinwanderungskanzlerin, Völkerwanderungs-Kanzlerin*** und ***Massenflutung-Merkel*** verdichtet wird. Andere Schmähnamen greifen vermeintlich oder tatsächlich getätigte Äußerungen Angela Merkels auf, die belegen sollen, dass die Kanzlerin persönlich die Verantwortung dafür trägt, dass viele Menschen nach Deutschland geflüchtet sind. So wird Merkel als ***Kommtallenachdeutschlandmerkel, Kommt-alle-nach-Germoney-Merkel*** oder ***Jetzt-sind-sie-halt-da-Merkel*** beschimpft. Dabei werfen Neurechte Angela Merkel in Schmähnamen wie ***Asylbetrüger-Kanzlerin, Schleusermerkel*** oder ***Rechtsbruch-Kanzlerin*** vor, gegen geltendes Recht verstoßen zu haben, obwohl das Bundesverfassungsgericht alle Klagen gegen die Flüchtlingspolitik abgewiesen hat.

In ihrem steten Bemühen, Zuwanderung als gewaltsame Landnahme erscheinen zu lassen, machen Neurechte Angela Merkel persönlich für alle Gewaltverbrechen von Menschen mit Migrationsgeschichte verantwortlich. Sie ist für sie ***„Messerflüchtlings"-Kanzlerin, Murksel-Mörder-Unterstützerin, Mordkanzlette, Todeskanzlerin*** und sogar ***Mordmaschine-Merkel.*** Die Empörungsschraube drehen Beschimpfungen wie ***Pro-Vergewaltigungsjihad-Merkel*** und ***Merkel-Rape-Ferkel*** noch weiter. Dass eine Politikerin, die für solche Verbrechen zumindest verbal persönlich haftbar gemacht wird, nicht mehr nur politische Gegnerin ist, sondern existenzielle Feindin, ist offensichtlich. Dass der ***Bundes-Invasionschefin*** Angela Merkel obendrein noch ein planvolles Vorgehen mit dem Ziel unterstellt wird, das deutsche Volk durch eine gefügige Mischbevölkerung zu ersetzen, steigert die Anklage für Neurechte ins Monströse. So beschimpfen sie Angela Merkel als ***Volksverdünnungs-Befürworterin, Bevölkerungsaustauschskanzlerin, Umvolkungsmerkill*** und ***Volkstodkanzlerin.*** Und sie stilisieren sich zum Opfer eines Genozids am deutschen Volk, der von der

Bundeskanzlerin als ***Volksvernichtungsleiterin, Autogenozid-*** und ***Völkermord-Merkel*** verantwortlich betrieben wird.

Und so wird Angela Merkel zum absolut Bösen erklärt. Für Neurechte ist sie ***Merkel-Unheil*** und ***Schandkanzlerin, Hosenanzug-Monster*** und ***Horror-Kanzlerin, Rautenteufel*** und ***Murksel-Biest, Merkelmüll*** und ***Abschaumkanzlerin.*** Sie ist ***Ursprung allen Hasses, MUTTER allen GRAUENS, Krebsgeschwür am Volkskörper*** und ***Schuld am ethnischen Holocaust an den Völkern Europas.*** Was hier spricht, ist nicht Kritik, sondern Verachtung. Wer so spricht, hat sich vom politischen Diskurs verabschiedet. Sein Ziel ist nicht der Wettstreit um das bessere Argument. Sein einziges Ziel ist die totale Herabwürdigung des Feindes zum unmenschlichen Scheusal, das nicht nur abgewehrt, sondern definitiv vernichtet werden muss, wie Carl Schmitt es beschreibt.

Der Feind steht links I: Politikerinnen und Politiker der SPD

Angela Merkel ist zwar ein Extrem-, aber bei weitem kein Einzelfall. Vor neurechten Beschimpfungen ist niemand sicher, der oder die sich öffentlich exponiert. Ein weiterer Politiker, der auf rechten Plattformen mit besonderer Leidenschaft geschmäht wird, ist der ehemalige Justizminister und gegenwärtige Außenminister Heiko Maas. Bei ihm fungiert die Körpergröße als das äußere Merkmal, mit dem Neurechte glauben, ihn im Stil kleiner Mobber in der großen Pause demütigen zu können. ***Zwerg Alberich, AußenMINIster, Maas-Gnom*** und ***Maas-Männchen*** sind nur wenige Beispiele. Ebenfalls seiner vermeintlichen Zierlichkeit verdankt sich wohl die Verächtlichmachung als ***Maasmausi.*** Dem traditionellen Beleidigungswortschatz sind hingegen die Tierbezeichnungen ***Maasschwein*** und ***maAas*** entlehnt. Auch an Vergleichen mit Repräsentanten diktatorischer Regime mangelt es in rechten Online-Medien nicht. So wird Maas als ***kleinwüchsiger Neo-Goebbels, SPD-Eichmann, Freisler-Maas*** nach dem Präsidenten des NS-Volksgerichtshofs oder ***Maas-Mielke*** beschimpft. Der Leiter des Ministeriums für Staatssicherheit der DDR steht auch Pate bei dem Schmähnamen ***Ich-liebe-Euch-doch-alle-Maas.*** Mit ihm ziehen Neurechte eine Parallele zwischen dem Wirken der Staatssicherheit und den Maßnahmen gegen Online-Hassrede, die von Heiko Maas als Justizminister im Netzwerkdurchsetzungsgesetz verantwortet wurden. Bezeichnungen wie ***Bundeszensurministerchen, Denunziationsminister*** oder ***Gesinnungsjustizminister*** lassen im Verbund mit dem Eichmann-Vergleich Heiko Maas als gewissenlosen Technokraten erscheinen, der mittels einer ***Maas-Facebook-Meinungspolizei*** die freie Rede und damit in letzter Konsequenz die Demokratie abschaffen möchte.

SPD-Kanzlerkandidat Olaf Scholz kommt vergleichsweise glimpflich davon. Der Spottname ***Bundes-Scholzomat*** für den wenig charismatischen, hanseatisches Understatement kultivierenden Politiker ist die häufigste Bezeichnung, die allerdings auch von anderen Teilen der Öffentlichkeit gebraucht wird. Seine Verwicklung in Finanzskandale haben ihm aber auch die Schmähnamen ***Cum-Ex-Verbrecher, krimineller Wirtschaftsverbrecher*** und ***Schummel-Scholz*** eingebracht. Daneben wird Scholz vorgeworfen, kein aufrechter Sozialdemokrat, sondern Teil der ***Arbeiterverräter-Clique*** und der ***Rotweingürtel-Schickeria*** zu sein. Auch Scholz sagen Neurechte in Ausdrücken wie ***Islam-Scholz, Scharia-Scholz*** oder ***S*PD-Scholz*** eine zu große Nähe zum Islam nach. Und sie haben nicht vergessen, dass Scholz vor beinahe 20 Jahren als Generalsekretär der SPD den Ausbau der Kinderbetreuung mit einer Kriegsmetapher begründet hatte, woran Neurechte mit den Schmähnamen ***Lufthoheit-über-die-Kinderbetten-Scholz*** und ***Kinderbettenhoheits-Scholz*** glauben erinnern zu müssen.

Die am häufigsten beschimpften SPD-Politiker sind allerdings zwei Politikerinnen: Sawsan Chebli und Aydan Özoğuz. Als Frauen und als Menschen, die aus Familien mit Migrationsgeschichte stammen, werden sie von Neurechten besonders intensiv mit Hass verfolgt. Die Widerlichkeiten, die über sie auf rechten Nachrichtenseiten und in einschlägigen Kommentarspalten geschrieben werden, sollen hier allerdings nicht wiedergegeben werden.

Der Feind steht links II: Politikerinnen und Politiker von Bündnis 90 / Die Grünen

Wenden wir uns stattdessen dem Lieblingsziel neurechter Hetze zu, den Grünen. Schon der Name der Partei wird von Neurechten geradezu zwanghaft verfremdet, etwa um die Mitglieder als töricht ***(Blödheit 90 / Grütze, Dümmnis 90 / Die Blöden, Dünnschiss 90 / Die Infantilen)*** und pädophil ***(Pädo 90 / Die Irren, Blödsinn 90 / Die Pädophilen)*** zu denunzieren und der gesamten Partei eine Politik vorzuwerfen, die zu gesellschaftlicher Spaltung führt ***(Bürgerkrieg 90 / Dagegen, Bürgerkrieg 90 / Genozide, Bürgerkrieg 90 / Musels-Vertreter).*** Nicht minder zimperlich gehen Neurechte mit den Köpfen der Partei ins Gericht. Etwa mit dem Co-Fraktionsvorsitzenden Anton Hofreiter.

Der als ***Hinterhofreiter, Toni Hofscheißer*** und eitler, aber begriffsstutziger ***Himbeertoni*** Verspottete wird vor allem wegen seiner Haarpracht zum Opfer neurechter Angriffe. Einigen Kommentatoren erscheinen die langen Haare der Würde des Bundestags nicht angemessen, weswegen sie den Grünen-Fraktionschef als ***Hofreiterzottel, Trümmertoni*** und ***Langhaardackel Hofreiter*** bezeichnen. Andere stilisieren ihn wegen seiner Frisur zum Ergebnis linksgrüner Genderpolitik und verspotten ihn als ***fast Frau Hofreiter, Antonia-hat-die-Haare-schön, Hofreiter*_IN, Gender-ClownIn, Ponyhofreiterin*** und ***unappetitliche „Grüne" Conchita Wurst.*** Wie der gesamten grünen Partei werfen Neurechte dem Co-Fraktionsvorsitzenden vor, Politik zu moralisieren, ohne sich selbst an moralische Maßstäbe zu halten. Diese Kritik kleiden sie in Schmähausdrücke wie ***rotgrünes Gutmenschen-Gesindel, Grüner Pharisäer*** und ***hochmoralischer Bessermensch.*** Und obwohl den Grünen vom Rest des politischen Spektrums eine Verbürgerlichung vorgeworfen wird, ist Anton Hofreiter für Neurechte ein Extremist, ein ***Umwelt-Muezzin, Ökofaschist, Antifa-Zottel*** und ***pädo-linksgrüner Khmer.*** Einige glauben sogar, aufgrund seiner Initialen eine Seelenverwandtschaft zu Adolf Hitler feststellen zu können, und schreiben seinen Namen daher ****A*nton *H*ofreiter.***

Ein weiterer Grünen-Politiker, dem derlei spezielle Führungsqualitäten nachgesagt werden, ist Robert Habeck, der bisweilen als ***GRÜN-Föhrer-Habeck-Vollhorst*** verspottet wird. Dabei macht es sein ***Och-den-Habeck-hätt-ich-gern-als-Schwiegersohn***-Image Neurechten schwer, hinreichend harsche Schmähnamen für den Grünen-Chef zu finden. Gehässige Bezeichnungen wie ***Emo-Teddybär*** oder ***Habeckmausi,*** die ihn als Softi kritisieren, oder Ausdrücke wie ***Laber-*** und ***Blablahabeck,*** die ihn als substanzlosen Politiker charakterisieren sollen, genügen kaum, ihn zur Hassfigur zu skandalisieren. Gleiches gilt für den Vorwurf der Scheinheiligkeit, den Neurechte allen vermeintlich linken Politikerinnen und Politikern machen und der in Schmähnamen wie ***Tartüff-Habeck*** und ***Milli-Vanilli-Politiker*** gekleidet wird. Entsprechend widersprüchlich fallen die neurechten Beleidigungsversuche aus. Da ist Habeck einerseits der telegene ***George Clooney der Grünen,*** andererseits der abgehalfterte ***Tränensack-Habicht.*** Manchen gilt er als ***windelweicher Rotwein-Sozialist,*** anderen als revolutionärer ***Genosse Stoppelkommunist.*** Die einen verspotten ihn als ***Mahatma Habeck,*** andere warnen vor dem kommunistischen Gewaltherrscher ***Polpot-Habeck*** und hören die deutsche Jugend in Anlehnung an die Ho-Ho-Ho-Chi-Minh-Rufe der 1960er Jahre schon ***Ha-ha-Habeck*** skandieren. In ihrer Kritik an Robert Habeck eint die neuen Rechten jedoch ein mehr als zehn Jahre altes Zitat des Grünen-Co-Vorsitzenden. In seinem 2010 erschienenen Buch über Patriotismus erdreistete er sich nämlich zu äußern, dass er Vaterlandsliebe stets zum Kotzen fand und mit Deutschland nie etwas anzufangen wusste. Dankbar übersetzen Neurechte diese Meinungsäußerung mit etwas künstlerischer Freiheit in den Schmähnamen ***Deutschland-ist-nix-wert-Habeck.*** Eine weitere, vermeintlich unpatriotische Aussage zum deutschen Volk gibt Neurechten weitere Munition für ihren Feldzug gegen den Grünen-Chef. Der hatte nämlich den Begriff des ***Volksverräters*** damit kritisiert, dass es gar kein Volk gebe und daher auch keinen Verrat an diesem Volk. Gemeint hatte er *Volk* als ethnische, ausschließende Kategorie, die Existenz eines Staatsvolkes wollte er nicht geleugnet haben. Trotz Klarstellung ist er für Neurechte seither ***„Es gibt kein Volk"-Habeck*** und ***Raum-ohne-Volk-Habeck.***

Natürlich ist auch Grünen-Kanzlerkandidatin Annalena Baerbock ein beliebtes Ziel der Schmähungen neurechter Kommentatoren. Seit sie in einem Fernseh-Interview statt vom Schwermetall *Kobalt* von *Kobold* sprach, wird sie häufig als ***Baerbock-Kobold, Annalena Kobold*** oder ***Bärbeiss-Kobold*** bezeichnet. Als böswillige und dumme Politikerin charakterisieren sie Schmähausdrücke wie ***Dachschaden-Baerbock, Baerblöd, Baerböse*** und ***geistig unbefleckte Quoten-Trulla.*** Geleitet von sexistischen Stereotypen haben Neurechte zudem die Bezeichnungen ***Baerbockkeifer*** und ***Baerbock-Plappermaul*** aus dem vermeintlichen Gesprächsverhalten der Grünen abgeleitet. In Namensverballhornungen wie ***Problembärbock, Baer(endienst)bock*** oder ***Bärverbockt*** sagen Neurechte der Kanzlerkandidatin zudem nach, Deutschland zum Schaden zu gereichen.

Die am meisten geschmähte Grünen-Politikerin ist allerdings die Bundestagsvizepräsidentin Claudia Roth. Auch ihr werden in Schmähnamen wie ***Claudia„deutschlanddumiesesstückscheiße"Roth*** und ***Deutschlandverrecke-Roth*** von Neurechten undeutsche Umtriebe vorgeworfen, weil sie auf einer Demonstration mitgelaufen sei, auf der die in ihren Schmähnamen kolportierten Aussagen als Parolen skandiert worden sein sollen. Auch ihr Name ist Ziel infantil-beleidigender Verfremdungen, etwa als ***IdiRoth, Claudia Rothz*** oder ***Claudia Kot.*** Weil sie die Türkei in einem Interview auf dem *Ball des Sports* als zweite Heimat bezeichnet hatte, haben ihr Neurechte den Zweitnamen *Fatima* gegeben, den Namen der Tochter des islamischen Propheten Mohammed. Darüber hinaus ist es bei ihr ebenfalls der Dreiklang aus äußeren Merkmalen, behaupteten charakterlichen Defiziten und Unterstellung politischer Monstrositäten, die von Neurechten zur Herabwürdigung des Grünen-Urgesteins herangezogen werden. So wird die Bundestagsvizepräsidentin als ***Kugelkopfwarzengesicht, Ganzkörper-Leberfleck*** oder ***Fettsack-Roth*** geschmäht. Und selbst Publizisten wie Henryk M. Broder schreiben sich in die neurechten Hetztiraden ein, indem sie Claudia Roth als ***Doppelzentner fleischgewordene Dummheit*** bezeichnen. Als charakterliches Defizit verspotten Neurechte Claudia Roths emotionale Äußerungen als ***Claudia-Roth-Betroffenheits-Geheule*** und die Politikerin als ***Tränendrüsen-Fatima.*** Und sie schmähen die vermeintlich geringen intellektuellen Kapazitäten der Bundestagsvizepräsidentin in Namen wie ***GehirnpROTHese, Hirn-Baracke Claudia Fatima*** und ***Strunzrothdumme.*** Für die angeblichen politischen Verfehlungen Roths haben Neurechte gar ein sprachliches Mem kreiert, das bei jeder politischen Initiative der Grünen eine programmatische Umbenennung und Umwidmung des Kölner Doms in eine Moschee vorhersagt. Drittes Geschlecht: ***StudienabbrecherIn-Claudia-Fatima-Roth-3Gendermoschee,*** Toiletten ohne Geschlechtertrennung: ***StudienabbrecherIn-Claudia-Fatima-Roth-Unisexmoschee,*** Fahrverbote bei zu hoher Umweltbelastung: ***StudienabbrecherIx-Claudia-Fatima-Roth-Feinstaub-Moschee,*** Förderung alternativer Energien: ***StudienabbrecherIx-Claudia-Fatima-Rothz-Genderdosenpfandsolardachmoschee,*** keine fixe Obergrenze für Flüchtlinge: ***StudienabbrecherIx-Claudia-Fatima-Roth-Umvolkungsmoschee*** oder ***VolkskammerpräsidentIn-Claudia-Fatima-Roth-Völkermordmoschee.*** Die Grünen-Politikerin soll so zur von Muslimen verehrten Handlangerin der Islamisierung Deutschlands erklärt werden. Die Scheußlichkeiten, mit denen Claudia Roth beleidigt wird, sind in Wahrheit noch viel widerlicher als die wenigen angeführten Beispiele. Übelste Schmähungen bis hin zu Morddrohungen zeugen von der völligen

Enthemmung neurechter Hetze und der mit ihr verfolgten Strategie der totalen Feindsetzung.

Journalisten als Feind des Volkes

Der verbale Feldzug gegen die ideologischen Feinde ist jedoch nicht auf Politikerinnen und Politiker beschränkt. Auch Medienschaffende sind Ziel neurechter Hetze. Etwa die Moderatoren des *heute journals* im ZDF. So wird *Klaus Kleber* als ***Kleber-Clown*** und ***Kleberling*** verspottet oder als ***Klebrig-Schnitzler*** mit dem DDR-Fernseh-Propagandisten Karl-Eduard von Schnitzler verglichen. Doch damit nicht genug: Er wird auch als ***Schreibtischtäter, Betrüger und Hochverräter, publizistische Vorhut für die Islamisierung Deutschlands*** und ***extreme System-Propaganda-Hure*** beschimpft. Für manche Neurechte ist er ***unter allen schmierigen Staatspropagandisten der Ölprinz.*** Nicht weniger hart nehmen rechte Kommentatoren *Marietta Slomka* ins Visier. Sie wird als eiskalte, fremdgesteuerte ***Gefrierkühltruhen-Marionetta*** und manipulativer ***Agit-Prop-Slomkomat*** diffamiert, der als ***Medien-*** und ***Polithure*** nur ***nichtssagende befehlsempfangende Nachrichtensülze*** verbreite.

Käuflichkeit, Kollaboration mit dem verhassten System und Hochverrat werden auch den Moderatorinnen und Moderatoren von Fernsehtalkshows unterstellt, um sie zu Feinden des deutschen Volkes zu stilisieren. Frank Plasberg etwa, Moderator der Polit-Talkshow *Hart aber fair,* wird von Neurechten mit Vokabeln aus dem Kontext der Sexarbeit als ***Blaszwerg, linke Systemhure*** und ***Plasberg-Medien-Konkubine*** bepöbelt. Sandra Maischberger wird als ***Kreischberger, GEZ-Maisch*Schwätzbelehr*berger*** und ***Maischnutte*** diffamiert. Maybritt Illner, deren

Name zu ***Maybrech-Illness*** pathologisiert wird, gilt Neurechten wenig kohärent entweder als ***frigide Fernsehtusse*** oder ***MyBitch-Illner*** und ***Medien-Prostituierte.*** Und Markus Lanz denunzieren rechte Foristen als ***ekelhaften schmierigen Systemsoldat, Lanz-Hetzer*** sowie ***allerwiderlichste GEZ-Staatspropagandahure*** und erklären ihn als ***Lanz-Geschwür*** zur Krankheit.

Auch an Politsatirikern arbeiten sich Neurechte ab, sind sie ihnen doch Symptom einer ***endverblödeten Böhmermann-Welke-Republik,*** in der Deutsche zur Selbstabschaffung domestiziert werden. Oliver Welke, der in neurechten Kreisen als ***Fettwelke, Glatzen-Welke*** und namensverballhornend als ***Piss Welke*** verhöhnt wird, gilt wegen der AfD- und PEGIDA-kritischen Berichterstattung der *heute show* als linksextremer ***Linken-Lustig-*** und ***Khmer-Welke.*** Welkes Funktion als ***Systemschleimling der Diktatur*** ist in neurechten Augen die eines ***Wahlvieh manipulierenden TV-Schweinedarstellers*** und die einer ***erbärmlichen „Witzfigur" des linksbunten und Kinderschänder-Muslimen-freundlichen Antifa-Deutschland.*** Welke und Jan Böhmermann gelten Neurechten als ***Helden der Niveaulosen und Minderbemittelten.*** Ganz und gar nicht niveaulos sind die Neurechten natürlich, wenn sie den Fernsehmoderator mit der feinen Klinge satirischer Kritik als ***Böhmermännchen, Böhmerkind, Böhmerdepp, Böhmeridiot, Böhmerschwanz, Böhmerstinker, Bömmelfurz*** oder ***Böhmersau*** titulieren. Als ***überflüssiger Links-Komiker*** gilt Böhmermann in neurechten Kreisen als ***Regimeling, Systemhure,*** ja als ***erbärmlichste Drecksau der Republik.*** Doch mit Beschimpfungen geben sich rechte Foristen nicht zufrieden, manche ergehen sich auch in Bestrafungsphantasien für den Fernsehmoderator. Einer fordert, man möge ihn betäuben und in ein Flugzeug nach Istanbul setzen, wo man ihn aufs Streckbett spannen werde, bis er um Verzeihung winsle. Ein anderer wünscht ihm zwei Jahre Zuchthaus mit Zwangsarbeit. Ein dritter fordert, man solle Böhmermann wegbomben und mit einem Negerdildo nach Venezuela jagen. Und wieder einer sieht ihn auf der Anklagebank des Kriegsverbrechertribunals ***Nürnberg 2.0*** und direkt danach für Jahre im Arbeitslager verschwinden. Mit dem Feind wird abgerechnet. „Lock him up" – Trump lässt grüßen.

Schaf oder Wolf

Das systematische Bepöbeln und Beschimpfen von Politikerinnen und Politikern, von Journalistinnen und Journalisten und anderen öffentlichen Personen, das im Netz und auf der Straße zu beobachten ist, ist mehr als persönliche Unmutsäußerung. Es ist das Bekenntnis zu einem politischen Programm, das politischen Dissens zu einem existenziellen Widerspruch stilisiert, der in letzter Konsequenz nur durch Krieg und Vernichtung des Feindes aufgelöst werden kann. Und so macht sich jeder Kommentator mit jeder Beschimpfung immer mehr ein Weltbild zu eigen, in dem es nur noch Freund oder Feind gibt. Der politische Philosoph und Staatsrechtler Carl Schmitt, der den Neurechten als Gewährsmann für ihre Auffassung von Politik dient, war übrigens Mitglied der NSDAP, pries die Rassegesetze als Verfassung der Freiheit und rechtfertigte nationalsozialistische Willkür.

In seiner Rede beim Kyffhäusertreffen 2018 sagte der Thüringer AfD-Vorsitzende Björn Höcke: „Heute lautet die Frage: Schaf oder Wolf. Und ich, nein wir entscheiden uns in dieser Lage, Wolf zu sein." Diese verklausulierte Ankündigung, sich im aufziehenden existenziellen Konflikt mit dem Feind nicht dem Schicksal zu ergeben, ist oft mit einer Aussage des NS-Propagandaministers

Joseph Goebbels verglichen worden. Der hatte gedroht, die Nazis würden mit der gleichen Zielstrebigkeit und Konsequenz die politische Arena betreten, wie der Wolf in die Schafherde einbricht. Doch ein anderer, vielleicht sogar näherliegender Vergleich macht die Höcke-Aussage als Sinnbild einer rhetorischen Strategie lesbar. Denn der Thüringer AfD-Vorsitzende zitiert offenbar die Fabel *Der Wolf und das Lamm,* in der ein Wolf nach einem Vorwand sucht, ein Lamm zu fressen. Das perfide dabei ist, dass der Wolf das Lamm persönlich dafür verantwortlich machen möchte, dass es gefressen wird. Deshalb erfindet er alle möglichen Vorwürfe, die das Lamm allesamt entkräften kann. Dies nutzt ihm jedoch nichts, denn der Wolf behauptet einfach, die Verwandten des Lamms hätten ihn beleidigt und frisst es zur Strafe auf.

Die Fabel vom Wolf und dem Lamm ist insofern erhellend, als diejenigen, die sich dafür entscheiden, Wolf zu sein, sich nicht nur für die existenzielle Vernichtung ihres Gegenübers entscheiden. Sie bekennen sich auch zur Verdrehung der Wahrheit als einem legitimen Mittel im politischen Kampf. Dass der Wolf das Lamm nicht einfach auffrisst, sondern überhaupt einen Grund dafür sucht, der ihn dazu berechtigt, ist zwar auf den ersten Blick ein Zugeständnis, sich an Regel und Gesetz halten zu wollen, nach denen ohne Grund niemand gefressen werden darf. Auf den zweiten Blick ist dies freilich nur ein fadenscheiniges Alibi, denn dass der Wolf das Lamm fressen wird, steht von Anfang an fest. Ähnlich ist es auch mit der Rhetorik der Neurechten: Sie akzeptieren die Gesetze des Anstands so lange, wie sie ihnen nützen. Wenn nicht, heiligt der Zweck die Mittel. Und so ist das Bekenntnis Höckes auch ein Bekenntnis dazu, dass im existenziellen Kampf gegen den Feind Verleumdung und Lüge legitime Mittel sind. Auch deshalb ist das Reden mit Rechten sinnlos.

Fazit

Wie geht es Ihnen gerade? Wie fühlt man sich nach rund 3600 Schimpfwörtern, Schmähnamen und Rassismen? Was hat dieses Dauerfeuer hässlicher Wörter während der Lektüre mit Ihnen gemacht? Vielleicht haben Sie ungläubig gestaunt. Vielleicht haben Sie verstohlen geschmunzelt. Vielleicht haben Sie amüsiert den Kopf geschüttelt. Vielleicht haben Sie Ihre Schaulust befriedigt. – Dann haben Sie sich zum Komplizen gemacht. Neurechte sind überzeugt, dass man Ihnen bald ***Kontaktschuld*** durch Lektüre vorwerfen wird, man Sie deshalb als ***RRRRRRRRRRRRrrrrrrrrrassist*** bezeichnen und Sie eifrig mit der ***Naaaaahtsiiieeekeule*** bearbeiten wird. Dabei sind wir alle Komplizen. Wir sind Teil einer filterlosen Öffentlichkeit, in der jeder noch so unbedeutende Kommunikationsvorgang von allen gelesen und skandalisiert werden kann. Auch wenn wir nicht auf Facebook, Instagram oder Twitter sind oder uns auf Telegram die tägliche Dosis unserer Wahrheitsdroge abholen,

J. Scharloth, *Hässliche Wörter*,
https://doi.org/10.1007/978-3-662-63502-5_15

sind wir doch Adressaten der Skandale und Skandälchen, die durch Beleidigung und Hassrede absichtsvoll so provoziert werden, dass Sie den Weg aus den sozialen Medien und auch jenseits von Onlineplattformen dankbare Rezipienten finden. Auch wenn wir nicht gemeint sind, sind wir doch angesprochen. Wir sind das Publikum, sind Teil jener Öffentlichkeit, in die Neurechte lautstark vordringen möchten. Eine Öffentlichkeit, die wiederum die Bedingung der Möglichkeit für Hetze, Hass und Häme ist. Denn Verachtung setzt Beachtung voraus.

Vielleicht haben Sie sich auch empört. Vielleicht haben Sie sich erregt. Vielleicht haben Sie sich entrüstet. Vielleicht haben Sie sich echauffiert. Vielleicht waren Sie indigniert. – Dann haben Sie sich zum Objekt rechter Empörungsbewirtschaftung gemacht. Dann sind Sie ein Faktor im rechten Resonanzkalkül. Aus neurechter Sicht gehören Sie dann zu den ***Empörungsgeilen,*** die sich mit ***Betroffenheits-Pornographie*** in Stimmung bringen, um mit ***Gutmenschen-Empörungs-Masturbieren*** zu ***Dauer-Betroffenheits-Orgasmen*** zu kommen. Ihr ***Aufschreigeheule,*** Ihre ***Entrüstungshysterie,*** Ihre ***Erregungsschübe*** und Ihr ***Schnappatmungs-Staccato*** wird von Neurechten höhnisch einkalkuliert. Ihr ***Gejaule, Gezeter*** und ***Geblöke,*** Ihr ***Geifer*** und Ihr ***Bohei*** kann genau für jene Aufmerksamkeit sorgen, die Neurechte sich wünschen. Eine Aufmerksamkeit, die ihnen die Klicks jener bringt, die Ausgrenzung und Rassismus nicht so entschieden entgegentreten wie Sie und die womöglich für einfache Botschaften und Identitätsangebote empfänglich sind.

Wie wir es drehen und wenden: Die Beleidigungen, die Schmähungen, die Ausgrenzungen und die Herabwürdigungen zwingen uns zu einer Haltung. Wir können uns nicht nicht zu ihnen verhalten. Aber dennoch sind wir ihnen nicht ausgeliefert. Physische Gewalt kann einem aufgezwungen werden. Wenn man uns schlägt, dann bluten wir. Sprachliche Gewalt jedoch ist nicht zwingend. Sie setzt Anerkennung durch Dritte, durch ein Publikum voraus. Es steht uns im Prinzip frei, uns schulterzuckend wegzudrehen, wenn jemand uns beleidigt, und der Herabsetzung so ihre Anerkennung zu verweigern. Aber ganz so einfach ist es nicht. Wenn Dritte schadenfroh grinsen, zustimmend nicken oder gar in die Beleidigung einstimmen, dann fällt das Achselzucken schwer. Denn unser Selbstbild liegt bis zu einem gewissen Grad auch in der Anerkennung durch andere. Wo es also schadenfrohe Claqueure gibt, dort kann sprachliche Gewalt verletzen, auch wenn wir uns fest vornehmen, sie nicht ernst zu nehmen.

Sollen wir uns also einmischen und überall dort, wo wir Zeugen von Beleidigung und Hetze werden, mit Gegenrede antworten? Das kann in manchen Situationen eine richtige Entscheidung sein. Wir sollten aber stets abwägen, ob wir damit nicht das Resonanzkalkül der neuen Rechten bedienen. Denn Gegenrede wertet den Hetzer zum Gesprächspartner auf und verschafft ihm Aufmerksamkeit. Opfer von Hassrede lassen sich auch geräuschlos unterstützen. Das wirksamste Mittel gegen Hassrede ist immer noch, jenen Neurechten, die eine solche Sprache gebrauchen, die Bühne zu nehmen, auf die sie sich mit ihrer Hetze zu stellen versuchen. Über nichts beklagen sich Rechte mehr als über Nichtbeachtung, nichts trifft sie härter, als wenn sie auf sozialen Netzwerken von anderen blockiert werden.

Das war bei einer anderen rechten Bewegung nicht anders. So beklagt sich der SA-Mann und spätere Arzt Heinz Lohmann in seinen 1933 erschienenen Erinnerungen an die sogenannte *Kampfzeit*, dass anfangs niemand zu den Veranstaltungen der Nationalsozialisten gekommen sei. Etwa zu den Veranstaltungen des NS-Studentenbundes, zu der die jungen Nationalsozialisten nicht nur Studierende, sondern auch die universitären Würdenträger einluden. „Aber zu uns kam niemand! Wir bekamen nicht einmal den im Fall des Nichterscheinens üblichen höflichen Brief mit den entsprechenden Glücks- und Segenswünschen." Und so mokiert er sich: „Es war, als ob wir einfach nicht existierten." Dies hatte seinen Grund wohl auch in der Sprache, die die Nationalsozialisten an den Tag legten. Denn Lohmann selbst schreibt, man habe „starke Ausdrücke nach unten hin gebraucht", wenn es „den Dreck beim richtigen Namen zu nennen galt". Und so sei der Rest der Gesellschaft schnell zu dem Urteil gekommen: „Diese Nazis können sich nicht benehmen!" Daher fühlte er sich „in Acht und Bann getan." Und dennoch war es ihre vulgäre Sprache, die ihnen wenigstens ein bisschen Aufmerksamkeit brachte: „Wenn wir bemerkt wurden, dann geschah es in einem Artikel der Stadtzeitung, der uns, unser Benehmen und unsere Ausdrucksweise scharf rügte. Wir hatten vom ‚Saustall' gesprochen. Furchtbar. Nein, diese Worte! Die Tatsachen aber, die uns zu solchen Kraftausdrücken berechtigten, fand niemand ‚furchtbar'." Ganz ähnlich klingen die Rechtfertigungen neurechter Kommentatoren und Politiker, wenn sie verharmlosend von zugespitzter Rhetorik sprechen oder davon, sie hätten sich lediglich in der Wortwahl vergriffen. Die SA verlegte sich dann darauf, Veranstaltungen ihrer politischen Gegner durch Zwischenrufe und Pöbeleien zu stören und systematisch Saalraufereien anzuzetteln. Ähnlich disruptive Kommunikationsstrategien wenden Neurechte in den virtuellen Versammlungssälen der sozialen Medien an.

Schon wegen dieser Parallelen darf das aktive Ignorieren neurechter Provokationen nicht bedeuten, dass man aufhört, sich mit der Ideologie und den strategischen Mitteln dieser politischen Bewegung auseinanderzusetzen. Dort, wo nicht zu befürchten ist, dass man an der Eskalationsspirale mitdreht, dass man eine Bühne gibt und dem Aufmerksamkeitskalkül in die Hände spielt, dort lohnt eine Auseinandersetzung.

Die Auseinandersetzung mit den hässlichen Wörtern der neuen Rechten in diesem Buch etwa hat gezeigt, dass herabwürdigendes und ausgrenzendes Sprechen für sie nicht nur zentrales Medium in politischen Kontroversen ist. Beleidigung und Herabsetzung sind vielmehr ihr Markenkern. Sie bilden das Fundament ihrer Ideologie, sie sind ein Prinzip ihres politischen Handelns. Kein Politikfeld, kein Bereich der Gesellschaft, für deren Beschreibung nicht hunderte, ja tausende Schimpfwörter zur Verfügung stünden. Mit ihnen sind neurechte Debatten wie mit einem *basso continuo* unterlegt. Das Schmähen bildet das klangliche Gerüst, auf dem Neurechte zusammenfinden. Die kollektive Beschimpfung gerät zur rauschhaften Selbstvergewisserung der Gemeinschaft.

Die Herabwürdigung ist aber nicht nur ein Seinsmodus der Schmähgemeinschaft der neuen Rechten. In den vielfältigen Formen herabwürdigenden Sprechens wird vielmehr ein ganzes Weltbild sichtbar, das geprägt ist von wenigen binären Grundunterscheidungen. Mit ihnen teilen Neurechte die Welt in gut und schlecht, wertvoll oder nutzlos ein. Sie sind uns in vielen Schmähausdrücken begegnet, teils haben wir ihnen ganze Kapitel gewidmet. Mittels Grundunterscheidungen wie ***krank*** vs. *gesund,* ***schmutzig*** vs. *sauber,* ***religiös*** vs. *vernünftig,* ***extrem*** vs. *normal,* ***verweichlicht*** vs. *hart,* ***weiblich*** vs. *männlich,* ***falsch*** vs. *wahr,* ***unmoralisch*** vs. *tugendhaft,* ***kriminell*** vs. *gesetzestreu,* ***fremd*** vs. *deutsch,* ***(links)extremistisch*** vs. *bürgerlich,* ***Elite*** vs. *einfaches Volk,* ***tierisch*** vs. *menschlich* und ***bunt*** vs. *homogen* ordnen Neurechte ihre Welt. Der Ausdruck ***Büntesrepüblük*** etwa enthält die Eigenschaften bunt und fremd, ***Affgarnixtan*** wird dagegen mit den Attributen tierisch und primitiv assoziiert. Das Schimpfwort ***Drecks-Journalunke*** verweist auf die Eigenschaften schmutzig und kriminell, ***Presstituierte*** auf weiblich und unmoralisch.

Nur wenige dieser Grundunterscheidungen finden sich ausschließlich in rechten Debatten. Spezifisch ist allerdings ihre Anwendung. Zum einen gelten unter Neurechten Eigenschaften wie weiblich, fremd, bunt oder elitär als negativ. Zum anderen verorten sich Neurechte – zu Differenzierung und Selbstkritik nicht willig – konsequent mittels der vermeintlich positiven Eigenschaften in der semantischen Matrix der Gesellschaft. Der ganze Rest hingegen wird stereotyp anhand der negativen Zuschreibungen bewertet. Herabwürdigung und Selbsterhöhung sind zwei Seiten derselben Medaille. Charakteristisch für das neurechte Weltbild ist allerdings auch, dass ganze Menschengruppen mit negativen Eigenschaften fest verbunden werden. Und damit nicht genug: Die Eigenschaften werden sogar essenzialisiert, also als naturgemäß diesen Gruppen zugehörig betrachtet.

Und hier liegt die tiefere Ursache für Hass und Hetze. Solange wertende Grundunterscheidungen dazu gebraucht werden, Menschen in feste Gruppen einzuteilen, solange wird es auch Diskriminierung und hässliche Wörter geben.

Literatur

Parlamentarische Demokratie

Appelbaum, Anne (2021): Die Verlockung des Autoritären: Warum antidemokratische Herrschaft so populär geworden ist. Aus dem Englischen von Jürgen Neubauer. München: Siedler Verlag.

Pfahl-Traughber, Armin (2020): Die AfD ist (mittlerweile) eine rechtsextremistische Partei. Sozial Extra 44, 87–91.

Salzborn, Samuel (2015): Rechtsextremismus. Erscheinungsformen und Erklärungsansätze. 2. aktualisierte und erweiterte Auflage. Baden-Baden: Nomos.

Geographie

Alderman, Derek H. (2008): Place, Naming, and the Interpretation of Cultural Landscape. In: Graham, Brian/Howard,

J. Scharloth, *Hässliche Wörter*,
https://doi.org/10.1007/978-3-662-63502-5

Peter (Hrsg.): The Ashgate Research Companion to Heritage and Identity. Farnham: Ashgate, 195–213.

Best, Ulrich/Gebhardt, Dirk (2001): Ghetto-Diskurse. Geographie der Stigmatisierung in Marseille und Berlin. Potsdam: Universität Potsdam. (= Praxis Kultur- und Sozialgeographie 24)

Rolfes, Manfred (2011): Rechtsextremismus und Raum: Über die Potenziale und Tücken eines räumlichen Blicks. In: Kopke, Christoph (Hrsg.): Die Grenzen der Toleranz. Potsdam: Universitätsverlag Potsdam. S. 129–149.

Hövel, Philipp (2019): Völkischer Nationalismus: Das Weltbild der AfD aus politisch-geographischer Perspektive. In: Geographische Berichte 92(2), S. 157–171.

Wie Neurechte ihre Schimpfwörter machen (1 + 2)

Baeskow, Heike (2011): Abgeleitete Personenbezeichnungen im Deutschen und Englischen. Berlin/Boston: DeGruyter.

Ellerbrock, Dagmar/Koch, Lars/Müller-Mall, Sabine/Münkler, Marina/Scharloth, Joachim/Schrage, Dominik/Schwerhoff, Gerd (2018): Invektivität – Perspektiven eines neuen Forschungsprogramms in den Kultur- und Sozialwissenschaften. In: Kulturwissenschaftliche Zeitschrift, 1(1), S. 2–24.

Klinker, Fabian/Scharloth, Joachim/Szczęk, Joanna (Hrsg.) (2018): Sprachliche Gewalt. Formen und Effekte von Hassrede, Pejorisierung und verbaler Aggression. Stuttgart: J.B. Metzler.

Lobenstein-Reichmann, Anja (2013): Sprachliche Ausgrenzung im späten Mittelalter und in der Frühen Neuzeit. Berlin/Boston: de Gruyter.

Lobin, Henning (2021): Sprachkampf. Wie die Neue Rechte die deutsche Sprache instrumentalisiert. Berlin: Duden-Verlag.

Michel, Sascha/Tóth, Jozséf (2014): Wortbildungssemantik zwischen Langue und Parole. Semantische Produktions- und Verarbeitungsprozesse komplexer Wörter. Stuttgart: ibidem (= Perspektiven germanistischer Linguistik 10).

Niehr, Thomas/Reissen-Kosch, Jana (2018): Volkes Stimme? Zur Sprache des Rechtspopulismus. Berlin: Dudenverlag.

Rummel, Marlene (2017): Brisantes Suffix? Zum Gewicht von -ling im Konzept des Flüchtlings. Gießen: Gießener Elektronische Bibliothek. S. 46–50.

Medien

Bucher, Hans-Jürgen (Hrsg.) (2020): Medienkritik. Zwischen ideologischer Instrumentalisierung und kritischer Aufklärung. Köln: Herbert von Halem Verlag.

Butter, Michael (2018): ‚Nichts ist, wie es scheint'. Über Verschwörungstheorien, Berlin: Suhrkamp Verlag.

Krämer, Benjamin/Holtz-Bacha, Christina (Hrsg.) (2020): Perspectives on Populism and the Media. Avenues for Research. Baden-Baden: Nomos. (= International Studies on Populism, Bd. 7)

Wissenschaft

Feige, Daniel Martin (2020): „Werden Wir Von Virologen Regiert? Über Wissenschaftsfeindlichkeit und Wissenschaftsgläubigkeit in Zeiten Von Covid-19." In: Philosophische Rundschau 67, no. 2, S. 120–125.

Könneker, Carsten (Hrsg.) (2018): Fake Oder Fakt?: Wissenschaft, Wahrheit und Vertrauen. Berlin Heidelberg: Springer.

Weingart, Peter (2005). Die Wissenschaft der Öffentlichkeit. Essay zum Verhältnis von Wissenschaft, Medien und Öffentlichkeit. Weilerswist: Velbrück Wissenschaft.

Religion

Arendt, Hannah (1986): Elemente und Ursprünge totaler Herrschaft. Antisemitismus, Imperialismus, totale Herrschaft. München/Zürich: Piper.

Attia, Iman (2018): Was ist neu und was rechts am antimuslimischen Rassismus extrem rechter Argumentationen. In: Gomolla, Mechtild/Kollender, Ellen/Menk, Marlene (Hrsg.): Rassismus und Rechtsextremismus in Deutschland. Figurationen und Interventionen in Gesellschaft und staatlichen Institutionen. Weinheim/Basel: Beltz Juventa. S. 93–109.

Bax, Daniel (2015): Angst ums Abendland. Warum wir uns nicht vor Muslimen, sondern vor den Islamfeinden fürchten sollten. Frankfurt a.M.: Westend Verlag.

Bednarz, Liane (2018): Die Angstprediger. Wie rechte Christen Gesellschaft und Kirchen unterwandern. München: Droemer Knaur Verlag.

Maier, Hans (1995): „Totalitarismus" und „politische Religionen". In: Vierteljahreshefte für Zeitgeschichte (VfZ) 43, S. 387–405.

Voegelin, Eric (1939): Die politischen Religionen. Stockholm: Bermann Fischer. (Neuauflage: München: W. Fink Verlag, 1996.)

Die neue Rechte diagnostiziert

Andreeva, Anna (2011): Die gefährlichen Fremden: oder was verraten Metaphern über den ethnischen Diskurs? In: metaphorik.de 20/2011, S. 7–38.

Langewand, Knut (2016): Die kranke Republik. Körper- und Krankheitsmetaphern in politischen Diskursen der Weimarer Republik. Frankfurt a.M.: Peter Lang.

Musolff, Andreas (2012): Immigrants and Parasites: The History of a Bio-Social Metaphor. In: Messer, Michi/Schroeder, Renee/Wodak, Ruth (Hrsg.): Migrations: Interdisciplinary Perspectives. Wien: Springer. S. 249–258.

Sontag, Susan (1981): Krankheit als Metapher. Frankfurt a.M.: Fischer Taschenbuch.

Weber, Markus (2020): Krebsmetaphorik und NS-Ideologie: Propädeutik zur Geschichte krebstherapeutischen Handelns im „Dritten Reich". Norderstedt: BoD.

Der gesunde Menschenverstand

Bender, Justus (2017): Was will die AfD? Eine Partei verändert Deutschland. München/Berlin: Pantheon Verlag.

Müller, Jan-Werner (2019): „Das wahre Volk" gegen alle anderen. Rechtspopulismus als Identitätspolitik – Essay. In: Aus Politik und Zeitgeschichte 9–11, S. 18–24.

Richter, Emanuel (2017): „Populismus und der ‚gesunde Menschenverstand'". In: Brömmel, Winfried/König, Helmut/Sicking, Manfred (Hrsg.): Populismus und Extremismus in Europa. Bielefeld: transcript-Verlag. S. 79–106.

Link, Jürgen (2006): Versuch über den Normalismus. Wie Normalität produziert wird. Göttingen: Vandenhoeck & Ruprecht.

Wirtschaft

Dekker, Henk/Meijerink, Frits (2012): Political Cynicism: Conceptualization, Operationalization, and Explanation. In: Politics, Culture and Society, 3 (1/2), S. 33–48.

Kałasznik, Marcelina (2018): Pejorative Metaphern im Flüchtlingsdiskurs. In: Klinker, Fabian/Scharloth, Joachim/Szczęk, Joanna (Hrsg.) (2018): Sprachliche Gewalt. Formen und Effekte von Hassrede, Pejorisierung und verbaler Aggression. Stuttgart: J.B. Metzler. S. 67–80.

Rooduijn, Matthijs/van der Brug, Wouter/de Lange, Sarah L./Parlevliet, Jante (2017): Persuasive Populism? Estimating the Effect of Populist Messages on Political Cynicism. In: Politics and Governance. Volume 5, Issue 4, S. 136–145.

Familie

Bajohr, Frank/Wildt, Michael (Hrsg.) (2012): Volksgemeinschaft: neue Forschungen zur Gesellschaft des Nationalsozialismus. Frankfurt a. M.: Fischer-Taschenbuch-Verlag.

Kämper, Heidrun (2017): Das Grundsatzprogramm der AfD und seine historischen Parallelen. Eine Perspektive der Politolinguistik. In: Sprachreport 2/2017. Mannheim: Institut für Deutsche Sprache, S. 1–21.

Kemper, Andreas (2014): Keimzelle der Nation? Familien- und geschlechterpolitische Positionen der AfD – eine Expertise. Hrsg. von der Friedrich-Ebert-Stiftung. Berlin.

Kemper, Andreas (2016): Antiemanzipatorische Netzwerke und die Geschlechter- und Familienpolitik der Alternative für Deutschland. In: Häuser, Alexander (Hrsg.): Die Alternative für Deutschland. Programmatik, Entwicklung und politische Verortung. Wiesbaden: SpringerVS. S. 81–97.

Mühlfeld, Claus (1986): Nationalsozialistische Familienpolitik — Zwischenbilanz eines Forschungsprojektes. In: Elting, Agnes (Hrsg.): Menschliches Handeln und Sozialstruktur. Wiesbaden: VS Verlag für Sozialwissenschaften. S. 289–306.

Schule und Erziehung

Baader, Meike Sophia (2020) Neue Rechte – „Umerziehung", „Genderideologie" und „Frühsexualisierung" – Kampfbegriffe in einem neuen Kulturkampf. Erziehungswissenschaftliche Themen im Fokus von Populismus und Neuer Rechter. In: Binder, Ulrich/Oelkers, Jürgen (Hrsg.): Das Ende der politischen Ordnungsvorstellungen des 20. Jahrhunderts. Springer VS, Wiesbaden. S. 129–154.

Hark, Sabine/Villa, Paula-Irene (Hrsg.) (2015): Anti-Genderismus. Sexualität und Geschlecht als Schauplätze aktueller politischer Auseinandersetzungen. Bielefeld: Transcript.

Freund und Feind

Habeck, Robert (2010): Patriotismus: Ein linkes Plädoyer. Gütersloh: Penguin.

Hufer, Klaus-Peter (2018): Neue Rechte, altes Denken. Ideologie, Kernbegriffe und Vordenker. Weinheim Basel: Beltz Juventa.

Kany, Werner (1992): Inoffizielle Personennamen. Bildung, Bedeutung und Funktion. Berlin/Boston: Max Niemeyer Verlag.

Salzborn, Samuel (2017): Angriff der Antidemokraten. Die völkische Rebellion der Neuen Rechten. Weinheim Basel: Beltz Juventa.

Schmitt, Carl (1927): Der Begriff des Politischen. In: Archiv für Sozialwissenschaft und Sozialpolitik 58 (1927), S. 1–33.

Weiß, Volker (2017): Die autoritäre Revolte. Die neue Rechte und der Untergang des Abendlandes. Stuttgart: Klett-Cotta.

Fazit

Handke, Peter (1966): Publikumsbeschimpfung und andere Sprechstücke. Frankfurt a.M.: Suhrkamp Verlag.

Lohmann, Heinz (1933): SA räumt auf! Aus der Kampfzeit der Bewegung. Hamburg: Deutsche Hausbücherei.